高职高专人力资源管理创新系列教材

# 人力资源管理场景式案例教程

刘　静　葛海良　主　编

刘　磊　副主编

中国财富出版社

**图书在版编目（CIP）数据**

人力资源管理场景式案例教程/刘静，葛海良主编 . —北京：中国财富出版社，2015.11
（高职高专人力资源管理创新系列教材）
ISBN 978 - 7 - 5047 - 5909 - 2

Ⅰ.①人… Ⅱ.①刘… ②葛… Ⅲ.①人力资源管理—案例—高等职业教育—教材
Ⅳ.①F241

中国版本图书馆 CIP 数据核字（2015）第 240963 号

| | | | | |
|---|---|---|---|---|
| **策划编辑** 寇俊玲 | | **责任编辑** 于 森 李彩琴 | | |
| **责任印制** 何崇杭 | | **责任校对** 饶莉莉 | | **责任发行** 敬 东 |

| | |
|---|---|
| **出版发行** 中国财富出版社 | |
| **社 址** 北京市丰台区南四环西路 188 号 5 区 20 楼 | **邮政编码** 100070 |
| **电 话** 010 - 52227568（发行部） | 010 - 52227588 转 307（总编室） |
| 010 - 68589540（读者服务部） | 010 - 52227588 转 305（质检部） |
| **网 址** http：//www.cfpress.com.cn | |
| **经 销** 新华书店 | |
| **印 刷** 中国农业出版社印刷厂 | |
| **书 号** ISBN 978 - 7 - 5047 - 5909 - 2/F · 2488 | |
| **开 本** 787mm×1092mm 1/16 | **版 次** 2015 年 11 月第 1 版 |
| **印 张** 14 | **印 次** 2015 年 11 月第 1 次印刷 |
| **字 数** 323 千字 | **定 价** 34.00 元 |

# 前　言

2015年上半年，人力资源圈最有影响力的演讲，莫过于5月30日，现代人力资源管理之父、美国密歇根大学罗斯商学院戴维·尤里奇教授在CSTD（中国企业大学联盟）上海论坛上，就"人力资源的未来"这一主题做的精彩演讲。当有听众在现场再次提及尤里奇教授2014年与另一位管理大师拉姆·查兰"是否分拆人力资源部"的那场辩论时，他发表了最新见解。他认为这样的争论没什么意义，HR（人力资源）应该关注为企业贡献的价值。而且这种价值不是HR自作多情的想象，而是需要市场和客户的认同。

随后，尤里奇教授进一步揭示这种价值的内涵。他说："新的形势下，人力资源部不能仅仅是行政支持部门，还应该是企业的策略伙伴、变革先锋、专业日常管理部门和员工的主心骨。人力资源部不再把重心放在员工招聘或薪资福利这样的传统活动上，而是把重心放在结果上。也就是说，人力资源部的意义不在于做了多少事情，而在于给企业带来什么成果——帮助企业创造多少价值，为客户、投资者和员工提供多少增加值。人力资源从业者想要在业务绩效上有所贡献，就要把精力放在组织业务绩效目标上，在实践中，将外部环境考虑进来，站在整个企业的角度进行实践活动，而不是仅仅关注HR部门的活动。"

那么人力资源管理者的"核心能力"到底是什么？这些能力怎样获得？这也是在培训中许多同学问我们最多的两个问题，特别是那些人力资源管理的新入行者，他们希望尽快掌握这些能力，以赢得职场优势。

尤里奇教授曾提到，优秀的人力资源管理者在未来需要修炼六种角色：

一是成为战略定位者，帮助他们的组织在经营环境中进行定位。

二是成为可信赖的活动家，将他们的时间和精力放在相关业务中，兑现他们的承诺，履行义务和责任，与管理者和员工有效沟通并建立信任关系，同时展现出他们为企业创造价值而愿意承担风险的态度。

三是成为组织能力构建者，能够定义、判断、解释哪些是正确的组织能力，建立合适的组织。

四是成为变革拥护者，发起变革，把变革的压力转化为变革的动力；为了组织的可持续竞争力努力使变革按预期的方向发展，还要使反对者变得支持变革，以确保组织变革的持续进行和成功。

五是成为人力资源创新者与整合者，能够针对一些关键的业务问题进行整合和创新，必须保证各项活动有创新性且统一。

六是成为技术支持者，通过网络社交技术，加强员工之间的联系，加强外部利益相关者和内部员工的联系；同时，HR 还在通过信息管理，将信息转化为知识以帮助决策和决策的传达。

以上这些综合素质和能力的获得并非一朝一夕，必定要经过长期的学习和实践。当然，在这个过程中，如果能有一本好书，如一位有丰富实践经验的老师一样伴在身边，无疑对人力资源管理者，尤其是刚入行的新兵有很大帮助。

于是，我们编写了这本书。在具体的编写过程中，我们试图通过一些实操案例揭示企业人力资源管理各职能模块的实施流程和制度完善过程。同时通过真实的工作场景再现，使读者快速掌握人力资源管理工作的基本要领。与此同时，文中通过一些 HR "菜鸟"与 HR "老法师"的对话，着重探讨了在实际工作中所碰到的重点和难点问题的解决之道。

本书中很多案例都是作者在以往的管理实践中提炼出来的，也有一部分案例参考了 HR 同行的实践分享，绝大部分在书后的参考文献中已经列出，未尽之处，还请海涵。

编　者
2015 年 6 月

# 目　　录

# 第一章　人力资源规划

## 第一节　人力资源规划的概念

潘峰早上刚一上班，就接到上级公司通知，让他两天后去北京参加一个人力资源管理高级进修班，他很兴奋，觉得这次学习好像是专为自己安排的。潘峰所在的F公司是国有企业，经过近年来股份制改革、公司上市等一系列动作，F公司一直保持着良好的发展态势。今年，总公司又进行了人力资源改革，管理岗位采取了竞聘上岗，潘峰就是刚通过竞聘成为人力资源部经理的。

潘峰原来是客服中心的经理，他所管理的客服部门连年受到上级公司表彰，在全系统都小有名气。这次竞聘上岗，潘峰还是意在客服中心经理这个位置，但竞聘通知上说每个竞聘者可以选择两个竞聘岗位，为了万无一失，潘峰又选择了人力资源部经理这个岗位。竞聘结果下来后，当他知道自己被聘为人力资源部经理的时候，既兴奋又紧张。兴奋的是，在国企，人力资源部是最吃香的部门，掌握着人员的"生杀大权"，所以，谁也不敢得罪他们，大家都巴结和逢迎人力资源部的人，而且这个部门很轻松，没有什么压力，能当人力资源部经理的人基本上都是老资格的人，自己这次能被聘为人力资源部经理，证明领导们很看重自己。紧张的是，自己对人力资源并不熟悉，潘峰大学里学的专业是经济管理，虽然对人力资源有所了解，但这么多年下来，已经基本忘光了。上岗前，领导找他谈话："小潘呀，被聘到人力资源部，感觉怎么样呀？"

"谢谢领导给我的机会，不过，新到人力资源部确实有很多新东西要再学习。"潘峰老实地说。

"小潘，知道为什么聘你到这个岗位吗？"领导说，"随着咱们公司的改革不断深化，人力资源的管理、开发以及使用也越来越重要，公司在人事制度、用工制度以及分配制度上较以往传统的劳动人事管理有了显著改善，但是，与现在市场经济的要求还有比较大的差距。在国企管理者的头脑中，一直把人事部门当作是一个行政权力部门，把员工当作是一种管理对象，从没有把人力资源当作一种资源去开发、去利用。实际上呢，人力资源是当今市场环境下最积极、最有力，对生产力起着决定性作用的最关键性因素之一。真正的人力资源部门，应当既是服务部门又是咨询部门，它是要为公司各职能部门来服务的，比如人才信息的提供、薪酬绩效的评估，还有各类培训的组织与实施等。今年，总公司在人力资源方面改革力度很大，希望建立新的用工制度和科学的薪酬绩效体系，所以对人力资源部经理的岗位人选很重视。通过你们竞聘过程中的民主评议，以及管理层的慎重考虑，公司决定把你聘到人力资源部，希望你到人力资源部后，结合上级的人力资源政策，把人力资源管理系统起来，真正发挥它的职能作用。"

听了领导一席话，潘峰忽然有种压力，他说："领导对我的信任我记在心里，我会努力的，但是，我对人力资源管理工作还不太熟悉，怕辜负领导们的厚望。"

"你平时工作上很有思路，也年轻，接受新鲜事物比较快，干事也有闯劲，我看好你。"领导拍拍潘峰的肩膀。

从跟领导谈完话后，潘峰就一直在收集人力资源管理方面的资料，希望自己能尽快熟悉和掌握人力资源管理方面的知识。如今，接到培训通知，他真是打心底高兴，他跟主管领导汇报了培训的时间地点后，然后就准备去参训。

两天后，潘峰准时来到培训班，报到的时候，见到两个兄弟公司的经理也来参加培训，一个叫方正，一个叫杨林，三个人以前在总公司开会的时候经常见面，都很熟，所以把行李一放到房间，就神侃起来。

杨林开玩笑地问："老潘，你怎么也改行啦，不做你的客服中心经理到人力资源部来干什么？"

"我也是赶着鸭子上架，硬着头皮呢，还请两位老兄多指点呀，对人力资源方面的东西还不太了解，需要学习，这不，就想趁着这次培训多学点东西嘛。"

方正说："我看了看这次培训的课程，都挺实用的，明天第一课就讲人力资源规划，咱们正好用上。"这三个人中，属方正对人力资源管理最在行，他是人力资源专业毕业的，又在人力资源部当了好几年经理，对公司的政策、人力资源管理等方面懂得很多。

潘峰说："人力资源规划？好像刚接到总公司文件，让咱们做这个规划来着，我还没弄明白，正好你跟我讲讲，什么是人力资源规划，做什么用的？"

方正说："人力资源规划是人力资源管理的源头，如果给它一个定义的话，我们可以这样理解。"

## 一、人力资源规划的定义

人力资源规划就是依据企业的发展战略和内外部环境的变化，为满足企业在不同发展时期对人员质量和数量的需求，以实现与员工利益相匹配的企业发展目标，用科学的分析与预测，制订出的一套策略和措施。

"通俗点说，人力资源规划实际上就是一条清晰的线索，它把人力资源开发、薪酬管理、绩效管理、培训管理等串联起来，让它们有效地形成一体。

打个比方吧，有个公司，想在今年的薪酬规划里，把给员工的薪酬从去年的3200元提高到4000元，要想实现这个目标，员工的年度考核得分就必须在36分以上（假设啊），要想达到这个分数，员工就要保证每季度的绩效考评都要达到优秀或者良好。假如，优秀对应的得分是10分，良好对应的得分是8分，那员工就必须连续四个季度都是优秀，或者三个季度是优秀，一个季度是良好，再或者两个季度是优秀，两个季度是良好。接下来，公司就要考虑了，怎么能让员工得到优秀或良好的考核绩效呢？公司就要确定优秀或良好的绩效标准，也就是说，员工要想达到优秀或良好，每月需要完成哪些考核指标，这些指标都要量化。要想每月完成这些量化的指标，员工就必须做好日常工作；要想让各项日常工作能保质保量地完成，就需要强化员工岗位素质和技能，加强培训。这样一来，一环扣一环，人力资源管理的各个模块就连成一体了，而且是良性发展。怎么样，这就是咱们说的人力资源规划。"

"哎呀，老方，你真是人力资源管理的行家，说得真透。"潘峰佩服地说。"看来，总公司让咱们做这个人力资源规划，作用不小啊。"

听见潘峰的赞叹，方正有点兴奋，他谈兴正浓，也有点显摆的意思，就接着说，"说起来，这个人力资源规划对帮助实现公司整体发展战略是非常有用的，它不仅是一条线索，它还有这么几方面的作用。"

## 二、人力资源规划的作用

（1）有利于实现企业战略目标和发展规划。

（2）有利于确保企业人力供给与需求的动态平衡，提高人力资源利用的效率。通过人力资源规划，使企业人力资源配置合理，满足企业在发展过程中对人员数量和质量的需求。

（3）有利于各项人力资源管理活动的有序开展，提高工作效率。例如，在人力资源规划前提下，人力资源开发、招聘、岗位调整、培训实施、绩效考核等活动有序开展。

（4）有利于将企业的发展和需要与员工的个人发展和需求和谐统一。制订人力资源规划时，是以实现员工利益与企业目标相匹配为原则的，只有在人力资源规划的条件下，员工的物质需求和精神需求是否达成才能成为可知，这样可以调动员工的积极性和创造性。

（5）有利于控制人力资源成本，确保企业长期发展。通过人力资源规划，可以预测和调整企业的架构，可以测算出企业人力实施成本以及由此产生的效益。

"嗯，确实，"潘峰说，"老方说得有道理，你这么一说，我觉得这个人力资源规划回去一定要好好弄。你再说说，人力资源规划都规划些什么内容呀？有什么要求没有？"

"人力资源规划，我们也叫它人力资源计划。一般包括一个总计划以及子计划。什么是总计划呢？顾名思义，总计划就是人力资源管理的总体目标及政策，至于子计划，一说你就明白了，人员的配置计划、招聘计划、培训计划、薪酬计划以及绩效考核等，这些都属于子计划。我估计，明天老师的课程里一定会讲的。"

杨林忙插话说："对呀对呀，明天课程里这些内容都会有，好容易出来轻松轻松，你俩就别再谈工作了。"

三人又调侃了一回，便各自休息了。

第二天，潘峰提前10分钟来到教室，他找到自己的桌牌坐下，整理了一下资料，参训的学员也陆续进入教室。他看了看课程表以及对授课讲师的介绍。讲第一堂课的老师姓李，是国内某知名大学的特聘教授。李教授从事人力资源管理多年，先后在国企、外企任过人力资源经理，是人力资源管理方面的专家。潘峰对他的课有些期待。

李教授一出场，就赢得满堂彩。他四十多岁，个子很高，明眉朗目，器宇轩昂，没有书生的屏弱，倒是有一份儒雅和英俊。尤其是一口标准的普通话，有磁性的男中音，让学员们很是享受。李教授的课程主要内容是人力资源规划，他授课的时候，喜欢互动，先抛给学员一个问题，然后再循循善诱。他的授课条理分明，结构严谨，深入浅出，结合实际，运用很多案例，让学员视野开阔，在快乐中学习。

"大家有过航海经历吗？"李教授问。

看见学员中有一个举手，他问："你知道船在出海前需要准备什么吗？"

"食物，淡水。"学员回答。

"呵呵，那当然。"李教授问，"还有呢？"

"航标。"

"非常好，出海前我们都需要确立一个航标，航标是帮助和引导我们航行、定位、标示碍航物并提供安全信息的设施或系统。航标的作用就是帮助出海的人安全航行、经济航行和便利航行。那么，人力资源规划就像是人力资源管理的航标一样，来确保企业的目标得以顺利实现。

"大凡管理规范的企业，都有明确的人力资源规划，有谁能告诉我，人力资源规划的内容有哪些？"

这也是潘峰想知道的。

有几个学员举手，你一句我一句的回答这个问题，有的说招聘计划，有的说战略规划，有的说培训规划，等学员们发挥得差不多了，李教授才说："大家讲得都很好。下面，我来总结一下：从广义上讲，人力资源规划是企业所有人力资源规划的总称。一般分为长期规划、短期规划和中期规划。长期规划一般在五年以上，短期规划在一年及以内，中期规划介于长期和短期之间。由于现在的市场与企业发展的变化周期加快，多数企业都倾向于制定年度人力资源规划或者短期规划。

我们现在探讨的是狭义上的人力资源规划。狭义上的人力资源规划包括这样几项内容。"

## 三、人力资源规划的内容

人力资源规划，也称为人力资源计划。一般包括一个总计划以及子计划。

人力资源总计划是指基于企业总体发展战略目标，在规划期内制订的人力资源管理的总体政策、总体目标、总预算及实施步骤安排，是人力资源各类子计划的核心。

人力资源子计划是在总计划指导下制订的具体计划，一般包括：

1. 招聘计划

制订招聘计划，首先应根据企业自身发展需要，来确定用人需求；其次根据用人需求来确定招聘职位、招聘人员素质标准、招聘人员数量及薪资待遇等；再次确定招聘渠道、招聘时间、面试及笔试、录用及入职等项目；最后应确定招聘的资料费、广告费等各项费用预算。

2. 培训计划

制订培训计划应从公司的发展战略出发，以提高员工素质和改善绩效为目的，要先对员工培训需求做分析，再制订出培训时间及地点、培训对象、师资人员、培训内容、教学形式等内容，最后要确定培训的经费预算。

3. 绩效考核计划

制订员工绩效考核计划，首先，应在公平、发展的原则下，根据员工对企业所作出的贡献来作为考核的依据；其次，各级员工和其直接上级之间要进行充分沟通，参照以往的绩效表现及企业的业务目标设定和量化考核指标，并以此作为决定员工薪酬浮动、奖惩、升迁的基础；最后，绩效考核计划还应包含帮助员工设定能力发展计划，以保证员工绩效目标的实现。

4. 薪酬计划

制订薪酬计划，要与企业的目标管理一致，根据企业的财务状况与人力资源策略，通过对同行业对应岗位的薪酬水平调查，来确定企业的薪酬水平。制订出的薪酬分配体系，要具有一定的激励性和挑战性，能充分调动员工的积极性和创造性。

5. 职务编制规划

制订职务编制计划，要从企业优化人力结构和改善绩效出发，制订出部门结构、职务、编制，职务任职条件等内容。

除了以上各类子计划，企业还会根据自身发展需要，制订调整计划、人员退休解聘计划、补充计划等。这些计划基本涵盖了人力资源管理的各项工作。

"我们知道，在当今信息化、市场化的时代，企业必定要制订出适应新形势下市场要求的人力资源发展战略，而人力资源规划是实现企业人力资源发展战略的重要保障。尤其在新的经济环境下，现代企业已经将人力资源管理纳入到网络系统平台上，形成新的管理模式。对于所要制订的人力资源规划，要求更高。实际上，人力资源规划重点要解决三方面的问题：一是企业员工的质量和数量是否与企业的发展需求相匹配；二是企业的人力资源管理制度是否与执行相统一；三是企业员工的职涯规划是否与企业的发展相适应。

大家都知道壳牌公司吗？壳牌公司的人力资源管理是很有特色的，他们把人力资源规划纳入企业整个的经营发展规划中，通过人力资源管理手段，建立起企业的团队精神，依此充分发挥了企业的凝聚力。壳牌的人力资源部门不断创新，开拓新项目，来推动企业变革和发展。他们制订的招聘计划、薪资福利计划、绩效考核计划等都紧紧围绕公司的整体目标，他们在规划中确定了企业需要的人才类型，确定哪些人才具备承担关键岗位的潜质，哪些人才是职业经理的后备人选，对于这些人才制订了特别的培养计划。他们把人力资源规划紧密地与企业的经营战略相结合，建立团队的合作精神，真正激发员工的兴趣和创造力，并把公司的发展目标和发展战略传递到每一个员工，告诉员工想实现公司目标应该怎么操作，让员工和企业紧紧凝聚成一体。

由此，我们可以看出，制订人力资源规划，必须要与企业的整体战略相吻合，要确保员工和企业在整个规划实施过程中形成合力。因此，人力资源规划的制订要遵循一定的原则。哪位学员知道，制订人力资源规划需要注意什么？换句话说，就是人力资源规划制订的原则是什么？"

李教授用眼睛扫了一下课堂，一时没有人回答。李教授顿了一下，接着说："当我们遵循一定的原则来制订人力资源规划时，那么制订出来的东西一定是值得推敲，经得住市场和时间检验的。我们来看看，制订人力资源规划的原则有哪些。"

## 四、人力资源规划的制订原则

1. 要与企业的整体战略目标相适应

制订人力资源规划，要服从于企业整体的发展战略和目标的需要，要让人力资源为企业实现发展目标服务。

2. 要与企业的内、外部环境相适应

即要充分考虑企业内、外部环境的变化，以及这些变化的不可预测性。例如，外部变化的因素有政策的变化、人才流动的变化、消费市场的变化等；内部变化的因素有企业产品开发的变化、销售策略的变化等。所以制订人力资源规划要有一定的前瞻性，对一些不确定因素的影响要有应对策略。

3. 要满足企业对人力资源的需要

要对企业人员的流入、流出及岗位轮换等做出预测，充分做好人力资源需求与供给的状况分析、保证满足企业对人力资源的需求。

4. 要使员工的需求和企业的发展需要协调一致

通过人力资源规划，让员工的发展与企业的发展相互依托，让企业的利益和员工利益协调一致，促进员工和企业共同成长。

潘峰听着李教授讲的这些知识，一下子对总公司文件要求做的人力资源规划有了深刻的认识，找到了方法和途径，有种豁然开朗的感觉。他想，这次真不白来，李教授讲的内容很基础，很透彻，应该是专门针对像潘峰这样的新人力资源部经理设计的课程。潘峰想，这个进修班上，或许有一部分人跟我一样，对人力资源管理似懂非懂，需要通过这样的课程学习来提高对人力资源管理的认识。他想，李教授的课是逐步深入的，从浅显的基础知识开始逐渐深入到人力资源管理的理论和精髓，这种授课方式对于我们这些人来说很是实用。他对回去以后如何做人力资源规划有了一个基本的思路。

## 思考练习题

1. 人力资源规划的内容有哪些？
2. 人力资源规划有什么作用？

# 第二节　人力资源规划的制订

周一一上班，黄主管就被人力资源部经理叫到办公室，研究今年制订人力资源规划的事情。经理说："小黄啊，去年咱们制订的年度人力资源规划，整体来说还算不错，不过，在实施过程中也发现一些问题。现在市场变化的周期不断增快，公司的运作始终要迎合市场的变化，但我们在做规划的时候考虑这方面的因素不足。今年再制订年度规划，一定要充分考虑市场变化的不确定因素，要有相应的应对策略。同时也要确保年度规划的实用性和有效性，要将关键环节细致化。"

"经理您说得很对，我也发现这个问题了，今年的年度规划一定要吸取去年的教训，充分考虑内外部的环境变化，制订应对策略，咱们把工作做得再细一些，尤其是前期对相关数据的分析要更细致，对人员的供需预测再准确一些，相信今年的年度规划不会出现去年的问题。"

"很好，那就抓紧时间做吧，有什么问题咱们及时沟通。"经理说。

"经理，能不能让王潇协助我来做年度规划？"黄主管提出，"他是名牌大学毕业的，可能会有更新的思路和方法。"

"好吧。"经理拿起内线电话，打给王潇，让他协助黄主管完成制订年度人力资源规划的工作。

王潇毕业于国内名牌大学人力资源管理专业，是去年刚进入D公司人力资源部的，小伙子阳光帅气，看上去还有些稚嫩，但是说话办事倒挺有一套。当初他选专业的时候就看好了人力资源管理专业的就业前景，相信人力资源是现代企业最核心的竞争力，随着市场竞争趋势越来越激烈，企业对人力资源的重视也会越来越高，所以人力资源管理专业毕业的学生，应该是很受欢迎的。经过重重选拔，他顺利地成为D公司的一员。进入公司以来，他用心观察和学习，对D公司的人力资源状况基本有了大致的了解，他希望自己所学的知识能在D公司得到施展。这次，黄主管让他协助做人力资源规划，他觉得正是自己施展抱负的时候。他知道黄主管是老人事了，他也希望能跟黄主管学点东西。于是暗下决心，一定要积极配合。

　　黄主管对王潇的印象不错，觉得小伙子工作挺认真，做事也用心。而且，在好几次部门会议上，经理让大家出点子，说思路的时候，他话语不多，但说的都很有创意。这次，他有了这个助手，年度规划的制订会顺利很多。第二天，黄主管就找到王潇。

　　"小王，制订年度人力资源规划，你有什么想法呀?"黄主管一来想听听王潇的建议，二来也有意考考他。

　　王潇说："黄主管，能协助您来做这个规划我很幸运，从您那里我可以学很多东西了。"

　　"呵呵，年轻人很会说话。你别客气，我不是听你说客气话的，我是想听听你的思路，咱们可要真刀真枪干工作啦。"黄主管微笑着说。

　　王潇说："我虽然是学人力资源管理的，但是实际工作经验没有，把理论知识与实际运用相结合起来还有些困难，您就吩咐我，我照着做就行了。"

　　"那你就说说理论的东西，从理论上讲，人力资源规划应该怎么做?"

　　王潇想了想说："理论上讲，人力资源规划有一定的程序，也就是人力资源规划的过程。"

## 一、人力资源规划的程序

　　第一步，应首先对公司所处的内外部环境进行分析，并依据公司整体战略规划，分析企业人力资源现状。要收集两组信息：一是公司内部年度规划、组织架构、财务规划、市场策略及整体目标等相关数据；二是公司外部环境下同业竞争、劳动力市场、政府的相关政策等信息。由此，整理出公司人力资源管理所需的人力开发、绩效考核、薪酬待遇、教育培训等数据，并进行企业组织架构、员工数量和质量的静态和动态分析，对人力资源职能指标的进行效能分析，为编制科学有效的人力资源发展规划提供基础数据。

　　第二步，要根据分析出来的数据，做出公司未来人力资源需求的预测，包括总量的预测和各岗位的需求预测。还要做出未来人力资源供给的预测，包括外部市场供给的预测以及公司内部供给的预测。

　　第三步，将公司对未来人力资源供需的预测数据汇总，与当前公司本身可供给的人力资源数据相对比，可以测算出公司对员工的净需求数据。所说的净需求数据是指人员的数量和质量。根据这些数据可以针对性的制订招聘计划和培训计划。

　　第四步，通过以上几个步骤的准备，就可以编制人力资源规划了。人力资源规划包括总规划和子规划。子计划的制订一定要基于总规划，不能与总规划脱节。在规划的过程中，应提出具体的满足公司人力资源需求，促进公司发展的具体政策和具体措施。

　　再接下来就是人力资源规划的实施过程、评估与修正了。

　　"这些都是理论的东西，实际操作中可能会有所不同吧?"王潇说完，用征求的眼神看着黄主管。

黄主管满意地点点头："说得不错，不愧是名牌大学的高才生。你说的这些咱们在实际操作中也在应用，人力资源规划也是遵循这个程序。在具体操作中，有些步骤我们会做得更翔实一些，但总体工作思路就是这样。好，咱们接下来就开始收集信息资料作分析，尽快拿出数据来。"

## 二、人力资源状况分析

黄主管和王潇分工，由王潇收集公司内外部的相关信息资料，黄主管与各部门进行沟通收取人员流动情况、薪资情况、人均绩效等方面相关数据，之后他们将获得的信息和数据进行了汇总。

"小王，根据咱们汇总的这些数据，你来做人力资源状况分析吧。作分析的时候，要根据咱们公司的特点，用人角度的不同，要进行多侧面的分析，总体来说，一个完美的分析报告，资料详尽、数据准确，从分析中能得到结论，可以为人力资源规划提供依据。"

王潇利用自己所学的知识，根据整理出来的数据，做了D公司人力资源状况分析，下面是王潇做的人力资源状况分析。

---

### D公司人力资源现状及分析

一、行业人力资源环境分析

1. 宏观环境分析

随着我国××行业的迅猛发展，人才战略已成为行业竞争的重要战略。据预测，未来五年，根据××行业发展趋势及需要，人才资源将供不应求。随着国家人事制度改革及劳动保障体系的不断健全，人才流动限制取消，让人才市场化形成定局，频繁的人才流动形成趋势。尤其是伴随着全球经济一体化，引得外来资本的大量注入，让资本对劳动力的雇用也越来越大。另外，区域经济发展的不平衡，使大量的人才流向经济发达地区。而随着技术、市场及资本等方面的日益成熟，××行业的竞争更主要的表现在人才的竞争上。一线品牌企业对人才的吸引力增强，人才的集中度也越来越高，再加上潜在竞争对手的迅猛发展及对人才的大量渴求，给二线品牌企业的人力招聘、育成及留存造成困难，人才的供求矛盾将十分突出。

2. 微观环境分析

我公司目前优势在于：通过前期的努力，公司已具有良好的口碑和社会信誉度。员工对公司的忠诚度较高，公司近年来的业绩喜人，发展势头良好，且行业的发展前景不错，这对人才的吸收和留存起到良好的作用。但看到优势的同时，公司的劣势也相对明显：公司处于三线城市，高精尖人才相对较少，薪酬标准又相对较低，所以对高端人才的招聘和留用难度大；同业竞争对手对市场人才竞争的威胁也给人才管理造成压力；三线城市的人员相对一、二线城市来说，较保守、图安逸，创新和突破的能力不足，给人力资源管理造成障碍。

---

二、人力资源现状分析

1. 公司人员学历构成

| 职级 | 硕士以上 | 本科 | 专科 | 中专或高中及以下 | 合计 |
|---|---|---|---|---|---|
| 高层管理人员（人） | 2 | 3 | | | 5 |
| 中层管理人员（人） | 1 | 15 | 50 | | 66 |
| 一线员工（人） | | 75 | 122 | 318 | 515 |
| 合计（人） | 3 | 93 | 172 | 318 | 586 |

2. 公司人员年龄构成

| 职级 | 25岁以下 | 26～35岁 | 36～45岁 | 46～53岁 | 53岁以上 | 合计 |
|---|---|---|---|---|---|---|
| 高层管理人员（人） | | | 4 | 1 | | 5 |
| 中层管理人员（人） | | 11 | 30 | 25 | | 66 |
| 一线员工（人） | 31 | 176 | 145 | 131 | 32 | 515 |
| 合计（人） | 31 | 187 | 179 | 157 | 32 | 586 |

3. 公司人员工龄构成

| 职级 | 1年以下 | 2～5年 | 6～10年 | 10年以上 | 合计 |
|---|---|---|---|---|---|
| 高层管理人员（人） | | | 1 | 4 | 5 |
| 中层管理人员（人） | | | 10 | 56 | 66 |
| 一线员工（人） | 15 | 41 | 184 | 275 | 515 |
| 合计（人） | 15 | 41 | 195 | 335 | 586 |

从以上各项数据可以看出，公司业务发展势头良好，员工队伍不断扩大。一线员工的年龄结构、学历结构及专业技能结构组成相对合理，高层管理人员年轻化，专业化，责任感强，具有创新精神和先进的经营管理理念，对公司的运营发展具备强有力的把控能力，对市场具有敏锐的洞察力。但中层管理者的年龄结构偏大，学历结构整体偏低，学习力及知识储备不足，造成工作创新不足，思维固化，给公司发展形成阻力。另外，一线员工整体职级偏低、薪酬偏低，致使工作积极性不高，工作动力不足。总体来看，公司各层级人员的整体能力素质有待提高，人力资源需要进一步调整和充实。

黄主管看了王潇的分析，说："小王啊，工作效率很高啊，挺好。你这个分析是从学历、工龄、年龄、职位等结构来做的分析，学历结构反映了公司员工的知识水平情况，年龄结构的分析反映出公司的氛围，是否稳健而有活力，还可以让我们发现公司是否存在人员年龄老化导致退休集中的现象；工龄结构的分析可以让我们知道员工的流失与留存情况；职位结构的分析反映出公司的管理机制以及后备人才情况。这些分析可以用来预测人力资源的需求。总体上说还行，不过，还需要再加一些内容，比如对员工辞职率和淘汰率的分析，可以看出公司员工的流失率，从而能算出需求的补充率。所以，对员工流动及人才培养的情况、人力资源成本的情况等内容还要进一步分析，通过从这几个方面更能看出当前公司人力资源急需解决的问题，从而采取什么策略。我给你几个表格（见表1-1，表1-2），把这个分析再完善一下。"

表1-1　　　　　　　　　　　　企业员工内部流动情况

| 职级 | 晋升人数（人） | 员工晋升率（%） | 转岗人数（人） | 员工转岗率（%） | 辞职人数（人） | 员工辞职率（%） | 淘汰人数（人） | 员工淘汰率（%） | 新进人数（人） | 员工补充率（%） |
|---|---|---|---|---|---|---|---|---|---|---|
| 管理人员 | | | | | | | | | | |
| 一般员工 | | | | | | | | | | |
| 合计 | | | | | | | | | | |

说明：通过表1-1的分析，能看出企业在人员管理方面的情况。

员工晋升率＝一年内员工的晋升人数/员工总人数×100%，此项指标反映了企业人才培养的情况；

员工转岗率＝一年内员工转岗人数/员工总人数×100%，此项指标反映了企业人员内部流动情况；

员工辞职率＝一年内员工辞职人数/员工总人数×100%，此项指标反映了企业在留人方面的能力；

员工淘汰率＝一年内被辞退或待岗的员工人数/员工总人数×100%，此项指标反映了企业在绩效考核力度及人员流失情况；

员工补充率＝一年内新招聘的员工人数/员工总人数×100%，此项指标反映了企业在人员招聘以及人员补充方面的能力。

表1-2　　　　　　　　　　　　人力资源成本的构成

| 职级 | 基本工资 | 绩效 | 福利 | 保险 | 公积金 | 培训费 | 其他补贴 |
|---|---|---|---|---|---|---|---|
| 管理人员 | | | | | | | |
| 员工A级 | | | | | | | |
| 员工B级 | | | | | | | |
| 员工C级 | | | | | | | |
| 合计 | | | | | | | |

说明：企业人力资源成本的构成分三部分：①员工薪酬部分，这是员工在标准工作时间内的标准所得；②员工福利部分，这是非标准工作时间企业的付出；③企业人力资源开发费用，即培训费用和招聘费用。

从人力资源成本的构成，可以算出单位人力资源成本即人均人力成本，由此算出人力资源成本的投资回报率，用公式表示为：

$$人力资源成本投资回报率 = \frac{利润 + 人力资源成本}{人力资源成本} \times 100\%$$

王潇按照黄主管的指导，又对人力资源现状分析进行了补充和修改，黄主管对他的这种工作热情非常肯定。

黄主管和王潇通过对相关资料和信息的收集，又根据这些资料和数据进行了 D 公司当前人力资源状况的分析，在分析的过程中他们发现了当前 D 公司在人力资源管理方面存在的一些问题，并想出一些对策。

黄主管将所做的分析发给人力资源部经理，把发现的问题及应对策略当面向经理做了汇报。经理听完了他们的想法，对他们的工作予以肯定，并要求他们继续下一步的工作，尽快做出年度规划。

黄主管从经理办公室出来，把经理对他们的肯定及要求传达给王潇。他说："小王，下一步咱们就要对公司在人力资源方面的需求和供给进行预测，预测的结果要相对准确，这样才能确定人力资源的净需求。你有什么好的方法吗？"

王潇经过这几天跟黄主管一起工作，已经感到了黄主管的棋高一着，从他对自己的指点上，看出他多年人力资源工作的经验和老辣，心里也很服他。听黄主管问，他说："我们可以运用一些预测方法和一些表格数据，来预测今后一年中人力资源质量和数量的需求和供给。我昨晚回去翻了翻书，重点看了看人力资源需求与供给预测的方法，我就记住了几个有代表性的方法。"

## 三、人力资源需求预测的方法

人力资源需求预测方法有很多种，概括起来有两大类：一类是定性预测方法，另一类是定量预测方法。定性预测方法是预测人员凭借自身的经验、智慧和直觉来进行判断和预测。定量预测方法是使用数学模型来进行预测。在实际预测过程中，为了使预测结果更加准确，通常是采用多种方法相结合的方式进行预测。

### 1. 管理人员需求判断法

这是一种较为简单的方法，是凭借管理者以往的工作经验和直觉做出的判断。一般是先由各部门的负责人根据本部门的工作需要向人力资源部提出或预测未来一个时期内的人力资源需求，再由人力资源部汇总后报高层管理者审批，最终预测或确定出企业在未来一个时期内的人力资源需求。这种方法要求管理者经验丰富，可以用于企业短期内人力资源需求预测。这种方法的不足之处在于，各部门负责人有时会夸大本部门人力资源需求数据，出现这种情况，可以由高层管理者进行控制。

2. 现状规划法

这种方法简单、易操作，即假定企业人力资源处于稳定状态，原有的生产环境和技术保持不变，当前人员配备比例完全能满足未来一个时期企业的发展需要。人力资源部门只需预测出在未来一个时期内，员工晋升、降职、调岗、退休、离职的数量，需要补充人员的数量即可。

3. 德尔菲（Delphi）法

这种方法是在 20 世纪 40 年代末由美国兰德公司的思想库中发展出来的，也称作专家预测法。即企业邀请某领域专家或经验丰富的管理人员共同预测，经过专家们多轮预测意见，最终达成一致的预测意见和结果。这种方法抛开了传统的集体讨论形式，采用专家"背靠背"的匿名方式进行，依赖的是专家独立做出的判断，仅设一名"协调人"在专家中间进行信息传递，避免了从众行为和个人预测的片面性。这种方法能吸取多名专家的意见，预测的准确性较高。

以上三种方法均属于定性预测方法。

4. 回归预测法

这种方法属于定量分析法。回归预测法是依据统计学原理的预测方法，在预测前，要首先找出影响人力资源需求的若干因素，并根据相关资料，建立一个确定出它们之间的数量关系的回归方程。再根据这个回归方程以及这些因素的变化来预测企业未来一个时期内人力资源的需求。在具体操作中，一般多采用线性回归方程，找出与人力资源需求的高度相关变量，计算出相关因素的数值，就可以对人力资源的需求量做出预测。

## 四、人力资源供给预测的方法

1. 替换图法

这种方法就是根据现有人员分布状况，尤其是管理人员层级的分布状况、绩效考核及个人潜力情况等，对未来人员晋升、调岗等做出判断，来预测企业内部的供给可能。一般是用一张替换图对企业未来一个时期人力资源供给情况作出预测，当这张图的某一位置空缺时，就要由接替人员及时补充。

2. 马尔科夫法

这种方法也叫矩阵转换法，就是根据企业历史数据中的人员变动情况，寻找一定的规律来对企业未来一个时期内的人员状况作出推测。首先要制作一个企业人员变动的矩阵表，来表现某一岗位人员的变动概率，以此推测企业未来一个时期内人员的变动情况。

这种方法可以与其他预测方法结合使用。

王潇一口气说完这几种方法，黄主管连连称好。他说："德尔菲法也适用于人力资源供给的预测。在实际操作中，也就是这几种常用的方法，我们通常是几种方法结合着使用。"

王潇有点不好意思地说，"我这些都是看书来的，实战经验没有，还是您跟我具体说说咱们怎么做吧。"

黄主管微笑着点点头，说："好吧。前面咱们做了人力资源状况分析，实际上是对公司现有的人力资源状况做了一个盘点，根据盘点的结果，用'现状规划法'，就可以做出公司《年度人力资源需求预测表》（见表1-3），用'管理人员需求判断法'，就可以做出《年度各部门人力资源需求预测表》（见表1-4）。在预测了人力资源需求之后，就要做人力资源的供给预测。人力资源供给分两方面，即内部供给和外部供给，做供给预测，应该先立足于内部供给。内部供给也分静态供给和动态供给两种。静态供给，是指员工晋升、调岗或离职等正常流动后所余的人员供给总量。动态供给是指经公司培养、员工的工作能力和素质完全能够胜任更高层级岗位的工作，直接替补空缺产生的供给总量。动态供给比较难预测，因为它是不断变化的，要想预测准确，就要建立对员工的绩效考核、岗位能力等方面的考核体系，通过绩效考核，可以掌握员工在工作中的具体表现与成绩，发现有潜质的人选。'替换图法'就是做动态供给预测的最好方法，我们可以制作《年度人力资源接替图》（见下图），我们用'马尔科夫法'可以制作《年度人力资源内部供给预测表》（见表1-5）。"

**表1-3**　　　　　　　　　**年度人力资源需求预测表**　　　　　　　　　单位：人

| 职级 | 现有人数 | 编制人数 | 空缺人数 | 年度内员工流动人数预测 | | | | | | | 年度人力资源需求预测总数 |
| | | | | 晋升人数 | 调岗人数 | 退休人数 | 辞职人数 | 辞退或待岗人数 | 其他 | 合计 | |
| --- | --- | --- | --- | --- | --- | --- | --- | --- | --- | --- | --- |
| 高层管理者 | | | | | | | | | | | |
| 中层管理者 | | | | | | | | | | | |
| 一般员工 | | | | | | | | | | | |
| 信息技术人员 | | | | | | | | | | | |
| 工程师 | | | | | | | | | | | |
| 会计 | | | | | | | | | | | |
| …… | | | | | | | | | | | |
| 合计 | | | | | | | | | | | |

**表1-4**　　　　　　　　　**年度各部门人员需求预测汇总表**

| 部门 | 岗位 | 人员要求 | | | | 需求人数 | 备注 |
| | | 学历 | 专业 | 性别 | 经验 | | |
| --- | --- | --- | --- | --- | --- | --- | --- |
| 客服部 | | | | | | | |
| 销售部 | | | | | | | |

| 部门 | 岗位 | 人员要求 | | | | 需求人数 | 备注 |
|---|---|---|---|---|---|---|---|
| | | 学历 | 专业 | 性别 | 经验 | | |
| 市场部 | | | | | | | |
| …… | | | | | | | |
| 合计 | | | | | | | |

**表 1-5** 　　　　　　　　　　年度人力资源内部供给预测表

| 职级 | 年初人数 | 人员调动概率 / 年末供给人数 | | | | |
|---|---|---|---|---|---|---|
| | | 高层管理者 | 中层管理者 | 员工 A 级 | 员工 B 级 | 离职 |
| 高层管理者 | | | | | | |
| 中层管理者 | | | | | | |
| 员工 A 级 | | | | | | |
| 员工 B 级 | | | | | | |
| 预计供给人数 | | | | | | |

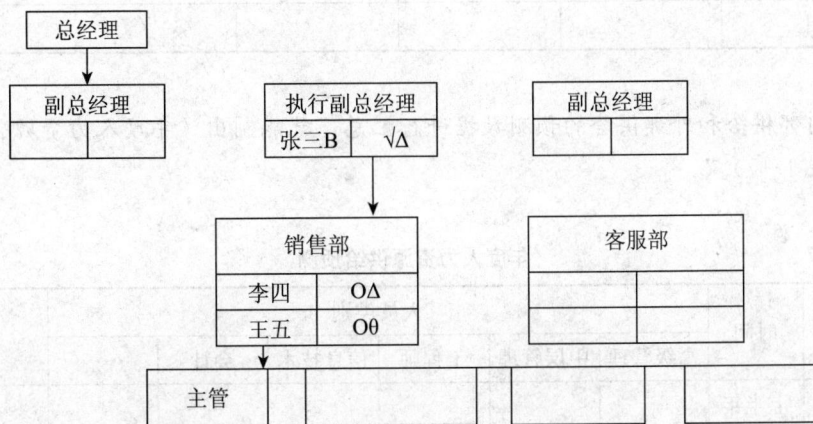

```
                        ┌────────┐
                        │ 总经理  │
                        └────────┘
┌──────────┐      ┌──────────────┐      ┌──────────┐
│ 副总经理  │      │ 执行副总经理   │      │ 副总经理  │
├────┬─────┤      ├──────┬───────┤      ├────┬─────┤
│    │     │      │ 张三B│  √Δ   │      │    │     │
└────┴─────┘      └──────┴───────┘      └────┴─────┘
                          │
                  ┌───────┴──────┐       ┌──────────────┐
                  │   销售部       │       │   客服部       │
                  ├──────┬───────┤       ├──────┬───────┤
                  │ 李四 │  OΔ   │       │      │       │
                  ├──────┼───────┤       ├──────┼───────┤
                  │ 王五 │  Oθ   │       │      │       │
                  └──────┴───────┘       └──────┴───────┘
                          │
        ┌─────────┬───────┴─┬─────────┬─────────┐
        │  主管    │         │         │         │
        └─────────┴─────────┴─────────┴─────────┘
```

注：目前表现：优秀√　　　　良好O　　　　待改进Φ

提升潜力：可以提升Δ　　加强培训θ　　有问题X

**年度人力资源接替**

"刚才说的是内部供给的预测，外部供给预测我们一般用两种方法。一个是市场调查预测法，一个是相关因素预测法。市场调查预测法就是咱们亲自去市场调查，在掌握了第一手人力市场的信息资料后，要进行分析和测算，最终预测出外部人力市场的供给规律和未来趋势。这种方法因为是调查得来的数据，比较客观实际，减少了预测的片面性。

"你也知道，外部供给的影响因素很多，比如说当地的发展水平、吸引外来劳动力的能力、同行业的人力需求、劳动力的数量和质量、劳动力择业心态等诸多因素影响着外部人力资源的供给。相关因素预测法就是通过调查和分析，找出各种影响外部市场供给的因素，分析这些因素对外部人力市场发展变化的作用和影响度，来预测未来一个时期内外部市场供给的规律和趋势。

比如说我们可以用《年度外部学生市场供给预测表》（见表1-6）来测算一下未来一年外部人力资源供给的情况。"

表1-6　　　　　　　　　　　年度外部学生市场供给预测　　　　　　　　　　　单位：人

| 专业类别 | 硕士生毕业人数 | 本科生毕业人数 | 大专生毕业人数 | 同行业公司数 | 备注 |
|---|---|---|---|---|---|
| 会计学 | | | | | |
| 工商管理 | | | | | |
| 计算机 | | | | | |
| 经济管理 | | | | | |
| 工商管理硕士 | | | | | |
| …… | | | | | |
| 合计 | | | | | |

"将内部供给和外部供给的预测数据进行汇总，就能制出《年度人力资源供给预测表》（见表1-7）。"

表1-7　　　　　　　　　　　年度人力资源供给预测

| 类别 | 时间 | 人员类别 | | | | | | 合计 |
|---|---|---|---|---|---|---|---|---|
| | | 高级管理 | 中层管理 | 工程师 | 信息技术 | 会计 | …… | |
| 内部供给 | 上半年 | | | | | | | |
| | 下半年 | | | | | | | |
| 外部供给 | 上半年 | | | | | | | |
| | 下半年 | | | | | | | |
| 合计 | | | | | | | | |

"在做预测的时候要注意一点，那就是所做的人力资源需求预测和供给预测，数据取值必须是同一个时期内的，便于进行数据对比。有了这些数据做基础，接下来咱们再将人力资源需求预测数与供给预测数进行分析对比，测出未来一个时期内公司人力

资源的净需求。这个净需求，应该是包括了净需求的人员数量和人员质量、结构，也就是说，既确定了公司需要多少人，又确定了需要什么样的人，人员的数量与质量应该对应起来。这样我们就可以有针对性地制订招聘计划或培训计划，也为公司制订相关人力资源政策与措施提供了基础数据。"

## 五、确定人力资源的净需求

人力资源的净需求人数可能是正数，也可能是负数，我们可以通过《年度人力资源净需求汇总》（见表1-8）来汇总年度内的人力资源净需求。

表1-8　　　　　　　　　　年度人力资源净需求汇总

| 职级 | 年初人数 | 计划编制人数 | 年度人力资源需求预测 | 年度人力资源供给预测 | 年度人力资源净需求 |
|---|---|---|---|---|---|
| 高层管理者 | | | | | |
| 中层管理者 | | | | | |
| 一般员工 | | | | | |
| 信息技术人员 | | | | | |
| 工程师 | | | | | |
| 会计 | | | | | |
| …… | | | | | |
| 合计 | | | | | |

"从表1-8可以较清楚地看出公司人力资源的净需求是供大于求还是供小于求，当供大于求时，就可考虑提高人力资源质量，控制数量；反之，就要先保证数量，同时兼顾质量。当然，我们也可以用培训、激励、薪酬政策等来调节供需矛盾。"

听完黄主管的一番话，王潇感慨颇深："真是听君一席话，胜读十年书啊！您说的这些让我太受启发了。"

"这没什么，就是理论上的一些东西，加上一点实战经验。"黄主管说，"不过，做各项预测，除了用脑还要用心，细节最重要，各类表格很多，要注意这些表格之间的联系，尤其是要注重数据的准确性和逻辑性。前面工作做得细，后面编制人力资源规划就顺畅了。"

"是啊，天下难事，必作于易，天下大事，必作于细。您放心黄主管，我一定做好做细每一项工作。"

"小王呀，预测结果出来后，就要编制人力资源规划了，接下来怎么做就不用我说了吧？"黄主管问。

"我这两天也详细地看了看书，对如何编制人力资源规划认真重温了一下，我跟你汇报下，您看我说的对不对。"王潇说。

"好，那你就说说。"黄主管说。

## 六、编制人力资源规划

人力资源规划是根据公司的战略目标和人力资源的净需求量来编制的。人力资源规划，分为总规划和子计划。总规划主要是依据提前预测的公司人力资源净需求量来对人力资源需求和供给的不平衡做总体调节。在编制人力资源规划时要注意总规划和子计划间的衔接与平衡，并制定出调控人力资源供需平衡的相关政策和具体措施。一个完整的人力资源规划一般包括以下几个方面。

（1）人力资源规划的目标、规划的时间；

（2）人力资源分析。通过对内外环境分析、企业人力资源现状分析、规划期内人力资源供需状况及某类新项目在架构和岗位等方面的人力资源需求分析，提出制定人力资源规划的依据；

（3）人力资源的各项子计划：包括招聘计划、培训计划、职业发展计划、薪酬福利计划、绩效考核计划等；

（4）实施的步骤与策略；

（5）人力资源费用预算。

"编制人力规划不仅要着眼于满足未来一个时期内公司人力资源的需要，更应该着眼于对现有人力资源的充分利用和管理，要做到事尽其人、人尽其才、才尽其用。"

"不错，说得很好。"黄主管夸奖道。

"可是，这只是理论上的东西，真正怎么做我还不知道，"王潇说，"您能具体给我说说吗？"

"这样吧，我给你看看咱们以前做的人力资源规划吧，你一看格式就知道怎么做了。"黄主管边说边拿出 D 公司以前年度发的人力资源规划的红头文件。

---

### D公司某年度人力资源规划

一、总论

（一）规划目的

为了充分发挥人力资源管理在公司发展中的作用，为公司整体发展战略目标的实现提供人力资源保证和服务，促进公司不断提升核心竞争力，根据公司××总体目标和发展战略，特制订本方案。

（二）规划时间

××年×月×日—××年×月×日

（三）适用范围

适用于××公司及各下属单位

---

（四）基本原则（略）

二、人力资源整体现状分析

（一）内外环境分析（略）

（二）人力资源现状分析（略）

（三）人力资源需求预测分析（略）

（四）人力资源供给预测分析（略）

（五）人力资源净需求及供需平衡分析（略）

三、具体计划

（一）人员招聘与配置计划（略）

（二）教育培训计划（略）

（三）薪酬福利计划（略）

（四）绩效考核计划（略）

（五）……

四、实施步骤（略）

第一阶段：×月×日—×月×日

具体措施：

1.……

2.……

3.……

第二阶段：×月×日—×月×日

具体措施：

1.……

2.……

3.……

第三阶段：×月×日—×月×日

……

五、人力资源费用预算（略）

（一）招聘费用

（二）培训费用

（三）……

王潇看完后感慨地说："这个太实用了，比什么教材都管用。能把这个文件给我一份吗？"

"我给你一份电子版的吧。"黄主管说

"太好了，黄主管，有了它我们是不是就按这个格式套写就行了？"王潇狡黠地说。

"可以呀，格式可以套，里面的内容、数据、观点、措施必须是新的。"黄主管说，"实际上，在制订人力资源规划过程中，格式是次要的，如何让人力资源规划为公司的整体战略服务，真正起到人力资源核心竞争力的作用是最重要的。因此，在制订人力资源规划过程中还要注意以下几个问题：

## 七、制订人力资源规划应注意的问题

1. 人力资源规划要与企业的发展战略相匹配

有的企业在人力资源管理方面，并不是依据企业的发展战略，而是仅就随机的调岗、招聘和辞退来确定人员，没有一个匹配于企业发展战略的人力资源规划，这样与企业的战略相背离，势必不能发挥人力资源管理的作用。

2. 要制订合理的招聘计划，规范招聘流程

有的企业在招聘过程中，没有规范的程序，通常是凭招聘者的个人好恶或凭私人关系来决定人员任用，导致优秀人才流失，人力资源匮乏。

3. 应建立系统的培训体系

培训就是生产力，企业人力资源的有效利用一部分来源于外部招聘，更多的还是来源于内部人才的培养，尤其是对管理人才和关键岗位人员，需要学习和提升的机会。而有的企业，不重视培训，或培训的随意性太强，导致员工学习不系统，素质提升较慢。

4. 明确绩效考核制度

有的企业没有明确的绩效考核制度，导致员工的权、责、利不明确，工作职责不明晰，致使员工的工作责任心差，工作效率低下。

5. 严格规划流程，重视规划细节

有的企业也做人力资源规划，但规划过程比较随意，不注重细节，工作过程较为粗糙。在实际操作中，人力资源规划是一项严肃的、技术性较强的工作，需用一系列科学的测算工具和方法来确保人力资源规划的科学性和有效性，保证能与企业的发展战略相匹配，同时能够适应内外部环境的变化。

"避免这些问题，有的放矢地制订与公司的发展战略不背离的人力资源规划，对公司当前和未来一个时期的人力资源需求与供给做科学的预测和规划，才能使公司人尽其才、才尽其用，才能为企业发展战略目标的实现做保证，让公司在激烈的市场竞争中保持优势。"

王潇听黄主管一席话后连连点头，"您说得太有道理了。"

通过一系列的沟通，王潇感觉和黄主管之间产生了一种默契，工作配合更到位，思想交流更顺畅，对接下来工作的顺利完成起到了积极的作用。

**思考练习题**

1. 人力资源规划的制订原则有哪些?
2. 人力资源需求预测的方法有哪些?

# 第三节 人力资源规划的实施与评估

C公司人力资源部魏经理到了内退年龄,明天就要正式离开人力资源部去做督导员了,接替他的是原市场部经理、年轻而有才气的廉刚。综合部李经理张罗着晚上举行欢送晚餐给魏经理送行。晚上,各部门负责人都如约而至,把魏经理推到首位,寒暄着,开着玩笑,气氛很是融洽。

魏经理是C公司的老经理了,他任人力资源部经理多年,对人力资源管理方面非常精通,人力资源部门本身又是个吃香的部门,再加上多年的工作阅历让他善于沟通、精于世故,所以他一直深得领导信任,也颇得同僚和下属们的敬佩。这次廉刚接替他任人力资源部经理就是魏经理推荐的。他跟廉刚交情不深,工作中仅有几次合作,但他发现这个年轻人很有头脑,也善于学习,最关键的是做事不浮夸,很务实,因此,他用他多年做人力资源的眼光看,觉得这个年轻人不错,是个可塑性人才。所以,当领导向他征求接替他的后备人选时,他毫不犹豫地推荐了廉刚,他觉得,从对公司负责的角度,也要这样做。没想到,他的推荐正好与领导的想法合拍,领导夸他有眼光,不愧是老"人事"。

廉刚对魏经理是很佩服的,在平时的工作中,市场部的各项工作都会与人力资源部有交集,无论是人员招聘、员工培训,还是薪酬、绩效等方面,他发现,人力资源部的工作都安排得井井有条、有章可循,效率很高。一个优秀的部门负责人造就一条精准、专业的部门生产线,魏经理做到了。当领导找他谈话,让他接替魏经理任人力资源部经理时,他嘴上说着谢谢领导信任,心里却有点惴惴不安,他怕自己无法超越魏经理的工作成绩,在日新月异的工作环境中,没有超越,就是平平,或说就是碌碌无为,看不见成绩。领导看出了他的心思,拍着他的肩膀说:"小廉啊,你工作上有什么问题可以多向魏经理请教。""好,我记住了,领导。"廉刚从领导办公室出来,心里轻松了许多。

晚宴的气氛很热烈,大家酒兴颇酣,在大家敬酒的空隙,廉刚端起酒杯起身来到魏经理身旁,恭敬地对魏经理说:"魏经理,感谢您向领导推荐了我,谢谢您对我的信任。"魏经理也站起身来说:"哪里哪里,主要还是你个人能力强,领导赏识你,我只是提了一个建议。""魏经理,扶上马还要送一程啊,以后我还要多多向您请教,希望您能悉心指点我。我敬您一杯。"廉刚真诚地说。"小廉啊,年轻人前途无量,我这个督导员以后基本上就是个闲职了，有用得着我的地方你尽管说，指点谈不上，来，喝酒。"魏经理很爽快，俩人连干了三杯，心照不宣。

第二天，廉刚就走马上任了，他召开了部门会议，听取了各岗位目前工作的开展情况和工作进度。因为初到人力资源部，对工作还不太熟悉，所以他也没发表任何意见，只是要求各岗位按部就班地做好各项工作。散会后，他让各岗位把人力资源工作的相关资料给他，他开始翻看。

经过两天认真的查看资料，廉刚对人力资源当前的工作梳理出一些基本思路，有了大概的轮廓。对当年的人力资源规划，他仔细看了好几遍，下属提醒他，按照规划的实施步骤和执行点，可以逐步实施了。廉刚没有表态，他觉得对规划的实施还需要整理思路，他信步来到魏经理办公室。

魏经理正在看报纸，看到廉刚来了急忙起身让座："小廉啊，今天怎么有空啊？"

"这不是遇到问题了，想过来请您给指点一二吗。"廉刚说。

"又客气了，不要说指点，探讨，咱们可以探讨一下。"魏经理笑着说。

"我这两天翻看了人力资源管理方面的相关资料，也了解了一下目前的工作情况，基本上有了些轮廓。今年的人力资源规划我看了，定得很好，很符合公司的节奏。不过，对于人力资源规划今后如何实施、注意哪些问题、怎样执行到位等问题，我很想听听您的意见。"

"行，那咱们就聊聊。"魏经理说，"实际上，人力资源规划的实施比制定还要重要，一个再完美的规划，没有强有力的执行都是空谈。通常，在人力资源规划的实际运作中，我们遵循的原则和实施步骤是这样的。"

## 一、人力资源规划的实施原则

### 1. 协作一致原则

人力资源规划的实施，应该是由人力资源部、各职能部门、各级员工共同完成的，而不单单是人力资源部一个部门的事。所以，人力资源部一定要充分与各部门沟通，使公司的各级管理者和相关人员参与其中，按规划实施步骤执行，协调一致，落到实处。

### 2. 分步实施原则

通常，将人力资源规划实施分为前期的宣传贯彻、中期的强化执行和后期的总结评估等几个阶段来分步实施，这样可以保证人力资源规划实施的有效性。

### 3. 适时调整原则

企业的内外部环境是不断变化的，在人力资源规划实施过程中，遇到与前期制订规划时外部政策、经济、技术等，或内部资源、财务、经营策略发生明显变化时，要适时调整人力资源规划，以应对环境的变化。

## 二、人力资源规划的实施步骤

首先，要先做好前期的沟通和宣导，一个是跟各部门负责人沟通，再就是向全体员工宣导，可以用会议的形式，也可以做个别沟通。沟通宣导的内容主要是人力资源规划目标、实施原则、人员招聘和培训计划，尤其是绩效考核计划、薪酬福利计划、实施步骤等，通过宣导，与全员达成共识。

其次，在进入执行阶段后，要定期追踪检查。检查是必需的，给执行者以压力，以避免规划的执行流于形式。检查者可以由上级或平级者担任。

再次，通过追踪检查，及时发现问题并及时反馈，反馈方可以是检查者也可以是执行者。反馈要实事求是，反馈的问题可能是执行不力的问题，也可能是规划本身的问题。

最后，要进行修正。根据反馈的问题或根据内外部环境变化进行人力资源规划的局部修改。

通过以上各个步骤，才能让人力资源规划得到有力地执行。当然，在实施过程中也要注意以下一些问题。

## 三、实施人力资源规划应注意的问题

第一，人力资源部要与各部门做好协调，同时注意执行过程中各环节之间的衔接关系。

第二，一定要设专人来负责既定方案的落实，要赋予责任人一定的权利和资源，来保证人力资源规划的方案实现。

第三，在实施过程中要全力以赴按规划执行，不打折扣。

第四，要充分运用人力资源信息系统。当前，在新的经济环境下，多数企业已经将人力资源管理纳入到网络系统平台上进行管理。咱们公司的人力资源信息系统刚刚上线，还需要不断完善，但是完全可以用来进行人力资源的信息收集、保存、分析和报告，运用好了，可以及时提供人员的信息和资料，既可减少工作的随意性，又能够提高工作效率。

第五，可以将部分工作职能外包。在信息化时代，企业各项工作的分工越来越细，也越来越专业，效率也越来越高。通过成本核算，企业可以将内部的一些事务性工作交由专业公司来承包运作。例如，人员招聘、员工培训等。把这些工作外包给专业公司去运作，人力资源管理者就可以将更多的精力放在更重要的工作上。

第六，要不断提高人力资源管理岗位人员的素质。人力资源部是为各部门提供人力资源保障和服务的，人力资源部各岗位人员要首先自己掌握人力资源管理的制度和相关知识，要了解公司的发展战略和经营目标，还要了解各部门的需求，要尽可能的掌握公司产品、生产、销售情况，要知道企业的使命、企业文化和价值观等，工作中要有预见性，要能通过人力资源管理来协调和调动员工的积极性，让员工和企业共发展。所以，加强人力资源各岗位人员的学习和提升是非常必要的。

第七，对人力资源规划的实施过程要进行监督和评估，要找出执行中的不足，及时进行调整修正。

廉刚认真地听完魏经理的话，脑子里对人力资源规划的实施过程，从模糊到清晰，有了明显的认识，他很感谢魏经理这样毫无保留地讲解。他问："您刚说的评估，有什么用处呢？应该怎么做呢？"

"人力资源规划的评估就是通过对实施人力资源规划的考查分析，将人力资源规划实施的实际结果与预期结果相比较。根据比较结果，对人力资源规划进行调整和修正，以保证人力资源规划的有效实施。

考虑到公司内外部环境的多变性以及人力资源规划过程的不全面性，做人力资源规划的评估是很有必要的。实际上做评估有以下几个作用。"

## 四、人力资源规划评估的作用

（1）有利于发现人力资源规划中的不足。

（2）有利于让人力资源规划与人力资源管理战略相衔接。

（3）有利于形成支持人力资源管理的决策信息。

（4）有利于掌握人力资源发展态势，确保人力资源的合理开发和利用。

（5）有利于显现人力资源部门的工作成绩。

## 五、人力资源规划评估的内容

通常，人力资源规划的评估从以下三个层面着手。

第一是基础层面。主要评估所制订的人力资源规划是否有具体的数据支持，是否能针对性的解决问题；是否对企业内外部环境进行了充分及客观地考虑；是否与企业战略、发展目标、企业文化相匹配；是否有资金费用做保证；所有管理者和员工是否理解并能配合实施规划；

第二是实施层面。主要评估在人力资源规划实施过程中员工的需求与供给预测与实际结果是否一致；人力资源规划的费用预算与实施成本是否一致；各类子计划如培训计划等是否落实到位；

第三是技术层面。主要评估人力资源规划在实施中的控制的力度和涉及的广度是否在合理范围；人力资源信息系统的实用性、便捷性与有效性。

"小廉啊，这个人力资源信息系统啊，你抽时间还是要熟悉一下，虽然刚上线不久，但技术已经很成熟了，功能也很全面，人力资源管理的所有数据和资料都在里面，人力资源管理的日常工作也基本依赖系统，比如说员工的考勤管理、在线培训、绩效考核、工作日志等，还可以做在线评估，及时收取员工的评估资料。所以，我建议你要好好熟悉一下这个系统。"

魏经理说到这里，廉刚忙说："这太好了，有了系统的支持，人力资源的管理更现代、更迅捷也更规范。我回去一定好好看看这个系统。魏经理，刚听完你说的，我觉得做人力资源规划的评估很有必要，也很有意义，通过对这三个层面内容的评估，能检验我们人力资源规划从制定到实施整个过程是否符合实际发展需要，是否科学、合理而有效，评估的过程就是人力资源管理提升的过程，可以促进未来人力资源规划的完善和提高。"

"你说得很好，说得很在点儿上。"魏经理赞叹道。

廉刚接着问："魏经理，您说人力资源评估有哪些好的方法呢？"

"评估的方法有很多，咱们常用的方法有这么几种。"

## 六、人力资源规划的评估方法

1. 关键指标分析法

这种方法主要是通过对人力资源的一些关键指标评估来说明人力资源规划的情况。关键指标包括薪酬管理、绩效考核、招聘与培训等。将这些关键指标进行量化，与实际落实情况相对比，经过分析得出评估结果。

2. 问卷调查评估法

这种方法就是通过发放调查问卷来了解员工对人力资源规划的看法。通过问卷调查，可以发现员工在人力资源管理过程中的感受和想法，从而有效地诊断出在人力资源规划实施过程中存在的问题，了解哪些方面是员工认同的，哪些方面是员工不认同的。可以通过电子问卷、在线问卷的形式来完成。

3. 竞争基准评估法

这种方法就是将实现的人力资源规划关键指标列出来，与同行业优秀者的各项标准相比较，来评估和了解人力资源规划的工作业绩处在同行业间的何等水平。

"魏经理，到您这里来之前我还心里没底呢，对于下面工作怎么开展还没有思路，现在听了您的一席话，一下子视野开阔了，思路也清晰了。真的谢谢您。"廉刚真诚地说。

"你来我这里我很高兴，正好跟我聊聊天解解闷，我还得谢谢你呢。"魏经理说。

廉刚从魏经理办公室出来，早已胸有成竹。

**思考练习题**

1. 人力资源规划实施步骤有哪些？
2. 人力资源规划评估的作用是什么？

# 第二章　招聘管理

## 第一节　招聘工作程序

去年A公司由于市场利好，公司的管理和市场销售策略到位，使得A公司的业务发展突飞猛进，给管理层带来了很大信心，经过管理层研究决定，新的一年将扩大公司经营规模，促进业务的再度提升，为此，A公司将增编增员。为了做好人员的招聘工作，赵小刚被借调到人力资源部，协助主管王丽做员工招聘工作。

赵小刚到人力资源部报到当天，就参加了人力资源部关于招聘工作的会议。会上，人力资源部经理强调了这次招聘对于公司发展的重要意义，提出了招聘的要求和期限，要求负责招聘工作的人员要按照公司发展需求，保质保量地按时完成招聘任务。

赵小刚大学时学的是人力资源管理专业，由于各种原因阴差阳错没有被安排到与自己专业对口的部门工作，所以这几年，对于人力资源方面的事情，赵小刚还停留在理论阶段。以前，赵小刚在其他部门工作时，认为招聘工作很简单，觉得就是贴个广告做个面试，如今，真做这项工作时，才觉得要学的东西很多。

为了能尽快地熟悉员工招聘工作，成为得力助手，赵小刚很虚心地向王丽请教。王丽说："招聘工作实际上不是一个简单地发招聘广告做面试的工作，它需要一定的技巧和细节。怎样在一个期限内，招到适合公司岗位需求的人员，还要保质保量呢？对于招聘者来说首先要清楚三点：一是为什么招？也就是招聘的目的是什么；二是怎么去招？也就是招聘的工作程序是什么；三是招聘应注意什么？也就是招聘应遵循哪些原则？

弄懂了以上问题，大方向明确了，接下来的招聘工作就好做了。先说第一，一般企业招聘的目的。"

### 一、招聘的目的

（1）企业要扩大经营规模，需要人员的增加；

（2）企业内部岗位正常流动引起的人员不足或职位空缺，需要弥补；

（3）市场在发展，客户需求在提高，企业要满足新形势下对高端技术人才和管理人才的需求。

"咱们公司这次进行大规模的招聘工作，主要还是为了扩大经营规模。扩大经营规模，势必就要增加组织架构，所以，对人员数量和质量的要求都很高。

再说第二，招聘工作有个工作程序，把握好了各环节的运作，注重细节和技巧，可以提高招聘的工作效率，也能提高招聘的质量。"（见图2-1）。

## 二、招聘的工作程序

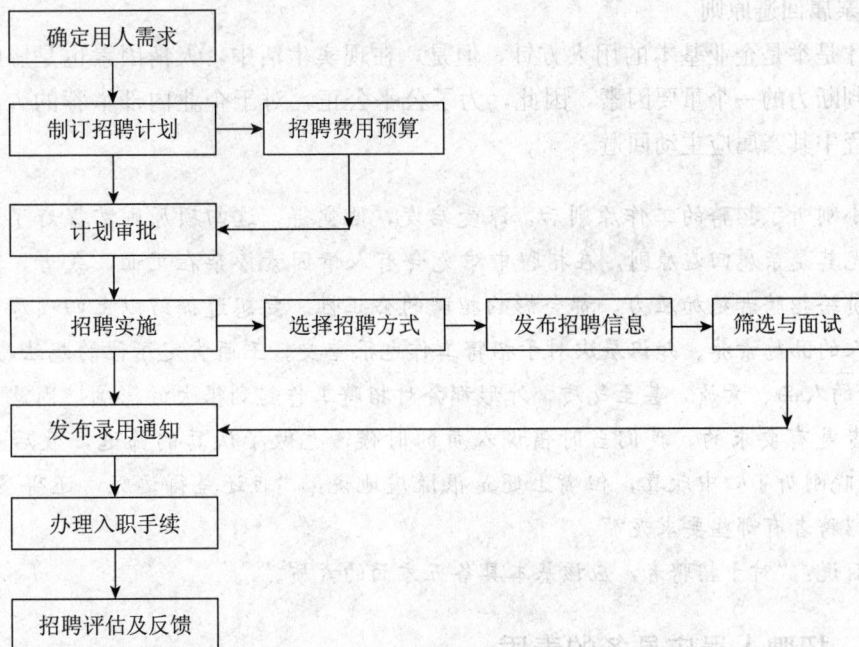

图2-1 招聘工作程序

"在这个工作程序中，每个步骤都很重要，都需要招聘人员的智慧、知识储备、工作技巧和责任心。如果对公司的用人需求把握不准，那么做出的招聘计划也不科学，或者说不能达到公司的用人要求。招聘计划做得再好，在实施过程中，对应聘者筛选、面试做的不细致，也会影响录用人员的质量。所以，要想做好招聘工作，需要招聘人员用心去操作每一步。

接着说第三，知道了为什么招，如何去招，还要知道招聘中应该注意的事项，要不然，工作可能没有成效，还会引来一堆矛盾，让领导痛批一顿。

所以，招聘过程中我们一般遵循四项原则。"

## 三、招聘的工作原则

1. 公正原则

作为招聘工作者，应遵循客观公正的原则，不要以个人好恶来看待应聘者，要客观公正地去甄选、录用人员。

## 2. 择优原则

招聘中，不仅要考察应聘者的能力，更要重视应聘者的品德修养，以德为先，择优录用。

## 3. 内部优先原则

招聘过程中，对一些职级高的岗位，应先从企业内部选聘，内部无合适人选时，再对外进行招聘，这样可以整合和利用现有人力资源，降低招聘成本。

## 4. 亲属回避原则

唯才是举是企业基本的用人方针，但是，在现实生活中，人情因素也是影响招聘工作者判断力的一个重要因素，因此，为了公平公正，对于企业内部举荐的人员，在招聘过程中其亲属应主动回避。

赵小刚听了招聘的工作原则后，深受启发，他觉得，这四项原则掌握好了还真不容易，尤其是亲属回避原则，在招聘中难免会有人情因素掺杂在里面，或者，有公司内部人员给招聘者施加压力，都会影响招聘的公正性。要想遵循好以上四项原则，招聘者个人的品德素养、知识层次对于招聘工作也很重要。王丽肯定了他的想法，她说："招聘者的人品、素质，甚至气质、外形都会对招聘工作起到很大的影响，因此，公司对招聘者是有要求的。我们当时借调人员的时候，也做了认真的筛选，最后确定了你。"赵晓刚听了心中欣喜，但嘴上还是很谦虚地说："我还差得远呢，还得多学习。到底对招聘者有哪些要求呢？"

王丽说："对于招聘者，应该基本具备五方面的素质。"

# 四、招聘人员应具备的素质

## 1. 具备专业的人力资源管理知识

招聘人员应掌握专业的人力资源管理知识，对公司的人力资源状况有所了解，这样才能真正做好招聘工作。

## 2. 诚实守信、谨言慎行

招聘人员对应聘者应该一视同仁，不许诺、不徇私。有熟人、朋友来说情的，招聘人员应站在企业的立场上，公平公正，不徇私情，严把进人关。还要注意，有的应聘者可能是竞争同业来探听信息的，招聘人员应谨言慎行，不能透露企业秘密。

## 3. 了解企业文化及业务发展情况

招聘人员要了解企业文化、业务发展情况，还要了解一些行业动态，这样当应聘者询问时，能很专业的解答。

## 4. 个人形象佳、气质好

招聘人员的形象、气质代表公司的形象，能坚定应聘者的应聘信心。应聘者往往喜欢先入为主，认为这就是自己要应聘的企业员工的标准形象。

## 5. 有高涨的工作激情和感召力

招聘人员只有自身充满工作激情，才能感召应聘者，增强应聘者想要加入这个团队的意愿。

赵小刚听了王丽的一席话，确实感触颇深，他非常诚恳地谢谢王丽，并暗下决心，一定要再系统地学习一下人力资源管理方面的知识，让理论知识和实际工作结合起来，积极协助王丽做好招聘工作。王丽告诉他："不要着急，我们先拟订招聘计划，按部就班地去做，一定能漂漂亮亮地完成这次的招聘工作。"

**思考练习题**

1. 招聘的工作原则有哪些？
2. 招聘工作按照什么样的程序进行？

# 第二节　制订招聘计划

张志是B公司客户服务部经理，去年，客服部较好地完成了各项考核指标，为公司的业务发展起了很大作用，得到公司管理层表扬。但今年，为了应对市场需求，B公司的业务结构发生了变化，业绩指标、服务指标等都在去年的基础上上调了20％，这给客服部的工作带来压力，现有人员已经不能满足客服部工作的正常运转需要，要想完成新的考核指标，必须增加人力。张志向主管提出了招聘5名客服代表的想法，主管表示同意他跟人力资源部联系。

这天一上班，张志专门来到人力资源部刘经理办公室，跟他商量招人的事情。他把客服部今年的压力和难处，用人的急切状况跟刘经理进行沟通，他请刘经理马上就办这件事情，最好客服代表在本周内上岗。刘经理听了表示理解，他说："你的心情我理解，但是公司招聘是有程序和规定的，你们提了需求后，我们要做招聘计划，怎么招，到哪儿招，招哪些条件的人，需要多少费用预算，这些都要拟订可行计划，计划拟订了，还要经过总经理审批，这样才能实施招聘。"

张志有点着急，"这要等多久呢？我们真的急等用人。"

刘经理说："不会太久的，你放心。但是程序是必须要走的，走程序不是走官样文章，目的还是把这项工作做好，用合理的费用支出，合理的招聘方式，才能招聘到高质量的人员。实际上，在每年年初，我们都会制订全年的招聘计划，你如果不找我们，我们也会去找你。"

张志笑了："我倒是心急了。你们全年计划怎么制订呀，给我们增加多少名额？"

刘经理说："公司的招聘计划是根据公司用人需求制订的，确认了用人需求才好做计划。"

## 一、确认用人需求

企业在制订招聘计划前，要确定用人需求，用人需求一般有以下几种情况：

第一种情况，根据企业自身发展需要，核定岗位编制，产生用人需求。企业核定岗位编制，也叫定岗定编，是企业人力资源管理的基础工作。它是指企业面临市场形势的不断变化和竞争的加剧，为了降低经营成本和提高工作效率，首先确定企业实现发展目标过程中所需要的岗位，以及与其相匹配的员工数量。随着市场经营的变化，企业的岗位和人员编制也会跟着进行再调整，所以，在每年年初，人力资源部门都会按岗位编制确认用人需求。

第二种情况，企业人员离职或调岗所产生的空缺，产生用人需求。企业人员的流失或调整是很正常的事情，正所谓"户枢不蠹，流水不腐"。除了正常离职或调岗以外，企业还会根据绩效考核、末位淘汰等一些管理手段，来淘汰一些不符合企业工作要求的人员，从而产生用人需求。

第三种情况，各部门提出的用人需求申请，经主管领导批准后，产生用人需求。企业各部门根据业务发展或运营需要，产生用人需求。

"你刚才讲的用人需求就属于第三种情况，也正是我们每年年初招聘计划里最重要的部分。"刘经理说，"当然了，并不是有需求就能定计划，我们在做计划的时候也会把握一些原则。"

## 二、制订招聘计划的原则

（1）人力成本的增长要低于公司利润的增长速度。人力成本包括工薪福利费用、教育培训经费、办公用品折旧等。一般企业会在年初时制订企业本年度的人力成本费用，细化到每个部门。

（2）非利润考核部门（如人力资源部、监察部等）的员工与服务对象的比例，不得高于同行业平均值。例如，企业有 300 名员工，其中人力资源部有 6 名员工，比例为 50：1，也就是人力资源部 1 名员工要服务于 50 名员工，如果行业比例是 1：60，那这个企业的人力资源部员工就超编了。

（3）利润考核部门（如各销售部）员工人均创造利润要高于去年。

"我们就本着这些原则，来核定用人需求。不符合原则的，即使部门报了用人需求，一般也不会被列入计划，除非这种情况，管理层特事特批。

所以呀，你别急，你先给我们报个《用人需求申请表》，口头说是不行的，我们要存档备案。我们也同时征求其他部门的用人需求，核准后会尽快制订招聘计划，只要领导批准了，就马上落实招聘方案。"

张志听完了刘经理的一席话，呵呵笑道，"各部门都有各部门的工作规则，人力资源部的工作也不轻松呀。不过你可要对我们客服部大大地支持哦，缩短审批流程，赶快给我招人，我这急等着用人呢，要不然完不成全年指标，你替我担责任啊，哈哈。"

刘经理说："放心放心，不会耽误事，你们服务于客户，我们服务于你们，咱们实际上是一个目标，就是让公司出效益，公司效益提高了，咱们不是也能多领薪水吗？"

刘经理给本部门负责招聘工作的小李打了个电话，让他把《用人需求申请表》的模板发到张志经理邮箱。

张志回到自己的办公室，打开邮箱，接收了小李发给他的邮件。

张志将《用人需求申请表》（如表2-1所示）交给下属小方，就需求人数、需求岗位、用人条件及期望到岗日期都对小方进行了交代，让他马上填写，经领导签字后尽快交人力资源部。

**表2-1** 用人需求申请表（模板）

| 申请部门 | | | 申请日期 | | 年 月 日 | |
|---|---|---|---|---|---|---|
| 编制人数 | | 现有人数 | | 需求人数 | | |
| 用人申请理由 | | | | 期望到岗日期 | | |
| 需求岗位 | 岗位名称 | | | 工作地点 | | |
| | 工作职责： | | | | | |
| 所需人员条件 | 年龄 | 性别 | 婚姻 | 学历 | | 专业 |
| | 专业技能要求： | | | | | |
| | 工作经验要求： | | | | | |
| | 能力素质要求： | | | | | |

用人部门负责人意见：

人力资源部负责人意见：

主管总经理意见：

总经理审批意见：

## 三、招聘计划的内容

张志走后，刘经理马上着手布置全年用人需求的确认和制订全年招聘计划工作。

招聘计划一般包括以下内容：

（1）招聘目的；

（2）招聘年度人员清单，包括职位、人数、岗位描述及薪酬待遇；

（3）招聘渠道选择；

（4）招聘实施时间安排，包括准备、发布信息、简历筛选、面试、发放录用通知、办理入职手续；

（5）建立招聘小组及职责分工，包括小组人员姓名、职务、各自的职责；

（6）招聘的费用预算：包括资料费、广告费、人才交流会费用等；

（7）费用招聘预算；

（8）招聘结果评估。

通过几天的加班加点，人力资源部拿出了全年招聘计划草稿。在报领导审批前，刘经理把全年招聘计划草稿先发给各部门经理，征求他们的意见。这样做的好处是：一来加强了部门间的沟通；二来也让各部门了解计划内容，反馈不同意见，以便对计划草稿进行修正；三来通过收集反馈意见让招聘计划草稿更完善，报给领导审批心里更有底气。

张志经理邮箱里接到的人力资源部发来的全年招聘计划草稿，重点看了自己部门的招聘计划人数，觉得和自己预想的有些出入，于是，他打电话给刘经理："为什么给我们部门定的招聘职位和人数跟我们提的需求要多 2 个人呢？"

刘经理解释道："我们是经过合理测算的，你们部门的老李到年底就要办退休手续了，我是替你们提前储备人员呀，到时新人能很快到位，不至于影响工作。"张志说："你们太专业了，替我们都考虑全了，服务很到位，呵呵。"

刘经理谦虚地说："这是我们应该做的，我们制订计划时一般会考虑这么几个问题。"

## 四、制订招聘计划应注意的问题

（1）既要考虑到企业当前的用人需求，还要考虑企业在经营发展过程中合理的人才储备。

（2）企业在不同发展时期，在人员招聘计划中应有所侧重，突出重点。

（3）招聘计划在规划未来的同时，也要考虑当前现有员工调出、调入、退休、晋升等情况。

（4）在市场多变的竞争环境中，招聘计划不是一成不变的，应根据实际情况的变化，适时地调整。

"现在制订的招聘计划，到半年时会根据实际情况有所调整，到时候，你们有什么想法或需求可以告诉我们，"刘经理说。张志表示对人力资源部制订的招聘计划没有其他意见了，刘经理说："那我们再看其他部门的意见，如果大家没有太多疑义，交总经理审批后，下周开始我们就可以实施招聘了。"

"太好了，我们静候佳音了。"张志开玩笑地说。

# 某公司年度招聘计划（模板）

**一、招聘目的**

为了确保公司人力资源的合理配置，弥补公司人力资源的不足，充实新的有生力量，储备高素质人才，为公司实现新时期发展战略提供可靠的人力资源保证。

**二、上年度招聘情况回顾（略）**

1. 招聘计划人数、主要招聘渠道、招聘费用支出。

2. 计划完成情况。

3. 总结分析。

**三、今年的招聘计划**

1. 招聘职位、人数、岗位描述及薪酬待遇。

2. 招聘渠道选择（略）。

3. 招聘实施时间：

×月×日—×日：准备阶段

×月×日—×日：发布信息阶段

×月×日—×日：简历筛选、面试

×月×日—×日：录用通知

×月×日—×日：办理入职手续

4. 资料准备。

5. 招聘小组及职责分工。

6. 招聘的费用预算。

资料费：

广告费：

参加人才招聘会费用：

## 思考练习题

1. 招聘计划的内容有哪些？

2. 制订招聘计划需要注意哪些问题？

# 第三节 招聘实施

于正是通过校园招聘来到C公司的，C公司是国内知名企业，当时C公司到于正所在的大学进行招聘，于正就非常希望能够进入C公司。很多同学都投了简历，于正有幸在众多的应聘者中脱颖而出，如愿进入C公司。于正是学人力资源管理专业的，有幸进到C公司人力资源部，他暗下决心，一定要珍惜工作机会，好好工作，在这样一个平台上干出点名堂来，所以，他在工作中很注意观察和学习，他知道学校里学的那些理论知识只有与实际工作结合起来才能有用。

C公司在新员工被录用后，一般都会有一个月的培训，然后再有半年以上的实习期。在实习期阶段，公司会派辅导员来带新员工，尤其是对通过校园招聘入职的大学生，公司格外重视，他们被公司认定为潜力股，属于重点培养对象，都是派经验丰富的老员工来辅导他们。于正是去年年尾进的公司，经过了一个月的新员工入职培训，之后进入实习阶段。

于正的辅导员叫李红，是从事人力资源十多年的部门主管，工作一向以严谨、较真著称。李红在人力资源部主要负责招聘工作，于正就是经过她面试上岗的，她对于正的印象不错，觉得这个小伙子挺上进，有可塑性。于正见到李红有点拘谨，可能因为她是自己的面试官的原因。李红看出他的紧张，开玩笑地说："我们今后是同事了。"于正在她的感染下，也不觉地跟她拉近了距离。

于正说："李姐，我刚出校门，好多东西都不懂，希望您以后多指点。"

李红说："你也不必客气，咱们部门现在工作很多，你跟着做就是了，多做多看很快就都熟悉了。这不，今年的招聘计划刚审批下来，接下来就是选择招聘渠道，发布招聘信息，实施招聘了。你是学人力资源管理专业，正好发挥你的特长。我先考考你，咱们要发布招聘信息，你认为选择什么招聘渠道合适呀？"

于正快速地在大脑里把学过的知识检索了下，不自信地说："校园招聘，或者网上招聘。"

"还有呢？"

"还有，还有人才市场。"于正觉得应该还有其他渠道，但一时都想不起来了。

"说得都对，那这三种招聘渠道有什么优缺点呢？"

于正老老实实地说："这个我还真没太认真记过，李姐你跟我说一下吧。"

看着于正期待的眼神，李红耐心地把各招聘渠道及其优缺点跟他说了一遍。

## 一、发布招聘信息

### （一）招聘渠道的选择

1. 现场招聘

现场招聘是企业最常用的招聘方法，就是企业到大型的招聘会或人才市场交流中心进行现场招聘。

优点：应聘者比较集中，能在短时间内收到大量的简历，能与应聘者做面对面交流，应聘者也可以对公司有一个直观的了解，不仅节省了简历筛选的时间成本，而且简历的有效性比较高。虽然需要支付定展位的费用，但一般费用较低。

缺点：因是现场招聘，应聘者往往是所在城市的人员，所以受地域性限制较多。而且这种招聘方式，有时也会受到招聘会组织方在宣传和组织方面的一些影响。并且准备招聘会资料、招聘会面谈、收集简历及接下来对简历的筛选，这些都会占用招聘者很多的精力。

2. 校园招聘

校园招聘，就是企业到大、中院校直接招聘人才。

优点：从大、中院校直接招聘的人才，通常素质较高、年轻、可塑性强、好管理，是企业获取管理人才、专业技术人才的潜在群体。

缺点：应聘者都是学生，缺少工作经验，入职后需要长时间的培训才能上岗，而且，多数学生对自己将来的定位不准确，所以，流动性强，稳定率低。

3. 网络招聘

进入互联网时代，网络成为招聘者和应聘者交流的平台。企业在网络上发布招聘信息，可以通过自身的网站，也可以通过专业的招聘网站。

优点：互联网的覆盖面较大，不受地域的限制，快捷、成本低，短时间内可以获取较多数量的简历。

缺点：网络门槛低，受众面广，无用的信息或虚假信息会给企业带来筛选的时间成本。

4. 报刊媒体广告招聘

企业在报纸、刊物、电台、电视上发布招聘信息，是最传统的招聘方式。

优点：报刊、电视的受众面广，收效较快。

缺点：广告成本较高，而且有一定的时效性限制。

5. 人才中介机构招聘

这种招聘形式是企业通过中介机构或猎头公司来完成招聘动作。

优点：人才中介机构一般会把企业招聘信息与应聘者进行匹配，所以，这种点对点的招聘可以选到合适的人员。

缺点：中介机构或猎头公司收取的服务费用较高，提高了企业的招聘成本。

6. 内部招聘或内部员工推荐

企业可以向内部员工中发布招聘信息，内部员工可以自荐也可以推荐应聘者。

优点：成本低，员工对企业熟悉，对要推荐的人也了解，所以应聘者的背景、人员素质较可靠，上岗后的岗位磨合期短。

缺点：容易形成小团体。

于正听后感慨地说："李姐你说的这些都是从实际经验中得来的，不愧是招聘行家了。这么多渠道，咱们公司怎么选择呢？"

"招聘渠道的选择，重在合适。"李红说，"招聘渠道选择的是否合适，直接影响着招聘效果。所以在选择招聘渠道时一般我们要考虑四个要素。"

## （二）招聘渠道选择应考虑的要素

一是目标性，所选择的招聘渠道能否满足企业招聘的要求；

二是效益性，在满足招聘要求的情况下，所支出的成本是否最小；

三是可操性，所选择的招聘渠道是否符合实际，是否具有可操作性；

四是时效性，所选择的招聘渠道有否时效性，能否在可掌控的时间内完成招聘。

"我们会根据公司自身的发展情况及所招聘职位的特点，借助各种招聘渠道优点，来合理选择招聘渠道，基本上是组合搭配，立体化使用，也就是将现场招聘、报刊媒体招聘、网络招聘以及员工推荐等形式结合使用。这样，各渠道优势互补，东方不亮西方亮，对公司招聘计划的完成是非常有利的。

今天给你留个作业，你回去翻翻书吧，看看招聘信息怎么写，明天上班来了给你几个招聘职位，你拟几个招聘信息。"李红说。

## （三）撰写招聘信息

由于头天晚上用功了，第二天一上班，于正就胸有成竹地对李红说："李姐，今天交给我的任务是什么？"李红将公司的年度招聘计划交给他说："我们这个阶段要招培训讲师，你拟个招聘简章吧。"

于正按照年度招聘计划内容，学着书上的模板拟好了简章。李红看了他拟的招聘简章，说道："还不错，你写的招聘简章，基本要素有了，但是还应该再完善些。一般在写招聘简章时要注意几个问题。"

## （四）撰写招聘简章需要注意的问题

（1）要简单介绍一下公司。不用长篇赘述，要简明扼要地把公司是经营什么的，有哪些优势说明白，一是给应聘者一个对公司初步的了解，二是借此机会宣传公司。如果是互联网招聘，切忌介绍公司产品，成为产品广告，容易被清理。

（2）岗位职责描述要清晰。也就是说，人家应聘这个岗位，你要让人家知道具体是从事什么工作，这样可以节省招聘和应聘双方的询问和解释时间。

（3）职位要求要明确。避免因职位要求不明确或不细致，引来的大量简历。明确职位要求后，不符合条件的应聘者自然就知难而退了，这样避免筛选大量简历，节省时间成本。

（4）招聘日期要强调。如果是网络招聘，还要注明职位发布日期。公司应派专人与招聘网站维护人员协调，及时更新职位发布时间，这样可以保持应聘职位的新鲜度。

（5）招聘简章要实事求是，各项内容应据实写出，不能夸大也不要缩小。语言应简练、得体，既礼貌热情又不失严肃。

"当然，不同的招聘渠道，招聘简章也有不同的特色，例如，网络招聘要求招聘简章更简洁些，或遵循招聘网站要求的书写格式；报刊招聘要求招聘简章要够版面，可以用不同字体突出招聘内容；人才交流会招聘一般除了招聘简章还要附加些公司彩页等。但是，无论何种招聘渠道，招聘简章的基本框架都是一样的。你看，凡是那些正规企业的招聘广告都是很规范大气的，一般都彰显这个企业的文化特色和企业形象。不论在哪个渠道招聘，都能呈现出这个企业的气场来。我给你个模板，你按照它再把你写的那个简章完善一下。"

于正本来觉得写个招聘简章很简单，没想到还有这么多学问，他按照李红给的模板又重新写了招聘简章，李红看后觉得比较满意。

---

### 招聘简章（模板）

公司简介：

招聘职位：　　　　　　　　招聘人数：

职位要求：

1. 基本条件：年龄、学历、健康要求、英语要求、工作经验等。

2. 其他要求：沟通能力、表达能力、普通话、团队协作能力等。

岗位职责：

1.……

2.……

工作地点：

工作待遇：基本工资、养老险、医疗险等、年休假、双休日等。

报名时间：

联系人：　　　　　　　　联系电话：　　　　　　　　电子邮箱：

公司地址：

公司网址：

---

## 二、简历的初审与筛选

李红带着于正按照年度招聘计划，将定稿后的招聘信息发布在报纸、网络等媒体上，当天，就收到了应聘者的简历，两三天后，大量的简历投递到人力资源部来。于正看到这么多应聘者，暗想自己还算幸运，出了校门就能找到喜欢的工作，如今，都是自主择业，应聘者供大于求，每个招聘职位都会吸引一大批的应聘者，竞争激烈，像C公司这样的知名企业，只要有招聘机会，就会吸引大量的求职者。

收到的应聘简历很多，于正大概看了下，基本分这么几种类型：

1. 简历的类型

（1）纸质版简历。这是应聘者将简历打印成册，邮寄到招聘企业，或者直接送到企业招聘者手中来的。一般这种简历都有精美的封面，内有个人基本情况和自我推荐信。

（2）电子版简历。这是应聘者将电子版简历用电子邮件（E-mail）方式寄给招聘企业的。现在高科技软件很多，电子版简历也制作得很精致。

（3）视频简历。这是一种新的简历形式。应聘者将自己的外在形象、个性特点、能力及才艺自拍成应聘录像，生动地展现了应聘者的各个侧面。视频简历还可以拍摄应聘者的朋友或推荐人对他的评价，给招聘者留下深刻的印象。

面对眼花缭乱的应聘简历，于正说："李姐，这些应聘者我们都要通知过来面试吗？"

"怎么可能？"李红说，"那得花多少时间呀？我们先初审一下，把不符合要求的筛选出去。"

"我看这些简历做得都很精美，以什么标准筛选呢？要是把'金子'筛掉，把沙子招进来怎么办？"

李红说："你看这些简历虽然包装形式各有不同的类型，但内容大致包括这么几项。"

2. 简历的内容

（1）个人基本信息，包括姓名、性别、民族、年龄、婚姻状况、学历、专业等；

（2）学习经历，上学经历及参加培训经历等；

（3）工作经历，在什么工作单位、什么时间、工作内容、岗位或担任的职务等；

（4）兴趣特长，如擅长英语还是日语，达到什么程度，考过什么证书，获过什么奖等。

"作为招聘者，我们应该透过现象看本质，看简历后面真实的东西，而不仅仅是看它们的外表，外表只是个参考，只能证明应聘者是否用心。当然，筛选简历也需要技巧的，要不然咱们的工作量就太大了。"

3. 筛选简历的技巧

招聘者对于有以下情况的简历，先暂时筛选掉。

（1）年龄、学历、工作经验等硬件条件不符合招聘要求的。

（2）个人基本信息填写不全的，比如身份证号、学历、专业等缺项。这种情况有可能是应聘者粗心忘记填写了，也可能是应聘者故意隐瞒或不愿告人。

（3）简历中有不合逻辑的信息。比如学历或工作经历的时间不合正常逻辑，这种情况有可能是学历或工作经历不真实。要判断是否为虚假学历，应到相关网站查询。

（4）简历无条理、错字别字百出的。出现这种情况，说明应聘者学习基础薄弱，可塑性差。

（5）电子版简历、视频简历打不开的。这种情况或许是视频文件格式问题，或许是病毒，招聘者应该慎重选择。

"总体来说，对于简历的筛选是非常必要的，如果应聘者过多，我们就要在运用一些筛选技巧的同时，还要结合实际凭经验去判断哪些简历需要筛掉。如果应聘者少，就要酌情筛选。"

于正听了李红的经验之谈，确实很受启发。他按照李红说的，进行了简历筛掉，心里拿不准的，还让李红给把把关，最终顺利完成简历筛选，进入面试阶段。

一想到要面试应聘者，于正就有种莫名的兴奋，"哈哈，我也可以过过面试官的瘾啦，以前都是被面试官弄得好紧张，今天终于可以做到台前观风景啦。"但是他还是强耐住这种兴奋，没敢表露出来。他问李红："李姐，咱们什么时候安排面试呀？"

"下周二。时间比较紧张，咱们在面试前还有好几项准备工作要做，你拿笔记一下。"李红说。

## 三、面试前的准备

第一，电话通知应聘者面试时间，告诉他们需要带身份证、学历、学位证原件；

第二，通知面试小组的成员面试前一天召开预备会；

第三，准备面试用的表格：《应聘登记表》《素质测评表》《面试问题提纲》《面试评分表》等；

第四，面试会场的布置，在等候区、签到台、面试教室等要有指示牌。招聘人员要分工，谁负责签到、谁负责引领、谁负责在面试室记录等，这些都要提前准备好。

"我都记下来了。"于正嘴上说着心里想，我又把事情想简单了，敢情还有这么多事项要准备呢，如果下周二面试，那还有一周时间，中间还有双休日，实际准备时间也就四天，时间是有点紧，于是他说："李姐，我现在开始打电话通知面试吗？"

"好的。"李红说，"咱俩分工，你打电话通知面试，我去协调面试小组的成员，通知他们开预备会。对了，你知道电话怎么打吗？我跟你说一下吧。"

### (一) 电话通知面试应注意的问题

（1）首先说明自己的身份，再核对对方的身份，是否应聘者本人，以防打错电话，如果不是应聘者本人（有的应聘者会留亲属电话），是其亲属的，请他转告；

（2）说清面试的时间、地点；

（3）说清应聘者必须携带的证件，强调带证件原件；

（4）电话要简洁，说明事项即可，不在电话里过多解释应聘者提的问题，告诉他有问题面试的时候会有专人解释。如果通知电话冗长，通知众多的应聘者时间有可能不够。

李红随后说："我给你一个现成的话术吧，你可以照着它打电话。"

## （二）电话通知面试话术

您好！我是×公司人力资源部×××，请问你是×××吗？您是否向我公司发过应聘简历？

您应聘的岗位是××××部××××岗位。

（在得到对方的肯定回答后）

现在通知您，我公司定在×月×日进行面试，请您在×月×日×时×分，准时到××××地点（注：面试地点，如××路×××大厦×××房间）面试。您面试的时候需要携带身份证、学历和学位的原件和复印件，还有3张两寸正装彩色照片。

（正式内容通知完毕后，可以询问）您对××（面试地点）熟悉吗？是否能够找到？（可以根据情况，告诉应聘者交通路线；）

如果您有什么问题可以打电话×××××××（电话号码）与我联系。如果您有特殊情况不能赶到，也请提前告诉我（再重复一遍面试的时间、地点，并礼貌地说再见）。

## （三）其他面试通知方式

于正接过李红给他的话术，觉得真挺实用。但是他有个疑问："李姐，我当时面试的时候不是通过电话通知的，我是看了学校公告栏贴的面试通知。"李红说："电话通知是企业最常用的面试通知方式，除此之外，我们还会用到电子邮件、公告栏（电子版或纸版）、手机短信、信函等方式通知面试。"

## （四）面试小组的组成

于正在打电话的间歇，也请李红介绍了面试小组的组成，李红告诉他："面试小组成员名单一般由人力资源部拟定，由5～6人组成，主要包括企业主管领导、人力资源部领导和主管、用人部门领导或主管等，名单拟定后报送主管领导批准。

面试前，面试小组要召开预备会，沟通面试的具体事项，确认主考官，面试提问的分工和顺序，面试的评分规则等。"

于正听了面试小组成员里没有自己有点失望，但听说让他在面试室内作记录员，帮忙递送资料，他又兴奋了，他实际上是想亲身体验下在面试现场那种自己不紧张的感觉。

李红交给他几个表格，让他根据面试应聘者的人数去复印若干份，于正看有些表自己也填过，有《应聘登记表》（见表2-2）、面试问题提纲（见表2-3）等。

## （五）面试资料的准备

表 2 - 2　　　　　　　　　　　应聘登记表

<table>
<tr><td>应聘部门：</td><td colspan="6">应聘岗位：</td></tr>
<tr><td colspan="7" align="center">人员基本信息</td></tr>
<tr><td>姓名</td><td></td><td>汉语拼音</td><td></td><td>血型</td><td></td><td rowspan="5" align="center">照片</td></tr>
<tr><td>性别</td><td></td><td>民族</td><td></td><td>婚否</td><td></td></tr>
<tr><td>出生日期</td><td colspan="2">年　月　日</td><td>身份证号</td><td colspan="2"></td></tr>
<tr><td>户口所在地</td><td colspan="2"></td><td>护照号码</td><td colspan="2"></td></tr>
<tr><td>党派</td><td colspan="2"></td><td>加入日期</td><td colspan="2">年　　月</td></tr>
<tr><td>最高学历</td><td></td><td colspan="2">最高学位</td><td>毕业院校</td><td colspan="2"></td></tr>
<tr><td>档案所在地</td><td colspan="2"></td><td colspan="2">是否在本公司工作过</td><td colspan="2"></td></tr>
<tr><td>移动电话</td><td></td><td colspan="2">固定电话</td><td>E-mail 地址</td><td colspan="2"></td></tr>
<tr><td>家庭住址</td><td colspan="3"></td><td>邮编</td><td colspan="2"></td></tr>
<tr><td>目前是否与原单位<br>存在竞业禁止协议</td><td colspan="2"></td><td colspan="2">与原单位能否解除<br>劳动关系</td><td colspan="2"></td></tr>
<tr><td>有无亲属在本公司</td><td colspan="6">姓名_____所在部门_____与本人关系_____</td></tr>
<tr><td colspan="7" align="center">学历信息（仅限高中及以后）</td></tr>
</table>

<table>
<tr><td>入学时间</td><td>毕业时间</td><td>所在学校</td><td>所学专业</td><td>学历</td><td>学位</td></tr>
<tr><td></td><td></td><td></td><td></td><td></td><td></td></tr>
<tr><td></td><td></td><td></td><td></td><td></td><td></td></tr>
<tr><td></td><td></td><td></td><td></td><td></td><td></td></tr>
<tr><td colspan="6" align="center">工作经历</td></tr>
<tr><td>起始年月</td><td>终止年月</td><td>工作单位</td><td>职务</td><td>月薪</td><td>证明人</td><td>证明人与<br>本人关系</td><td>证明人联系方式</td></tr>
</table>

<table>
<tr><td>起始年月</td><td>终止年月</td><td>工作单位</td><td>职务</td><td>月薪</td><td>证明人</td><td>证明人与<br>本人关系</td><td>证明人联系方式</td></tr>
<tr><td></td><td></td><td></td><td></td><td></td><td></td><td></td><td></td></tr>
<tr><td></td><td></td><td></td><td></td><td></td><td></td><td></td><td></td></tr>
</table>

<table>
<tr><td colspan="2" align="center">人事活动信息</td></tr>
<tr><td>现单位类别</td><td>1. 政府/事业单位；2. 外商独资；3. 合资公司；4. 民营；5. 国企；6. 海外；<br>7. 外籍人员；8. 其他（　　　　　　　　）</td></tr>
<tr><td rowspan="6">获得本次应聘<br>信息渠道</td><td>1. 网络：51job.com，Chinahr.com，zhaopin.com，lenovo.com，fesco，（如<br>其他网络渠道请注明_____）</td></tr>
<tr><td>2. 平面媒体（《前程周刊》《_____》）</td></tr>
<tr><td>3. 猎头，请注明猎头名称_____</td></tr>
<tr><td>4. 内部员工推荐（推荐人：_____）</td></tr>
<tr><td>5. 招聘会（社会招聘，企业招聘会）</td></tr>
<tr><td>6. 其他（请注明：_____）</td></tr>
</table>

续　表

<table>
<tr><td colspan="4" align="center">社会关系（范围仅限父母、配偶、子女）</td></tr>
<tr><td align="center">与本人关系</td><td align="center">姓名</td><td align="center">工作单位</td><td align="center">联系方式</td></tr>
<tr><td></td><td></td><td></td><td></td></tr>
<tr><td></td><td></td><td></td><td></td></tr>
</table>

特长爱好

个人要求（薪酬待遇、工作内容等）

本人保证以上情况属实。

签名：<br>日期：

**表 2-3**　　　　　　　　　　　　　　面试提纲

| 考察内容 | 题目 |
|---|---|
| 表达能力 | 1. 请简单介绍一下你自己<br>2. 请讲述让你最感动的一次经历<br>3. 请说说你的家庭<br>4. 你认为你最突出的优点是什么？你有什么缺点<br>5. 请说说你最喜欢的一项运动<br>6. …… |
| 职业态度 | 1. 你心目中理想的工作是什么？为什么？你如何看待薪金待遇<br>2. 你为什么选择来我公司工作？你为什么应聘这个职位<br>3. 你认为一个人的成功取决于什么<br>4. 你对你自己的职业规划是怎样设计的<br>5. 你在休假，但公司有紧急事情必须你去办，你怎么做<br>6. …… |
| 问题处理能力 | 1. 你工作很努力反而遭到周围同事的讽刺和挖苦，你会如何处理<br>2. 如果你不同意领导的意见，你将怎么做<br>3. 如果是因为你工作的失误给公司造成损失，你将怎么做<br>4. 你努力帮客户解决问题却被投诉，你怎么办<br>5. 领导经常批评你，你怎么办<br>6. …… |
| 专业能力 | 1. 说说你对行业的发展趋势是怎么看的<br>2. 你认为你应聘这个岗位的优势是什么<br>3. 你对"营销"这两个字是怎么理解的<br>4. 你了解本公司吗？请你描述一下你所了解的公司情况<br>5. 你的计算机应用能力如何？擅长哪些操作<br>6. …… |

于正印完李红交代的资料，拿着《面试提纲》在想：这些面试题，要一一都问吗？有标准答案吗？他想起当初自己参加面试的情景，考官就问了几个问题，于正都规规矩矩答了，因为紧张，有的题都没经过大脑，也不知答得对不对。"李姐你现在不忙，给我讲讲怎么面试吧，这些题应该没有固定答案吧？面试官怎么掌握呢？"

"面试，实际上是招聘者通过与应聘者面谈，了解应聘者的能力、素质、知识、外在形象的一个过程，也是招聘和应聘双方相互沟通、相互观察的一个过程。"李红说，"这些面试题，是我从《面试题库》里抽取的，没有标准答案，面试官是借助于这些问题来观察应聘者的表达能力、知识储备、应变能力的。"

## 四、面试的技巧

一场轻松、有效的面谈，可以让应聘者发挥真实水平，使公司招聘到真正合适的人才。所以，在面谈开始前，面试官应该建立良好、轻松地气氛，让应聘者放松下来。面试官见到应聘者时，可以问一些放松的话题，比如来公司的时候路况如何等。面试小组提前要有分工，应先由主考官提问题，其他考官也可以根据实际情况交叉提问。面试提纲的问题只是一个参考，这些题不必一一提问。对应聘者的各方面判断不清时，可以多问几个问题，也可以追问应聘者说的话题。作为一个面试官，面试时候是要讲究一些技巧：

1. 面试场地的选择很重要

在选择面试场地时，需考虑：一是场地的大小。面谈使用的会议室要以 10～15 平方米为宜。太小，会给面试双方带来压迫感，影响正常发挥；太大，会显得空旷，分散双方注意力。面试的场地还应有配套的房间，做签到台和等候室，有专门的引领人员将应聘人员分流，避免都停留在面试室前，影响正常面试，也显得招聘单位不专业。可以在等候区准备水瓶、一次性水杯等。二是面试室要有安静的环境，温度适宜，可开窗通风。三是面试室的布置要简洁、适用，面试室的整洁程度可以反映公司的管理水平，会给应聘者留下深刻的印象。可以在会议室的醒目位置张贴宣传公司文化理念的宣传画等。

2. 面试提纲设计要合理，要从不同侧面考察应聘者

一般来说，面试问题的设计分三种：一是结构型问题。是指预先按一定结构确定好问题的构成比重和评分标准来面试。属较规范化的面试，多用于企业招聘岗位和应聘人数较多的情况。这种类型遵循一定的程序，有量化和明确的评分标准，便于面试小组做出评价意见。二是非结构型问题。是指预先没有固定的问题结构，也不适用固定的评分标准的面试。一般用于企业招聘岗位较少或应聘人数较少的情况，面试小组根据个人判断，或共同商议来确定录用人选。三是半结构型问题。它是介于结构型与非结构型之间的。多数企业面试都采用这种类型。它既有一定的评分标准，也可以加入一些参考因素，对应聘者的评价较立体化。

无论是何种类型的问题，在设计时，都要从仪容仪表、表达能力、沟通能力、解

决问题的能力、合作能力以及专业能力等方面来考察应聘者。另外，也要考虑到应聘者有着不同的情况和经历，可以把面试问题分为通用问题和重点问题两部分。通用问题涉及问题较多，适合于提问各类应聘者，可以选择性提问。重点问题则是针对应聘者的特点提出的，是必问的问题，以便对职位要求中有代表性的东西有所了解。

### 3. 面试官自身的形象很重要

在应聘者眼中面试官的形象就是公司的形象，所以面试官要注意自身的形象，比如态度、着装、谈吐、修养、精神面貌等。着装上，面试官要着职业装，体现职业风范；态度上，要体现友好、平等、合作。面试官不要认为应聘者来应聘就是有求于人，认为自己手持生杀大权，态度不友善，给面试造成不良结果。面试过程要体现对应聘者的尊重；谈吐上，尤其是在提问或回答应聘者咨询的时候，要有条理，紧扣主题，表达流畅利索，不要拖泥带水。应聘者往往会从面试官的整体表现上观察和判断你的水平，从而形成对公司的印象，来确定自己是否值得加入这家公司。

### 4. 面试的提问要讲策略，多听少说

面试小组成员在主考官提问完，可穿插提问，为了便于比较，对应聘同一岗位的人员可以提问相似的问题，遇有岗位特殊要求，可重点提问一些的问题。

作为面试官，要善于把控面试节奏，善于倾听，不要轻易打断应聘者，要在应聘者回答问题的过程中多观察，多判断，而不是以我为中心，滔滔不绝，本末倒置。即使应聘者说的话让自己不耐烦，也要耐心倾听，不到非常必要时不要打断应聘者。

面试官要避免问应聘者一些难以回答的问题，比如"您近两年内会考虑结婚（生小孩?）吗?"这样的问题让人很尴尬。有些招聘人员面谈时，喜欢向其他同事证明他有高明的面谈技巧，因此会问一些极难回答的问题，令面谈气氛向负面方向发展，有时还会引起应聘者的反感。对于一些应聘者因某方面能力欠缺，一时答不上来的问题，不要强加追问，要表示理解，可换个问题。面试官应清楚面试不是论文答辩，面试官抛出问题后，只需要看应聘者的反应，看他是不是适合应聘岗程度即可，不必要咄咄逼人。

面试官所有提的问题，应该是经得起推敲的、有根据的，切忌提出的问题在理论与实践中不成立，容易导致应聘者反感。所提的问题，要层次分明，要通过提问来识别应聘者的能力层次。

### 5. 面试中巧妙谈薪酬

面试中谈薪酬是不可避免的话题，即使面试官不提，有的应聘者也会询问。薪酬问题比较敏感，公司要求薪酬保密，一旦回答不好会影响后续很多问题，所以对于薪酬问题，面试官应巧妙作答。可以先发制人，面试官先询问对方的薪资要求是多少。应聘者可能会有不同的回答，但大体上也就三种情况，第一种情况是应聘者怕真实的薪资要求被拒绝，所以要价很低。第二种情况是应聘者会说按贵公司的薪资规定办，我没意见。第三种情况是应聘者开价很高，超出了公司的标准。不论是何种情况，面试官都不应在面谈时做明确答复，要告知应聘者，具体的薪酬待遇情况在复试的时候由人力资源部门经理和他谈。

6. 面试官要作出公正的评价

面试小组要根据应聘者的现场表现，在《面试评分表》上打分，提出录用与否的意见并签字。

为了客观、公正地对应聘者做出评价，面试过程中面试官应认真聆听、观察，并做记录。要按照预先确定的评分原则来评分。不得带有个人偏见，不能凭应聘者外表或面试官个人好恶来对应聘者做出评价。在应聘者分数相同的情况下，面试官需要查阅《面试评分表》，在重要问题中得分较高的应聘者，应首先考虑聘用。

于正听了李红这些话茅塞顿开，他觉得面试的技巧太重要了，做一名优秀的面试官还真不容易，既能展示公司形象，又能为公司录用合适的人员，这个角色很关键。

"我刚才跟你讲的是常用的面试方法和技巧，有时企业也会根据招聘岗位的不同，或对应聘者综合素质测评的要求，会在面试后，再进行一次复试，复试时一般采用笔试（问卷测试）或情景模拟来考察应聘者，为最后确定录用意见做参考。"

1. 问卷测试

问卷测试就是通过问卷的形式，例如，性向测试问卷、心理测验问卷或素质测评问卷等，对应聘者的感知、气质、性格、兴趣、动机等个人特征进行测试。目前常用的测验如用于团体智力测验的瑞文标准推理测验（Raven Standand Progressive Matnices Test），用于人格测验的明尼苏达多相人格调查表（MMPl），十六种人格测验（16PF），艾森克人格问卷（EPQ）等多种测验，MBTI（Myers－Briggs Type Indicato）测验等。

2. 情景模拟

情景模拟是招聘者虚拟一个工作场景，让应聘者扮演一个特定的角色来考察和测试应聘者处理问题的能力，借此来了解应聘者心理素质和潜在能力，给最终评价做参考。

## 五、面试结果通知

经过筛选、面试和测评各环节后，面试结果可以出台了，李红拿着通过面试的名单，让于正着手通知面试结果。于正看见名单上分了上下两栏：上面一栏是通过面试的名单，下面一栏是未通过面试的名单，他问李红："没经过面试的也要通知吗？"

"对，"李红说，"对于应聘者来说，面试结果就是 Yes 或者 No，也就是通过面试或者未通过面试，这本来也没什么，是应聘者从开始就预想到的结果，但是很多企业招聘结束后，对于未通过面试的应聘者不理不睬，这就让应聘者对招聘企业有了不满的看法，对招聘企业的声誉造成不良影响。咱们公司在这方面很注意，在面试结束后，对于落选的应聘者，也要通知人家，这样做可能会增加我们的工作量，但是会使公司收到良好的社会信誉度。"

于正听了很佩服，果然是大公司，这样的小细节都把握得这么好。于正按照李红的指导要求，给每一位未通过面试的应聘者都礼貌地发了一封邮件或短信，内容大体如下：

> "感谢您参加C公司的面试，经过面试和测评，觉得您的情况暂时与岗位要求不一致，因此暂不考虑录用。您的简历已经存入我公司人才数据库，在以后有合适的职位时我们将会和您联系，希望今后能够有合作的机会！"

对于面试合格的人员，于正以书面形式或者电话通知应聘者，参加公司组织的体检。内容是这样的：

> 您好！很高兴地通知您，您已经通过了我公司的面试。
> 公司将于×年×月×日×时在××体检中心对面试合格人员进行健康体检，请按时参加。
> 在此期间公司还会对您做背景调查，您若无异议请予以配合，若有异议请与我公司联系。
> 谢谢！

## 六、背景调查

发完面试结果通知，于正觉得，这次招聘工作可以画上一个圆满的句号了，他觉得背景调查和体检实际上就是走个形式，于是他说："李姐，这些面试通过的人基本上也就是被录用了吧？"

"这还不是最后的录用结果，这只是一个初步意见，背景调查和体检之后还会再淘汰一些人。"李红说："你可别小看这个背景调查和体检，每年都会有应聘者本来已经进录用名单了，又被刷下去的。因为单靠面试，应聘者的一些资料是看不出来的，需要进一步的调查才能摸清应聘者的基本情况。背景调查和体检也不是走过场，要真正地去调查，否则会给公司造成损失的。

前两年我们招聘过一个销售主管，个人条件非常好，本科学历，外在形象和工作经验都很适合所招聘的岗位，当时招聘个高素质人才不容易，市场对人才的竞争也很激烈，人力资源部就忽视了对她的背景调查，她体检后证明身体健康，公司就录用她了。到岗后，她工作进入很快，领导也觉得挺满意，但是工作半年后，她就被客户投诉了，原因是客户付了款，但没收到产品，销售款被她挪用了。再一查，还不止这一笔，她挪用了好几笔销售款。公司领导很恼火，责令她限期将销售款补齐，否则移送司法机关，最后她补齐了款项，公司也辞退了她。再后来一调查才知道，她就是被以前的公司因为挪用公款开除的。从那件事以后，领导就要求对新录用人员一定要认真做背景调查，不允许再出现这样的情况。

这两年我们也越来越重视背景调查，因为在调查中我们确实发现了一些问题，给公司避免了不必要的损失。例如，有的应聘者没有跟原工作单位解除劳动合同就到咱们公司来应聘了，他是想骑马找马，这种情况是必须要杜绝的；还有的应聘者是同行业派来打探消息的，或者说是卧底，这个很难查出，但也会有蛛丝马迹，只要认真查就能查出来。

体检也很重要，有的人外表看着没问题，可是一体检就出问题了。对于一些有传染病的应聘者或者是传染病菌携带者，公司是不能录用的。

背景调查和体检结果出来后，我们将再次确定拟录用人员名单，连同拟录用者的材料报总经理批示。"

做背景调查前，一定要征得应聘者的同意。在应聘者同意的情况下，招聘者可以以打电话的方式进行背景调查，也可以去现场与相关人员面对面调查。

调查时可以采用以下方法：第一，让应聘者提供原工作单位人力资源部、同事的联系方式。第二，通过应聘者填写的《应聘登记表》上的基本信息，如公司名称、地址、联系人电话、职务等来调查。第三，还可以采用连环调查的方式，即让应聘者提供的联系人再提供新的调查联系对象。可以这样问："您能告诉我其他熟悉应聘者的人的联系方式吗？这样可以使招聘者所调查的情况更客观，因为应聘者对于连环调查的对象一般未做提前沟通。

做背景调查时可以参考以下问题：

（1）他（她）在贵公司工作的日期（从_____年__月到_____年__月）。

（2）他（她）的职务/岗位是什么（进入公司_____，离开公司_____）？

（3）他（她）说离开公司时的年/月薪是××，这是否属实？

（4）他（她）的上级是如何评价他的？

（5）他（她）的下属是如何评价他的？

（6）他（她）与周围人相处得如何？

（7）他（她）离职的原因是什么？

（8）他（她）的优点是什么？他的缺点是什么？

在正式录用前，还需让入选者参加企业组织的体检。体检需要在正规医院完成。体检环节是应聘者正式成为公司一员前的最后一关，极为关键。企业组织应聘者体检时，需要注意以下问题：一是在通知体检时，要告知应聘者"体检当天早晨禁食，体检前一天晚上禁食油腻食品等注意事项，以及体检的时间、详细地点等细节问题。二是防止代检。体检表上要贴有体检本人的照片，特别是在抽血时，请大夫帮助核对照片，防止做假。

有下列情形之一者，不予录用。

（1）未满18周岁的；

（2）有不良职业记录、不良未清偿债务、违纪违法记录的；

（3）身体状况不适合所招聘岗位要求的；

（4）与其他单位尚未解除或终止劳动合同关系的。

## 思考练习题

1. 招聘的渠道有哪些？
2. 电话通知面试应注意的问题有哪些？

# 第四节　新员工入职

## 一、新员工岗前培训

小夏今天特别高兴，因为他接到了D公司的录用通知书，再有两天，他就要到D公司去上班啦。经过面试、笔试、背景调查和体检，小夏终于从众多的应聘者中脱颖而出，成为了D公司的一员，小夏对入职后的工作充满了憧憬。但是，小夏心里也有点不安，因为他对新公司不熟悉，不知道公司有什么规定，怕做错了或说错了被人笑话。他想来想去，还是给D公司人力资源部的王主管打了个电话，王主管是D公司主管招聘工作的联系人，小夏参加D公司的面试、体检等都是王主管通知的。

小夏把自己的担忧说了，并希望王主管跟他先讲讲公司的有关规定。

王主管安慰他说："你别急，你们入职的当天我们会有专人接待你们，并指导你们办理各类手续，手续办完后，公司还会对你们有个新员工培训，在培训班上公司的相关规定、管理制度、薪酬待遇等都会讲到，培训结束后你基本上对公司的要求就都明白了，只要照做就行了，即使出点小错，大家也不会笑话你，反而会帮助你。"

小夏听了王主管的话，心里算是踏实了些，他期待着新入职后的培训。两天后，小夏来到D公司，首先参加了D公司为期3天的新员工岗前培训班。

D公司的新员工岗前培训一下子就把小夏给吸引住了。培训班的老师都非常诚挚友善，让他感觉自己是很受欢迎的，他本来紧张的心情一下就放松了。培训班上的新同事们在老师们的带动下，陌生感也很快消失了。在培训中，老师们详细讲解了公司的考勤制度、薪酬管理制度、员工的行为准则、工作礼仪等，还介绍了公司的发展历程、企业文化内容。在培训班上，小夏还学习了企业的主要业务，岗位通用技能，掌握了时间管理、沟通技巧以及如何保持积极地工作心态等。

总之，参加完培训，小夏就像是被打足了气，充满了自信，渴望着尽快进入工作岗位，因为他知道在D公司，公司对他的期望和要求是什么，他通过自己的努力能为公司贡献什么，职业生涯如何发展。小夏想，怪不得王主管说得那么自信，培训结束后真的是找到感觉了，那种茫然的、紧张的感觉没有了，知道下一步做什么了，岗前培训有这么大的作用呀！

通常情况下，管理规范的企业在新员工上岗前都要进行新员工的岗前培训。因为新员工刚入职，对企业的各项管理制度、政策还不懂，对企业文化也不熟悉，如果不培训就上岗，对新员工今后的管理不利，一旦新员工不良习惯养成再纠正起来就比较困难，新员工是一张白纸，如何绘出美丽的图画，岗前培训就是一支必不可少的画笔。因此，新员工岗前培训是非常必要的。

1. 新员工岗前培训的目的

（1）让新员工了解企业的历史，掌握企业的管理制度，尽快地融入企业文化。

（2）让新员工感到企业对他们的欢迎和重视，可以消除他们进入新工作环境后的紧张情绪，增加其归属感。

（3）让新员工了解一些岗位的通用知识，企业所能提供给他们的工作环境，以及公司对他们的期望，从而鼓舞新员工的士气。

（4）让新员工养成适应岗位必备的工作素质和习惯。

2. 新员工岗前培训的时间

一般为1～3天，也有的企业根据岗位情况设置不同，培训时间定为10～15天不等。

3. 新员工岗前培训的主要内容

（1）企业考勤及请销假制度，绩效、薪酬管理规定等；

（2）企业的发展历史、企业的荣誉、企业的文化内容等；

（3）员工的行为准则、工作礼仪；

（4）企业的业务基础知识，岗位通用技能等；

（5）时间管理、沟通技巧及职场健康心态。

## 二、签订劳动合同

在培训班结束的当天，小夏与D公司签订了《劳动合同》和《保密协议》。小夏签订《劳动合同》的时间是从入职那天开始的，他问了人力资源部经理后知道，新员工的各项社会保险也是从入职之日起开始缴纳的。他注意到，合同里注明了新员工要有试用期。人力资源部经理告诉他，D公司每个新员工入职后都会有3个月的试用期，用来考查新员工是否适合岗位工作。小夏表示理解。

企业在与新员工签订《劳动合同》时，应注意以下几点：

（1）签订《劳动合同》前，人力资源部人员必须要查看新员工《与原单位解除劳动合同证明》，并核查签订《劳动合同》人员的身份证原件，以防引发不必要的劳动关系纠纷；

（2）签订《劳动合同》时间是新员工入职之日起，而非在试用期结束后才签署；

（3）试用期应当包含在劳动合同期内，也应为新员工缴纳各项社会保险；

（4）试用期的长短要依据当地劳动部门的规定来设定。以北京为例：合同期在 1 年以上 2 年（含）以下的，试用期不得超过 60 日，劳动合同期限为 2 年以上的，试用期不可超过 6 个月。

## 三、新员工试用期管理

D公司为小夏在试用期内指定了一名辅导员，这个辅导员是小夏所在部门的骨干李娜。初次见到李娜，小夏就有点喜欢她了，因为李娜说话和蔼，办事利落，很有现代职场女性的范儿。她跟小夏说话的时候总是微笑地看着他，听小夏说话的时候也很认真，很有亲和力。李娜先帮着小夏把办公桌、电脑布置好，还帮助他领了一些必需的办公用品，录了考勤指纹，又领着他跟部门的同事们一一认识了。

都安顿下来后，李娜跟小夏聊了起来，先是询问了小夏的基本情况：什么学校毕业、学的什么专业、最高学历学位情况、在哪里工作过、受过哪些训练、有哪些特长和工作经验等。小夏都一一如实做了回答。之后，李娜又跟他详细讲解了公司在试用期间对小夏的培养计划、考核方式、考核目标等。通过跟李娜的谈话，小夏对试用期间的工作有了明晰的概念，他希望李娜多指点他，他表示一定要达成考核目标，顺利转正。

### 1. 新员工培养计划

新员工经过岗前培训后进入试用期，企业要为新员工指定一名辅导员，辅导员一般是新员工所在部门的经理或业务骨干。辅导员应具备热情、耐心、岗位技能熟练等要求。部门经理与辅导员一起为新员工制订培养计划，对新员工有目的地进行培养。可以以月度为周期设定培养目标，也可以分阶段设定培养目标，并作为新员工在试用期间的考核依据，帮助新员工在试用期内考核达标，顺利转正。

### 2. 新员工试用期的考核

新员工在试用期内，公司要对其进行三方面的考核：第一是工作成效。也就是考核新员工能否按时完成经理所布置的工作，并且保质保量，操作规范。第二是工作态度。是指工作的责任心、团队合作能力、工作主动性、纪律性、自我提高欲望等。第三是工作能力。主要指学习能力、认知能力、应用能力等是否符合岗位要求。

李娜告诉小夏，部门每个月或每阶段要定期对新员工进行阶段考核，填写《试用期员工阶段考核表》，总结阶段培养情况，对于新员工的表现提出改进意见，并报送人力资源部作为转正考核参考依据。试用期结束，辅导员会根据新员工在试用期间的表现和工作完成情况，对新员工进行综合评价，在新员工提交的《员工转正申请表》上填写考核意见。新员工也要对自己在试用期的表现进行全面总结和自我鉴定，上报书面材料。最后由所属部门经理签署意见后报人力资源部，人力资源部按考核分数确定最终考核结果，报总经理审批。审核通过的员工可正常转正，审核不通过的员工将根据具体情况延长试用期或予以辞退。

"一个阶段一考核吗？"小夏问，"好紧张好有压力哦。"

"呵呵，你也不用有压力，一个阶段一考核便于咱们工作的总结和改进，哪做得好继续发扬，做得不好的就及时纠正，这样有利于达到最终考核目标。"李娜说。

"那就请你多费心、多指点，我会好好努力的。"小夏说。

李娜微笑着说："好，咱们共同努力。再有，对于你在试用期间的考核，我也要跟你先讲清楚，让你心里也有个目标，便于我们一起努力，达成考核目标。"

3. 员工转正考核相关规定

对于新员工试用期的考核，无论是阶段考核还是最终的转正考核，都包括评价意见和评价等级。一般，评价等级分为四个等级：

优秀：91～100分，各方面都表现突出，远远超出对试用期员工的要求。

良好：76～90分，各方面表现良好，超过对试用期员工的目标要求。

合格：60～75分，达到或基本达到对试用期员工的要求。

不合格：60分以下，达不到对试用期员工的基本要求。

综合阶段考核和最终考核结果决定员工是否通过或未通过试用期考核。通过考核的新员工，可予以转正并定级，未通过考核的延长试用期或辞退。在试用期阶段考核中，员工连续两个阶段被考核为不合格的，原则上应取消试用资格，予以辞退。连续两个阶段被考核获得优秀的，可由部门报人力资源部，申请提前转正。

试用期结束，对于员工的考核，除提前转正或提前辞退外，考核结果为不合格的，原则上予以辞退，公司不再聘用，考核结果为合格的，可根据实际情况，予以转正或延长试用期。延期试用期的，可根据试用期的表现重新予以考核。考核结果为优秀和良好的，予以转正定级。

## 思考练习题

试着撰写《试用期员工阶段考核表》《员工转正申请表》《新员工试用期工作总结》。

# 第五节 招聘评估

小范今天终于可以松口气了，这一段时间来忙碌的招聘工作搞得他工作很紧张，昨天这项工作告一段落，他也可以轻松几天。小范是F公司人力资源部负责招聘工作的，今年年初刚调入人力资源部就赶上了F公司大规模的招聘活动。今年的招聘计划很多，小范就一直跟着招聘主管王鑫组织各项工作，从简历筛选到面试、复试，再到录用各环节，小范都在王主管的指导下很顺利地完成工作。他对王鑫工作的严谨和条理性还是很佩服的。

"怎么样，这段时间累坏了吧？是不是都没时间跟女朋友约会呀？"王鑫看到小范由紧张到轻松的样子，开玩笑地说。

"不累不累，"小范不好意思地说，"我觉得很充实，而且学到不少东西。王主管，这段时间您可是累坏了，招聘一结束，你也可以好好歇歇啦。"

"歇不了，还有一项很重要的工作没做完呢。"王鑫说，"招聘任务是完成了，但是完成得怎么样呢？达到预想结果了吗？招聘成本是超了还是省了？"

"哦，还真是，我怎么没想到呢。"小范说。

"所以呀，我们还要对招聘的结果、成本支出以及所用的招聘策略等方面进行总结和评估，还要撰写招聘评估总结，报给主管领导。"

"做这个招聘评估的目的是什么呢？"小范问。

王鑫说："招聘评估是招聘流程中较重要的一个步骤，我们在招聘中，着眼点都放在了能不能招到人上，但是对于整个招聘流程的效益和成本没有细致的研究，通过总结和评估，就可以让我们看到这次招聘工作的质量和效益如何，为今后的招聘工作积累经验，提供参考资料。同时，也对所招聘人员的质量做一个评估，以便于我们看看现有的招聘策略和方法是否适用，是否需要改进。"

"招聘评估怎么做呢？具体有哪几项呢？"小范问。

王鑫说："通常情况下，招聘评估有这么几项内容。"

# 一、招聘评估的内容

## 1. 招聘效益评估

主要是从招聘的成本预算与支出、新员工适岗率等方面来评价招聘活动的情况。这项评估可以用两个指标来衡量：

（1）招聘成本核算：招聘成本效益＝录用人数/招聘成本

（2）试用期适岗率：试用期适岗率＝转正人数/实际到岗新员工人数×100％

当试用期适岗率值较高时，表明所招聘到岗的人员能适应岗位工作，达到岗位要求，招聘工作成效显著；反之，表明招聘工作有待改进。

## 2. 录用员工数量与质量评估

就是根据年初招聘计划中需要招聘的人员数量和质量，对已录用人员质量和数量进行评价。这项评估可以用三个指标来衡量：

（1）招聘计划完成率：招聘计划完成率＝已录用人数/计划招聘人数×100％

当招聘完成率值等于或大于100％时，就表明在录用数量上达成或超额达成招聘计划，反之，就表明未完成招聘计划。

（2）应聘率：应聘率＝应聘人数/计划招聘人数×100％

当应聘率值较高，表明招聘者前期选择的招聘渠道较好，发布招聘信息效果较好。反之，表明前期的招聘渠道和发布信息工作不到位。

（3）录用率：录用率＝录用人数/应聘人数×100％

### 3. 招聘周期评估

就是从招聘需求确定开始，用人单位期望到岗时间与录用人员实际到岗时间之比。

招聘时间效率＝招聘需求确定到用人单位期望到岗时间的时长/招聘需求确定到录用人员实际到岗时间的时长。

当招聘时间效率值较高，说明招聘工作能满足用人单位的需求，反之，说明招聘工作时间效率低，不能满足用人单位的需求。

"通过对这些内容评估，最后我们要形成招聘评估报告，递交给主管领导。"王鑫说。

"那这招聘评估报告怎么写呀？"小范问。

"招聘评估报告实际上是招聘工作效果评估报告，一般包括这么几项内容。"

## 二、招聘工作评估报告

（1）招聘工作概述。

（2）招聘数据评估与分析。

（3）工作亮点与存在的不足。

（4）今后工作改进措施。

小范听了，呵呵一笑说，"王主管，我觉得做招聘评估除了要总结和改进招聘工作外，最主要的还是要把工作亮点呈给领导看，借机让领导看看咱们人力资源工作的成果吧？"

王鑫笑了，"你说得很对，咱们也是借机让领导看看我们的工作，不能只低头干活，还要抬头看路对不对。"

### 思考练习题

招聘评估的主要内容有哪些？

# 第三章　培训管理

## 第一节　建立培训制度

　　A公司近几年发展迅速，业绩斐然，员工队伍不断壮大，岗位分工也越来越细，对员工的职责要求也越来越高。在市场日趋白热化的竞争态势下，A公司已经强烈意识到人力资源才是企业的核心竞争力，人力资本是企业寻求长足发展的重要源泉。在实际操作中他们发现，数量和质量是人力资源管理的两个方面，企业通过层层筛选招聘来的人员如何快速融入企业文化？如何使新上岗人员知识、技能和态度达到岗位要求？如何让老员工在每日重复的工作环境中保持旺盛的工作状态和职业认同感？如何提升企业的凝聚力和战斗力？如何让人力资源的数量达到质的提升？这一切应该靠有效的培训，有效的培训是解决以上问题的最好方法。因此，A公司高薪聘请了一个培训顾问郑老师，希望通过他来增强A公司的培训实力，以达到公司实施有效培训的目的。

　　郑老师曾在国外知名企业就职，对人力资源和培训有多年的实战经验，他回国后多家公司聘请他，他看好并选择了A公司。郑老师来到A公司后，首先对A公司的人力资源架构、薪酬体系、培训体系等做了深入了解和调研。在这个过程中，他发现，A公司五年前制定的培训制度与现在的发展需求已不相匹配。要想让培训为公司的发展服务，成为推动公司发展的智力保障，就要先从培训制度的修订着手。制定科学合理的培训制度，是使企业的培训管理有序、规范和效能化的保证。为此，他找到主管领导，谈了自己的想法，领导也很认同他的想法。总裁室决定重新制定培训制度，以促进新形势下培训职能的发挥。同时，A公司给郑老师派了个助手王琳，要求他们尽快着手此项工作。

　　王琳大学毕业后，去年刚进入A公司人力资源部，能够给郑老师当助手，他很高兴，觉得自己跟郑老师可以学习到很多东西。他跟郑老师说："郑老师，跟您工作很荣幸，以后请您多指教，有什么事情您就让我去做吧。"

　　郑老师说："小王不要客气，接下来的工作会很紧张，因为我们要抓紧时间尽快地制定出新的培训制度，我们一起努力。"

　　"怎样制定新的培训制度呢？我们先做什么？"王琳问。

　　郑老师说："建立培训制度，要站在公司未来发展的战略高度，宏观考虑哪些培训制度是公司发展需要的。培训制度有其共同性的特征，但不同行业有不同的行业特点，在培训制度的建立上也有不同之处，我们应根据公司自身的需求，建立一套科学完备的培训制度。培训制度的制定或修订有一定的工作程序，按照这套工作程序去做，不仅工作效率会提高，而且制定出的培训制度也会经得住推敲的。

第一步，我们先要确定这次培训制度制定的原则和要求，本着制定原则，我们才不会跑偏，才会制定出符合公司发展要求的培训制度。"

## 一、培训制度制定原则

1. 战略原则

制定培训制度要从公司未来发展角度出发，要服务于企业的整体发展战略，培训制度制定要有前瞻性，要能在一个时期内具有指导意义。

2. 实用原则

培训制度的制定要以企业实际需求为出发点，不脱离工作实际。培训内容和培训要多样化，要对不同层级、不同类别的员工采取不同的培训方式。

3. 效益原则

培训的目的是为企业发展服务，因此培训制度的制定应遵循效益原则，要从投入产出的角度出发，让培训出效益，让培训效果转化成为生产力。

4. 激励原则

培训制度应作为一项考核制度，采取多种措施激发员工的学习力和参与度。要将培训与员工的绩效和晋升相挂钩。

"这四条原则，对于我们制定培训制度确实很有指导意义。"王琳说。

"接下来第二步，我们就要进行相关制度信息资料的收集了。这项工作交给你来完成。"郑老师说。

"好，"王林说，"收集哪些相关制度信息资料呢？"

"这样，你要收集的相关制度信息资料包括两大类：第一类：本公司现行的培训相关制度、文件及资料。具体包括培训工作管理规定、培训费用使用情况及财务政策、培训计划管理及近几年培训计划实施情况、培训的组织架构及师资情况、不同层级培训的课程内容、员工培训档案及培训合同、培训效果评估资料、各类培训管理表格、培训基地建设情况。第二类：收集近期同行业施行的培训制度信息。具体包括同业培训管理的相关制度、同业培训课程内容及师资情况、同业培训效果评估资料、同业各类培训管理表格、同业培训实施指导手册。"

王琳问："既然以前的培训制度不适用了，我们还收集这些资料做什么？"

郑老师说："任何企业都会有一套自己现行的培训制度体系，只不过有的企业培训体系较完备，较有前瞻性；有的企业培训体系框架粗犷，只适合短时期企业的发展需求。建立培训制度前，之所以要先收集企业现行的相关培训制度材料和同业的相关资料，就是要避免闭门造车，在充分梳理企业前期培训运作状况下，要让企业新培训制度与原培训制度进行有序衔接，不至于断层，同时再借鉴同行业先进的培训管理理念及方法，两者结合，才能真正制定出切实可行、行之有效的培训制度。"

"郑老师你说得有道理，你这一说我就茅塞顿开了，我马上去做。"王琳愉快地去着手收集相关资料的工作。

通过对两大类资料的收集、梳理，王琳发现 A 公司现行的培训管理制度较粗犷，很多培训管理的环节没有涉及，有待在新制度内添加。同行业相关的培训制度信息，给了王琳很多启发，拓宽了思路。王琳将整理好的资料交给郑老师，并告诉了郑老师自己发现的问题和一些基本想法。

郑老师表扬他说："小王，你是很有头脑的，看问题的角度和思路都很好，是个很得力的助手。接下来我们就要确定培训制度的基本框架内容。"

## 二、培训制度的内容

一般来说，企业在制定培训制度时，将培训制度可分为制度指引和若干个子制度。制度指引，是企业培训管理的总的纲领性制度；子制度，通常包括培训运作与实施制度、培训档案管理制度、培训费用管理制度、培训师资管理制度、培训考核管理制度等。以 A 公司为例说明。

---

### A公司教育培训管理制度指引（模板）

1  总则

1.1  目的及意义（略）

1.2  培训的对象（略）

1.3  培训类别（略）

1.4  适用范围（略）

1.5  培训制度内容（各项子制度略）

2  培训组织机构

2.1  人力资源部门职责（略）

2.2  各专业部门职责（略）

3  培训考核及档案管理

员工参加培训并通过考核后，培训成绩记入个人培训档案，作为上岗、晋升和绩效考核的依据。

3.1  员工参加培训的时间要求（略）

3.2  培训档案维护与管理（略）

4  培训组织实施

4.1  培训需求征集（略）

4.2  培训计划（略）

---

4.3 培训形式（略）

4.4 培训内容（略）

4.5 培训运作（略）

4.6 培训评估（略）

5 师资队伍

5.1 师资队伍构成（略）

5.2 师资数量（略）

6 培训基地

6.1 培训基地设置（略）

6.2 使用要求（略）

7 培训信息系统

7.1 使用（略）

7.2 维护（略）

8 培训经费

8.1 培训经费来源（略）

8.2 培训经费管理（略）

9 附则

9.1 本指引由人力资源部负责解释。

9.2 本指引自印发之日起执行。

郑老师和王琳在确定了制度指引的总体框架后，又将各项子制度的框架列出。他们根据公司的现有情况，单列出五项子制度。

第一项，培训组织与运作管理办法。
第二项，培训经费管理办法。
第三项，后勤人员培训管理办法。
第四项，专业人员培训管理办法。
第五项，培训档案管理办法。

按照确定的框架内容，郑老师和王琳开始了培训制度指引及各项子制度的起草。

### 思考练习题

在郑老师和王琳所列的培训组织与运作管理办法、培训经费管理办法、后勤人员培训管理办法、专业人员培训管理办法、培训档案管理办法五项子制度中，任选一项，起草成文。

# 第二节　培训需求分析

小张到人力资源部实习快一个月了，始终也没找到感觉。因为领导近一段时间出差了，也没顾得上给他安排什么工作或指导人，所以，小张暂时也不知道做什么。人力资源部的各岗位看上去工作都忙忙碌碌的，没人去注意他，也没人要求他，他每天报到后就坐在座位上看看报纸，在大家不忙的间歇说两句笑话。没事做的感觉不是很好，觉得自己是个多余的人，很惶恐，他很希望有人让他做点什么。在办公室这些人中，他觉得主管李洁还算不错，平时说话挺关心她，但是李洁确实也很忙。

有一天，在李洁不忙的时候，小张终于鼓足勇气对李洁说："李姐，你看我能做点什么，能帮你打打下手吗？我什么也不会，不过要是你指点我，我会做得很好的。"

李洁看了小张一眼说："行，我现在正在做培训需求分析，你来协助我做培训需求的征集和相关资料收集吧。等领导回来，分配你做什么你再去做。"

小张感激地对李洁说："谢谢李姐给我的机会，我一定好好做。请您多指教。"

轻闲的时候觉得无聊，真正有工作了又不知道怎么着手，小张请教李洁，李洁告诉他做培训需求分析有一定的工作程序和方法，她让小张去找找做这方面的理论资料。小张翻了翻上学时学到的关于培训需求分析方面的资料，对培训需求分析又有了新认识，他发现，培训需求分析，是在企业制订年度培训计划前，通过对企业及员工共同目标、知识技能及素质要求等方面进行分析和鉴别来确定培训的必要性以及培训内容的针对性的一个工作过程。

他把自己领悟到的内容跟李洁进行沟通，李洁肯定了他的想法，李洁说："培训需求分析是年初培训计划拟订的基础，具有很强的指导意义，是企业培训的重要环节，所以，科学、准确的培训需求分析可以确认培训计划与实际培训目标之间的差距，可以确定培训的成本、效果与价值。作为培训管理的关键环节，培训需求分析需要一定的技巧和技术。通常，培训需求分析有一套工作程序。我们只要按照工作程序去做，基本上能够做出满意的培训需求分析报告。

培训需求分析的工作程序共三步，第一步，培训需求征集及资料收集；第二步，对征集和收集的资料进行整理和分析；第三步，撰写培训需求分析报告。

对于第一步，培训需求征集及资料收集，我们一般采用四种方法来做这项工作，但这四种方法在运作的过程中也有一定的技巧，运用好了，可以达到事半功倍的效果。"

## 一、培训需求征集及资料收集的方法

通常，企业用以下四种方法做培训需求的征集和资料收集：座谈法、问卷调查法、关键事件法、绩效分析法。

### 1. 座谈法

这是培训需求征集最常用的方法。座谈法就是从企业各层级人员中抽取一定比例的人员就培训方面的问题进行面对面交谈，以收取培训需求的信息。座谈前，要确定座谈提纲。座谈提纲内容应围绕培训方面的问题，多侧面、多角度设置一些开放式问题。

座谈法应注意的问题：

（1）抽取的座谈对象要具有代表性，即能代表某个层级或某类员工。

（2）选择合适的座谈环境，以便座谈内容能完整进行。

（3）制造和谐、真诚的访谈气氛，避免给座谈对象"走形式"的印象。

注意以上几点，以确保培训需求征集的准确性。可参照以下模板。

---

## 培训需求座谈记录（模板）

座谈对象：

部门：                          岗位：

座谈时间、地点：＿＿年＿月＿＿日＿＿时，××会议室

座谈提纲：

   1. 您过去一年参加了哪些培训？

   2. 您目前工作中遇到的最大问题是什么？

   3. 您对自己的职业生涯规划是如何设计的？您希望得到什么样的帮助？

   4. 您最希望学习哪些知识？

   5. 您最喜欢的培训形式有哪些？

   6. 您认为公司的培训从哪些方面需要改进？

   7. ……

座谈记录：

记录人：

---

### 2. 问卷调查法

这种方法是培训需求征集必用的方法。顾名思义，它是采用问卷调查的形式，由被调查对象填写问卷来完成培训需求的征集方法。问卷发放可以用纸质版问卷直接发放，也可以借助电子邮件、网络平台等形式发放电子版问卷。问卷调查法一般要求被调查对象的数量，以量取胜。条件允许的情况下，问卷调查对象应涉及企业的所有员工。可参照以下模板。

问卷调查法应注意的问题包括以下几点。

（1）问卷设计的格式应简洁明快，避免员工因嫌烦琐而放弃填写。

（2）多列封闭式问题，只列少量的开放式问题，封闭式与开放式的比例应为 9∶1。

（3）写明问卷回收的时间。

注意以上几点，能使被调查对象积极地参与填写，以保证问卷调查的真实性、准确性。

---

### 培训需求调查问卷（模板）

各位员工，大家好！

为了使培训与员工职业生涯规划发展紧密结合，切实提高培训效率，公司采用问卷形式来了解员工的培训需求，您的意见和看法对培训工作至关重要。请大家根据自己的实际想法回答，问卷无须签名，请于××年×月×日前将问卷交回人力资源部。感谢您的配合。

职级：　　　　岗位：　　　　年龄：　　　　工龄：

1. 去年您参加了公司组织的哪些培训？

□上岗培训　　□晋升培训　　□专业培训　　□管理培训　　□其他

2. 去年您参加公司培训的次数为__次，在培训数量上您认为如何？

□足够　　□不足　　□承受不了　　□严重不足

3. 公司组织的培训有哪些方面需要改进？

□培训课程　　□培训时间　　□培训形式　　□培训组织服务　　□师资授课水平

4. 您最易接受的教学方法是什么？（可选三种）

□集中讲授　　□多媒体教学　　□角色扮演　　□案例分析　　□网络自学　　□其他

5. 您对培训学习最紧迫的需求是什么？

□岗位技能　　□心态　　□礼仪　　□专业操作　　□产品　　□其他

6.

……

10. 您对自己的职业生涯规划是如何设计的？您希望得到什么样的帮助？

_____

注：请在您认可的答案"□"内打"√"。

---

**3. 关键事件法**

企业在发展中经常会发生一些起关键性作用、有重大影响力的事件，如新产品上市、客户投诉率过高、客户影响力中心流失、重大活动等，这些关键事件可以成为工作过程中潜在的培训需求。

关键事件法应注意的问题：

（1）记录关键事件发生的时间、环境，需要解决的问题。

（2）确定培训需求后，注重培训的时效性。

4. 绩效分析法

绩效分析法也叫工作任务分析法。每年年初，企业都会制订相应的年度发展目标，并给各层级下发工作任务，制定相应的绩效考核办法。在完成工作任务，提升绩效的过程中，培训起到助力作用。因此，绩效考核目标可以成为培训需求分析的准确方法。

绩效分析法应注意的问题：

（1）收集关键绩效指标数据；

（2）确定对促进绩效提高，需要哪些岗位技能和专业知识；

（3）掌握各项关键指标完成的时间点，以确保培训的时效性。

"在培训需求征集和资料收集过程中，以上四种方法可以同时使用，也可以结合使用。同时使用的好处在于能全方位的，不同侧面的收集到培训需求资料，为撰写有价值的培训需求分析报告打基础；不足之处在于会耗费人力和时间，尤其是座谈法，需要有充裕的人力和时间去运作，还要看座谈对象的时间安排，会使培训需求征集阶段延长。因此，在应用四种方法的过程中，要统筹安排，合理运作。"

听完李洁的讲解，小张觉得确实很受启发，他按照李洁的指导，和李洁一起用这些方法进行了培训需求征集及资料收集。虽然工作很紧张，但他乐在其中，尤其是到员工中去座谈，拿到员工对培训需求的第一手资料，让他感觉工作真不白做，他似乎是找到感觉了，充实了很多。

## 二、培训需求分析报告的撰写

李洁指点小张将征集来的培训需求信息和收集相关材料进行了整理和归类。首先，小张将座谈和问卷调查方法征集来的信息做了整理分类。其次，将关键事件信息材料整理归类。再次，将绩效目标数据材料进行整理分类。最后，形成三个分析文档《座谈与问卷调查培训需求信息汇总表》《公司关键事件与培训需求分析表》《公司2015年绩效考核、工作目标与培训需求分析表》呈给主管李洁，李洁对小张的工作较为满意，她根据这些资料进行了培训需求分析报告的撰写。

---

**公司 2015 年培训需求分析报告（模板）**

一、培训需求征集概况

1. 征集的形式

本次培训需求的征集采用了座谈法、问卷调查法、关键事件法及绩效分析法等。

2. 座谈对象和人数

管理人员：××人

普通员工：××人

重点部门和岗位：××人

3. 调查问卷的发放与回收

纸质版问卷发放××份，回收××份；电子版问卷发放××份，回收××份，共计××份。其中管理人员××份，普通员工××份。

二、培训需求征集统计结果及分析

1. 座谈与问卷调查培训需求信息汇总表（略）

2. 公司关键事件与培训需求分析表（略）

3. 公司 2014 年绩效考核、工作目标与培训需求分析表（略）

三、员工培训实施意见和建议

1. 针对管理层培训

培训时间、地点、频次、内容、师资、教学形式……

2. 针对新员工培训

3. 针对重点岗位培训

4. 针对××工作（关键事件）培训

四、2014 年培训工作重点项目

五、结论

---

**思考练习题**

在《座谈与问卷调查培训需求信息汇总表》《公司关键事件与培训需求分析表》《公司 2015 年绩效考核、工作目标与培训需求分析表》中选一个，起草成文。

## 第三节 培训计划的制订和实施

王经理这几天忙得不可开交，因为他所在的教育培训部近期才从人力资源部分离出来，新成立的部门各项工作还没有就绪，办公场所、岗位人员、办公座椅、电脑等都需要王经理亲自沟通和协调。王经理所在的 B 公司是世界五百强企业，随着公司业务规模的不断壮大，教育培训工作的重要性也日益凸显。以前培训的职能在人力资源部，教育培训只是一个岗位，为了充分发挥教育培训的效能，公司总裁室决定单独成立教育培训部，将培训职能从人力资源部剥离出来。王经理原来是业务部门的经理，这次被调到教育培训部，对有些工作的开展还不太熟悉。

王经理记得上任前领导找他谈话的时候，跟他讲过，在现代型企业中，教育培训已成为"大培训"概念。所谓"大培训"概念，就是企业所有的培训工作职能交由一个部门（人力资源部或教育培训部）负责，企业整体的培训计划及组织落实都由培训职能部门完成，专业部门需要培训的，可以通过培训需求征集报送培训职能部门，由培训职能部门在培训计划内列明。这样，培训职能部门在制订培训计划时，就能统筹兼顾，合理预算，专项落实。这样有利于教育培训职能的发挥，所以，教育培训部的担子不轻。

他本来以为业务部门压力大，调到教育培训部可能会轻松些，听了领导的话，才知道这项工作不像预想的那么好干。而且，对于教育培训工作来说，他还是个门外汉。虽然以前在业务部门也搞过业务类培训，但是他都安排给下属了，让他们去协调，没有亲自抓过。现在主业就是培训了，什么事情都要自己亲自抓，真觉得忙得很。好在，原来在人力资源部主管培训工作的赵红也调到教育培训部的主管岗，王经理还算是有个帮手。王经理对赵红说："小赵呀，咱们部门刚成立，工作千头万绪，很多事情需要我去协调，培训的具体工作有些我还顾不上，你要延续你在人力资源部培训的工作，不要让工作脱节啊。"

赵红说："经理我正想跟您说呢，时间不等人啊，全年的教育培训计划应该抓紧定出来了，要不然下一步的工作不好开展。"

"好，那就你来定吧。"王经理说。

"我一个人定不了，经理。以前在人力资源部的时候，培训都是由各专业部门自己定计划自己落实的，现在不同了，上次开会，领导不是要求新成立的教育培训部把所有的培训都抓起来，统一计划统一实施吗？所以，有些环节就需要您去协调，协调好了，我来制表。原来在人力资源部的时候都是经理定好了我们具体执行的。"赵红说。

"那你跟我详细说说，这个培训计划是怎么回事，怎么定，需要我协调什么，注意什么？"王经理觉得这方面确实需要了解一些，虽然具体工作由下属做，但如果自己不懂的话就被动了。

赵红说："咱们所说的培训计划，就是从公司的发展战略出发，根据对公司员工培训需求方面的分析，科学、客观的做出培训时间及地点、培训对象、师资人员、培训内容、教学形式及培训费用预算等项目的顺序排列记录。

一般培训计划是以年度为单位制订的，公司在年初就应该制订出全年度的培训计划，以便做出培训经费预算。"

"全年计划定了，要是临时想培训怎么办？"王经理问。

"对于公司当年的一些突发性的、临时性的培训任务，应在年度计划里列明为临时计划，并预留出培训预算费用。"赵红说。

"你刚说的对员工培训方面的需求作分析，这需求是什么？"王经理说。

赵红笑了，"经理，这个倒好说了，我们前一阵子在人力资源部已经对员工的培训需求做了征集，也进行了整理和分析，基本内容已经有了，对咱们现在制订培训计划来说，就顺畅多了。"

"哦，那太好了，那接下来怎么做呢？"王经理问。

"制订培训计划是有个步骤的：第一步，确定全年培训费用预算及人力发展预算；第二步，确定培训计划内容；第三步，送交管理层审批；第四步，培训计划发布。"赵红说。

她进一步解释道："您看这第一步，就需要经理您跟财务部进行沟通，先确定了全年的培训费用预算金额，咱们才好确定培训内容呀。第二步，就是根据前期对员工培训需求分析，按照培训费用预算，制表列出年度培训计划内容。制订计划的要求就是内容要详细，对将来的落实有好处。所以我们应该尽快着手做。因为做计划需要一定的时间，领导审批也需要一段时间。第三步，就是将制订好的培训计划交主管领导审批，咱们还要按照领导批示意见进行修改，有时候要多次修改，直到领导认为满意才最后定稿。定稿后就进入第四步，咱们教育培训部就可以以正式文件形式发布全年培训计划了。再有就是制订培训计划的时候有一些问题要注意。"

## 一、年度培训计划制订需注意的问题

培训计划的主要内容一般包括培训形式、主办单位、培训师资、课程内容、培训预算等。制订计划是应注意以下几个问题：

（1）培训形式。一般有面授培训、网络培训、视频培训等形式，应在计划内列明。

（2）主办单位。主办单位可分为企业内部主办或外部机构主办。还可分为境内培训和境外培训，这可以在培训地点项列明。

（3）培训师资。是企业内部讲师还是外聘讲师，是专职讲师还是兼职讲师。一般做培训费用预算时，不同类型的讲师，其授课费用不同，应在计划内要列清。

（4）课程内容。课程的设置要有针对性，要与培训需求相匹配。

（5）培训预算。年度培训计划的总费用预算应与财务部门的年度预算相一致，并预留出20％的费用预算额，用于临时性计划费用的列支。

"当然这些问题我在具体操作的时候会注意的，经理您了解一下，将来审批计划的时候可以用来把关。"赵红说。

听了赵红的介绍，王经理对培训计划制订的各环节基本上明白了，依照他多年的工作经验，对于各项工作都能举一反三，一通百通。他告诉赵红，大胆地去做，该协调沟通的作为经理他会做到的。

## 二、培训实施与管理

在王经理和赵红的共同努力下，教育培训部的全年培训计划做得很快，不论是在满足员工培训需求方面，还是在费用预算方面，都做得严丝合缝，合理并切合实际，让主管领导很满意。王经理表扬赵红说："小赵啊，计划做得不错，接下来的工作还是要继续努力啊。"

"谢谢经理夸奖。"赵红说，"不过，咱们年度培训计划制订得再完美，没有好的培训实施和管理也是枉然。咱们接下来就是培训计划的落实了。经理你看，咱们就这么几个人，怎么搞培训班呀。"

王经理说："现在部门新建初期，人员还没全到位，人力资源部正给咱们招聘讲师呢，人员配齐还需要一段时间。不过没关系，你说吧，下一步需要什么支持，我给你解决。"

"经理你看啊，从现在起，咱们就要按照年度培训计划，有步骤的实施各项培训，培训班从组织到管理有个基本的工作程序，它主要包括训前准备、培训运作与实施、培训总结与评估三个阶段。这几个阶段都需要专人去落实。下个月月初就有个新员工入职培训班，我一个人是忙不过来的，至少应该有两三个人协助我。"赵红说。

"好，没问题，我去到其他部门借调俩人来给你当助手。"王经理痛快地说。

B公司要举办新员工入职培训班了，培训班的组织实施工作还是要交给赵红负责。王经理果然说到做到，他从其他部门借调了李斌、刘娜到培训班做助教，协助赵红组织运作培训班。赵红看到王经理很信任她、支持她，工作劲头也很足，她马上召集李斌、刘娜开了一个训前预备会，并将三人的工作做了分工。赵红，负责培训班审批预算签报，培训班的协调工作。李斌，负责后勤保障。刘娜，负责教务管理。

赵红要求，三人既分工也合作，在一些具体事务上还需相互协作。散会后，三人开始各自的工作。

## 三、培训前准备

1. 培训前的协调工作

（1）培训班管理与协调。确定了培训班举办的时间、地点、参加人员、授课讲师、课程内容及日程安排等。

（虽然B公司讲师资源不足，但是赵红根据新员工培训班的特点，找了相关部门的骨干和主管授课，因为他们都有实战经验，更能引起新员工的共鸣。）

（2）培训费用预算审批签报。填写审批签报单，写明食宿费用、场地费用、授课费用等内容，由财务部、办公室、人力资源部、主管领导签字。

（培训预算是年初培训计划里定好的，赵红与培训基地的主管确定好本次培训所需要的各项费用后，直接进行签报审批走费用使用流程就行了。）

（3）确定课程表、发布培训通知，联系讲师，联系参加开结训典礼的领导。

2. 培训前的后勤保障工作

（1）后勤保障。确认了培训班举办的时间、地点、参加人数。

（2）食宿安排。根据提前做好的签报确定食宿标准，与培训基地沟通，分发房间号。

（3）车辆安排。接送讲师或学员的车辆及行程。

（4）其他。纸杯、茶水、课件甜点准备。

3. 培训前的教务管理工作

（1）教务准备。培训地点、食宿的确认。

（2）物料准备。电脑、投影仪、音响、话筒等器材，白板笔、白板、学员手册、学员须知、学员签到表、空白结业证等物料准备。

（3）会场布置。会标，暖场音乐、座位摆放、桌签、签到席等布置。

（4）培训预备会、开结训典礼内容、考试卷、评估表等准备。

培训教室座位摆放应根据培训形式、学员类型及教学需要布置，一般座位摆放形式有剧院型、U 字型、岛屿型、圆桌型、T 字型等。

## 四、培训运作与实施

培训前各项工作准备充分后，就等待学员报到了。赵红与刘娜、李斌再次就教务和后勤保障细节进行沟通确认。他们将学员报到时用的签到台设置在宽敞的地方，并在门口处设置欢迎条幅，将签到、收费、房卡及培训资料领取做成"一条龙"服务。学员报到当晚进行了培训说明会，学员们积极参与配合，效果非常好，为接下来的开训典礼、课程进行打下了基础。

在课程进行中，刘娜提前联络老师，沟通课程时间，还随堂听课，及时掌握学员课程接受情况，对学员的考勤及得分做记录。她安排各组长轮流值日，协助她管理班务，解决问题。

李斌全力做好后勤保障，为学员代购返程车票，关注食宿情况，接送老师。赵红关注各项费用的合理使用，控制支出，以避免超出预算。

课程结束后，进行了结业考试。结训典礼前，学员就教务管理、讲师授课情况等方面进行了培训评估表的填写。结训典礼，是对教学成果的展示，为了给培训班划上圆满句号，赵红提前邀请相关领导参加结训典礼，并评选出优秀学员和优秀小组。提前向学员宣布结训退房时间、安排返程送站。

培训结束后，赵红让刘娜将培训期间的照片、录像等资料进行了整理制作，将培训情况制成培训简讯，在公司的宣传平台进行展示。赵红将培训班的各项收入和支出全部结清，填写财务报销单，到财务部门做了报销，将培训班学员信息交给培训档案录入员，将培训班总结交给王经理，向王经理反馈培训班顺利结束。

王经理看到赵红做工作这么有条理，心里很是高兴，他向赵红简单了解了下培训班运作流程、培训说明会以及开结训典礼的情况。赵红看到经理这样能理解自己的工作，很是满足，她滔滔不绝地跟王经理作了介绍。

通常，培训班的运作实施流程有：

（1）培训说明会；

（2）开训典礼；

（3）课程进行；

（4）学员管理；

（5）考试；

（6）结训；

（7）总结与评估；

（8）培训档案录入。

企业在培训班实施中，为了让学员尽快进入学习状态，遵守培训班的纪律，配合培训班的教务工作，一般会在开训前做培训说明会。培训说明会的内容通常包括培训纪律、课程安排、作息时间安排等，在学员报到当晚召开。

1. 培训说明会的基本流程

（1）培训班主任自我介绍；

（2）介绍其他教务人员；

（3）培训环境介绍；

（4）课程安排及内容介绍；

（5）作息时间及就餐安排；

（6）培训纪律宣导；

（7）学员分组；

（8）选举组长及组长职责要求；

（9）相识相知（小组成员相互认识，自我介绍）；

（10）根据需要，可以要求建立组文化；

（11）召集音乐介绍；

（12）优秀小组和优秀学员评选规则。

开训典礼一般设在培训说明会之后，正式课程讲授之前。开训典礼也应做充分准备，包括主持人、主持词、现场音乐、领导桌签、引导领导入场、领导讲话材料、会场布置及与领导合影等的准备。开训典礼的流程比较简单，但却隆重，因为有领导到场，应注重会场气氛的渲染。开训典礼流程通常包括欢迎领导及嘉宾入场、介绍领导及嘉宾、培训班小组文化展示、主要领导讲话、学员代表发言、典礼结束恭送领导退场等。小组文化建立，应在培训说明会中完成。

结训典礼是整个培训班运作效果的展示，一般流程为：欢迎领导入场、介绍领导、班主任做培训回顾、优秀学员及优秀小组奖励颁发、优秀学员代表心得分享、颁发结业证书、领导讲话、典礼结束，欢送领导。

2. 培训班运作实施中应注意的问题

（1）培训前，做好沟通协调，通知参训单位，保证学员准时参训。

（2）提前与领导沟通参加开、结训的时间。

（3）签到台应设置在宽敞的地方，将学员签到、收费、房卡及培训资料领取工作都放在签到台操作，方便学员。

（4）提前联络老师，沟通课程时间，授课讲师应提前10分钟到教室准备教学。

（5）教务组长要随堂听课，及时掌握学员课程接受情况，及时反馈给授课老师。

（6）强调培训班纪律，严格考勤制度，对学员的考勤及得分做记录。

（7）关注各项费用的合理使用，控制支出，以避免超出培训预算。

（8）注意食宿卫生、安全工作。

（9）培训期间，进行照相、录像、录音等影像资料的记录。

（10）培训结束后，要将学员培训信息及时录入培训档案录。

### 思考练习题

1. 怎样进行培训说明会？
2. 培训班实施应注意的问题有哪些？

## 第四节　培训效果评估

于晓飞在C公司销售部门工作，最近被借调到人力资源部，担任销售主管培训班的助教，他很是兴奋，因为他大学学的是人力资源专业，毕业后一直没有找到与专业对口的工作，无奈才进入C公司的销售部门，所以一直希望自己能调到人力资源部。这次，他想借此机会好好表现一下，让人力资源部经理注意自己，有机会能调岗。

销售主管培训班的班主任是人力资源部主管谢冰，她安排于晓飞负责培训班的教务和后勤保障工作。她让于晓飞制作一个《培训效果培训手册》，以便在培训班结束时让学员做培训效果评估。

于晓飞记得上学时学过培训评估的相关内容，但是时间一长就都忘了。他想：学校里书本上的知识总是理论太多，正好借此机会实践实践。他一来是真想学点东西，二来也想让谢冰看出他的好学上进来，于是他请教谢冰说："谢姐，你说这个培训效果评估是做什么用的，为什么要进行培训评估呀？"

谢冰看了他一眼，觉得小伙子还不错，干活还知道问个为什么。她一向喜欢好学上进的人，她觉得一个人只要善于学习，这个人就是可塑之才。于是她说："一般情况下，管理正规的企业在员工培训结束后，都会做培训效果评估，目的是对培训内容、教务安排及培训效果进行综合评价，以便于培训工作的改进与提升。培训评估通常包括事前评估和事后评估。事前评估是在培训前，为了让培训计划更完善、学员更满意，而获取的对培训计划的看法或评价。事后评估是在培训结束后，对培训结果质量的评价。通常，企业都会采取事后评估的办法。"

"咱们公司一直都是采用事后评估的办法。事后评估是指在培训结束之后，采用问卷调查的形式，让学员对培训的内容、教务安排及培训效果进行综合评价打分，以衡量培训的组织安排质量和效果。我让你制作《培训效果培训手册》就是这个目的。

你刚问培训效果评估做什么用，当然有用啦，培训工作是看不见的战线，它不像你们销售部门，做多少工作最后都能由数据体现出来，工作业绩一目了然。而培训工作如春风化雨，润物无声，做多少工作当时也看不出来，即便后来培训效果转化成业绩，人家看到的也是你们销售部门的功劳。所以呀，培训效果评估一来是让领导看到培训工作的成效，同时也让培训工作今后不断改进完善。通常来说，培训效果评估的作用有这么几条。"

## 一、培训效果评估的作用

（1）坚定管理层对培训的信心。用令人信服的评估数据，让企业领导了解培训的投入与收益，打消领导对培训投资的疑虑，获取更大的支持。

（2）完善培训管理。通过培训评估，可以促进培训工作不断改进，提升培训质量。

（3）向协办部门反馈。向参与培训项目的支持部门反馈评估结果，以便总结经验，在今后工作中不断地完善。

"哦，这么说来培训效果评估真的是作用挺大的。我觉得从坚定领导对培训的信心这一条，就很值得去操作了。那您说具体怎么做培训效果评估呢，就一个手册能解决问题吗？"看到谢冰这么耐心地给自己讲解，于晓飞有些感动，他接着问。

"培训效果评估手册只是一个表现形式，更主要的是确定培训效果评估的内容，以及最后培训效果评估的反馈。做培训效果评估有个常用的工作程序：第一步，确定培训效果评估内容；第二步，制作培训效果评估手册；第三步，学员填写培训效果评估手册；第四步，回收、整理评估手册；第五步，撰写培训效果评估报告；第六步，培训效果评估结果反馈。"

## 二、培训效果评估的主要内容

培训效果评估一般包含课程内容及培训班教务管理评估、讲师授课水平和学员自我评估等内容。

（1）课程内容及培训班教务管理评估一般包括：①对课程内容设置情况的评价。②对教务管理方面的评价。③对后勤保障方面的评价。④其他意见与建议等。

（2）学员自我评估一般包括：①学习自我投入状况评价。②课程内容掌握情况评价。③学习收获方面评价。

（3）讲师授课水平评估一般包括：①对讲师教学态度的评价。②对讲师课程掌控能力的评价。③对讲师授课风格、表达能力、调动能力的评价。④对讲师授课的系统性、实用性和针对性方面的评价。⑤对讲师授课方面的改进意见和建议。

"你看，只有确定了这些，才能有素材去制成培训效果手册。"谢冰说。

"那好吧，我先按照您说的这些内容去拟个培训效果评估手册草稿。"于晓飞认真地说。

谢冰看于晓飞认真的样子，呵呵笑了，她说："你工作真的很有上进心，这点很难得。不过，你不用拟草稿了，公司有现成的《培训效果评估手册》的模板，你只要将这一期培训班的课程内容、讲师名称等信息敲入电子版，再打印订制成册就可以了。"

"真的，太好了，我本来还怕自己做不好呢，有现成的模板真省劲呀。"于晓飞在电脑上接收了谢冰发给他的C公司《培训效果评估手册》模板。

## 三、撰写培训效果评估报告

于晓飞将《培训效果评估手册》按学员数量准备好，在培训结束当天将手册发给学员进行评估，学员们都很认真地填写了评估手册。小于将手册回收后，进行了系统的整理和分析。

他将整理好的资料制成电子版，发给谢冰，谢冰很满意，说："晓飞，你真是个有心人呀。"

于晓飞听了有点不好意思，他说："这点儿工作不算什么，我希望做点更有挑战性的工作，您有什么工作就安排给我。"

"好呀，正好我手头还有点其他活，你替我把培训效果评估报告写了吧。"谢冰说。

"这个报告应该怎么写？您指点我一下。"于晓飞诚恳地说。

谢冰发给他一个模板。

培训效果评估报告内容大致包括以下几方面内容。

(1) 学员出勤情况；

(2) 培训成果；

(3) 培训中待改进的问题；

(4) 结论。

于晓飞按照模板的格式，根据培训效果评估的结果，撰写了培训效果评估报告，他发给谢冰。

谢冰仔细地看了他写的报告，觉得整体还行，就是在一些细节上需要改动一下。于晓飞又按照谢冰的要求，重新修改了报告。

谢冰让于晓飞将最后定稿的培训效果评估报告呈送给领导审阅，还通过邮箱将电子版的培训效果评估报告反馈给培训的需求部门、培训基地、协办单位、讲师、课程设计人员等，作为未来培训工作的参考。

## 四、培训效果转化

销售主管培训班圆满结束了，于晓飞也即将回到原来的销售部门，临走的时候他想请人力资源部刘经理吃顿饭，请谢冰作陪，一来感谢这几天谢冰对他的指点，二来也想进一步跟人力资源部领导们套套近乎，为将来调岗做铺垫。

谢冰欣然接受了于晓飞的邀请，并同意说服刘经理到场，于晓飞很是感激。

他们找了个安静的地方就餐。在吃饭的过程中，免不了又谈到工作。

谢冰夸奖于晓飞工作有上进心，好学，而且有悟性，让刘经理多关照他。还谈到销售主管培训班的评估效果非常好，等等。

平时忙碌严肃的刘经理，在饭桌上很平易近人，他也肯定了这个培训班的作用，他说："小谢呀，培训工作很辛苦，你们一直跟班，不论白天还是晚上，这点领导很清楚，但是领导看中什么？领导看的是培训效果的转化，如何让培训效果转化成生产力，这是领导最关心的事情。"

"培训效果转化？"于晓飞听到这个词很新鲜，他不记得在书本上学过，"怎么转化？有标准吗？"

刘经理喝了点酒，所以更显出亲和力，他也想跟这个青年人说点什么，所以就滔滔不绝讲起来："这个培训效果转化呀，在培训管理中具有十分重要的意义。学员在经过培训后，所获得的知识、技能，以及培训对学员行为、态度的正面影响等，如果能及时转化到实际工作中去，那将凸显出培训的作用和价值，反之，未能转化或转化后仅维持少量时间，则培训的投资与回报不相匹配，就会让培训的价值大打折扣，所以注重培训效果转化，是人力资源管理者要重视的课题。

什么是培训效果转化呢？所谓的培训效果转化是指将员工在培训中所获得的知识、技能及行为态度的改变等，转化为员工实际岗位技能和素质提升的过程，以促进企业的绩效提升和业务发展，体现培训投入与产出收益的结果。一般来说，培训效果转化有两种形式：个人转化和绩效转化。"

## (一) 培训效果转化的形式

### 1. 个人转化

受训者将培训学到的内容转化为个人的知识储备和素质提升，表现为工作态度的改变和工作技能的增强。由于个人转化源自员工个体主观能动性和吸收能力，受干扰因素较少，因此转化效率较高。

### 2. 绩效转化

受训群体将培训所学的内容转化为实际工作战斗力和凝聚力，表现为企业绩效目标和业绩发展的提升。群体的转化较个体复杂，受环境、政策等各种因素的干扰较多，因此，转化率较低。另外，培训效果的滞后性及内隐性，也是绩效转化率低的因素。

"当然啦，在培训效果转化的过程中，影响因素很多，主要的也就这几种。"

## （二）影响培训效果转化的因素

影响培训效果转化的因素主要有：

1. 个体差异

受训者因受个人文化层次、学习态度、认知能力、吸收能力、理解能力等影响造成的个体差异，是影响培训效果转化的主要因素之一。

2. 环境氛围

受训者所处的工作环境、政策环境、职场氛围是促进或阻碍受训者转化应用新技能、新的方法的又一因素。

3. 技术支持

企业对受训者及受训群体在新知识、新技能应用过程中，在精神上和物质上的支持，比如管理层的重视程度、绩效考核政策倾斜等，也是影响培训效果转化的因素。

"如何排除这些影响因素呢？采取怎样的办法来促进培训效果转化呢？这是人力资源或培训管理工作者必须认真思考的问题，也是必须解决的问题。所以呀，我们要想办法来促进培训效果转化。就拿这次你们刚结束的这个培训班来说，谢冰，你说说，用什么办法来促进培训效果的转化。"

谢冰说，"通常情况下，促进培训效果转化有这么几种方法。"

## （三）促进培训效果转化的方法

1. 营造氛围

营造培训效果转化的氛围非常重要，通过为受训者提供培训效果转化的支持环境，来促进员工将学到的知识和技能积极、自发地应用到实际工作岗位。

2. 实际应用

鼓励受训者用新技能和新方法完成原来的工作，即使出现暂时性的绩效降低或小失误。

3. 纳入考核

设定绩效考核方案，鼓励受训者使用新技能和新方法，降低受训者采用新方法和新技能的风险。

4. 追踪督导

制订追踪措施，对使用新技能和新方法的受训者进行绩效追踪，及时掌控和发布数据，定期总结和研讨运用新方法、新技能带来的问题，寻求解决方法。

"我认为，咱们这期销售主管培训班结束后，如何促进培训成果的显现，让公司销售业绩快速提升，刘经理咱们应该尽快拿出方案，来验证培训效果。

　　我大概捋了捋思路，有个大致的方案框架，现在向您汇报一下，刘经理您如果觉得行，咱们就报给主管领导，领导认可后，咱们就召集财务、销售部开个碰头会，商讨方案内容及操作细节。通过沟通、研讨，销售部门为受训的销售主管订立新业绩目标，财务部从财力做预算支持，销售渠道配合方案的细节操作。"

　　"说吃饭不谈工作，又谈工作了，呵呵，你说吧。"刘经理说。

　　谢冰接着说："您看刘经理，我的方案大体思路是这样的：订立对销售经理在业绩目标考核期间的绩效方案，达成目标的人员有一定的绩效奖励，达不成目标的人员将受到相应的处罚。将业绩考核目标、绩效考核方案上墙，明细目标内容。将培训开发的新销售方法、步骤、应用工具等内容上墙，强化感官吸收。制作使用新技能和新方法的追踪表，每天专人负责统计销售经理新工具使用的相关数据。设置标兵榜，对使用新方法、新销售工具有成效且是业绩提升的销售经理照片上榜。每周举办两次销售经理研讨会，解决新技能使用中的问题。

　　通过这些有效措施，我相信销售主管们在当月业绩肯定较以往提升 20%。"谢冰说完，刘经理连连点头："你这个方案不错，我觉得可行，你明天弄个书面的东西，我拿给主管领导看看。如果真能提高销售业绩，培训效果的转化会让领导非常满意的。"

　　"好，我明天一定做出来。"谢冰说。

　　于晓飞觉得这顿饭没白吃，真的又学到很多东西。

## 思考练习题

请帮于晓飞撰写一份培训效果评估报告。

# 第四章 绩效管理

## 第一节 绩效管理基础

马明一上班就在邮箱里接到了总部通知培训的邮件，让他下周一去参加一个关于绩效管理方面的培训班。

马明是 H 公司人力资源部的主管，H 公司这两年业务发展迅猛，市场占有率逐年增高，对人力资源管理要求也越来越高。去年，在绩效考核方面，H 公司人力资源部做了大量的工作，但是效果不很明显，主管为此召集相关人员开会，征求意见和建议。会上，很多人提出自己的看法，有的认为最终考核结果没有很好地区分员工业绩的优劣，不能为激励和职业发展提供很好的支持和依据；有的觉得考核指标量化不够，不容易操作；有的提出考核结果不能真实全面反映个人工作实绩，不够公平，直接影响了工作态度和情绪。听到这些意见反馈，主管要求人力资源部对今年绩效考核拿出新的意见和计划。

马明这两天正为新的绩效考核计划犯愁，接到培训通知，自然是欣喜无比，他想，可以把难题带到培训班上，请教老师和同学。临培训前，马明来到主管总办公室，主管正在看去年的绩效考核报告。看见他进来，主管说："咱们去年，花了大量时间和精力投入到绩效考核工作上面，没有收到预想的效果，领导不满意，员工的意见也很大。你这次去培训，要好好学习学习，与同行们交流一下，学学人家的长处，看看咱们的问题出在哪。"

对于去年的绩效考核情况，马明是非常清楚的。虽然领导没有把责任都推给人力资源部，但身为绩效主管的他，心里比谁都难受。这段时间他也从自己的工作角度找原因，但总是理不出个头绪。如今有这样一个培训机会，自然是要好好珍惜。从主管总办公室出来，马明就暗下决心，一定要抓住这次培训机会，解决心中的疑惑，为公司今年绩效考核办法的出台做好准备。

周一大早，马明提前赶到培训所在的酒店，进了会议室，他径直坐到了前排中间。还是上大学那会养成的习惯，上课时坐前排，可以保持精力集中，同时也方便和老师交流。培训师已经到了，看上去 40 岁出头，笔挺的西装，显得很干练。见马明打量他，培训师也微笑示意。

学员们陆续到齐，培训准时开始。培训师先做自我介绍。他姓王，毕业于国内一所著名高校，在一家国企的企业管理部门工作 5 年后，先后去了外企、民企，并完成了在职博士的学习。获得博士学位后，他进了北大心力管理顾问公司从事自己喜爱的咨询工作。

讲课一开始，王博士就抛给大家一个问题："我们今天这堂课主要讲绩效管理基础，先请问大家：什么是绩效管理？"没人回答，刚上课学员还没进入状态，而且有的学员不喜欢互动。他们抱着双肩，等待老师下面的内容。王博士好像意料之中，笑笑说："这个问题看似很浅，但是弄不懂它，就不能真正让绩效管理发挥作用。"

## 一、绩效管理的定义

通俗点说，绩效管理是科学地、动态地衡量员工绩效的一种管理方式。就是对各级管理者及员工设定一个合理的工作目标，然后再建立一个有效的激励约束机制，制订一个有效、客观的绩效衡量标准，让管理者及员工都明确了解自身在考核期内的工作业绩、业务能力以及努力程度，让大家都朝着设定的目标努力，从而提高员工和企业绩效的一个过程。

在员工朝着目标努力的过程中，企业要进行定期的绩效评估，肯定成绩也要指出不足，对于目标达成，而且对企业有贡献的行为或结果要进行奖励，对于未达成目标的行为或结果要有一定的约束和罚则，这样，可以促使员工不断提高能力素质，改进工作方法，提高绩效水平。

那么，怎么进行绩效管理呢，换句话说，绩效管理的流程是怎样的呢？

## 二、绩效管理的流程

绩效管理是一个完整的系统，它应该包括绩效计划、绩效实施、绩效评估、绩效反馈和绩效改进五个环节。要做好绩效管理，离开这五个环节中的任何一个都不行，因而，我们称之为绩效管理五步流程。

1. 绩效计划

绩效计划是绩效管理流程中的第一个环节，发生在新的绩效期间的开始。制订绩效计划的主要依据是工作目标和工作职责。绩效计划并不是在制订后就一成不变，随着工作的开展，会根据实际情况不断调整工作计划。在绩效计划阶段，管理人员和被管理人员之间需要在对被管理人员绩效的期望问题上达成共识。在共识的基础上，被管理人员对自己完成工作目标做出承诺。管理人员和被管理人员共同的投入和参与是进行绩效管理的基础。绩效管理是一项协作性的活动，由工作执行者和管理人员共同承担，并且绩效管理的过程是连续的过程，而不是在一年内只进行一两次的活动。

2. 绩效实施

制订了绩效计划之后，被评估者就开始按照计划开展工作。在工作的过程中，管理人员要对被评估者的工作进行指导和监督，对发现的问题及时予以解决，并对绩效计划进行调整。在整个绩效期间内，都需要管理人员不断地对被评估者进行指导与反馈。

**3. 绩效评估**

在绩效期结束的时候，依据预先制订好的计划，管理人员对下属的绩效目标完成情况进行评估。绩效评估的依据就是在绩效期间开始时双方达成一致意见的关键绩效指标，同时，在绩效实施与管理过程中，收集到的能够说明被评估者绩效表现的数据和事实，可以作为判断被评估者是否达到关键绩效指标要求的证据。

**4. 绩效反馈**

完成绩效评估后，管理人员还需要与下属进行一次面对面的交谈。通过绩效反馈面谈，使下属了解上级管理人员对自己的期望，了解自己的绩效，认识自己有待改进的方面。同时，下属也可以提出自己在完成绩效目标中遇到的困难，请求上级的指导和帮助。

绩效考评完毕后，人力资源部门应该及时地对绩效考评结果进行归档、整理，并进行统计和分析。

统计和分析考评结果时需回答的问题：

(1) 各项结果占总人数的比例是多少？其中优秀人数比例和不合格人数比例各为多少？

(2) 不合格人员的主要不合格原因是什么？是工作态度问题，还是工作能力问题？

(3) 是否出现员工自评和企业考评差距过大的现象？如果出现，主要原因是什么？

(4) 是否有明显的考评误差出现？如果出现，是哪种误差？如何才能预防？

(5) 能胜任工作岗位的员工比率占多少？

**5. 绩效改进**

作为绩效管理中不可分割的一部分，对绩效结果的应用是非常重要的。绩效评估的结果具有多种用途，首先，绩效评估结果可用于员工工作绩效和工作技能的提高，通过发现员工在完成工作过程中遇到的困难和工作技能上的差距，制订有针对性的员工发展计划和培训计划；其次，绩效评估的结果可以比较公平地显示出员工对公司做出的贡献的大小，据此可以决定对员工的奖励和薪酬的调整；最后，通过员工的绩效状况，也可以发现员工对现有职位是否适应，并决定相应的人事调整，使员工能够从事更适合自己的职位。

经过上述的五个环节，就经历了一个完整的绩效管理循环。

王博士又问大家："各位所在公司，都有几个环节啊？""两个""三个"，突然后排冒出一声："一个也没有，我们公司就没做过绩效管理。"引来一阵哄堂大笑。马明没出声，但他心里想，自己公司何尝不是如此？

## 三、绩效管理的角色分工

王博士打开一张新的幻灯片，然后对大家说："我再问在座各位一个问题：绩效管理应该由谁来做？"大家面面相觑，有人嘀咕一声："当然是我们人力资源部的人来做啊。"其他人跟着点点头。"非也！"王博士的手在空中有力地一划。大家不由得集中精力听王博士讲。

1. 部门管理者是绩效管理的真正实施者

各级管理人员才是绩效管理的真正实施者，这是很多企业在实施绩效管理中没有厘清的一个问题。过去人们总认为绩效管理是人力资源部门的工作，实际上人力资源部对绩效管理的责任只局限在设计、改进和完善绩效管理体系，向有关部门宣传实施绩效管理体系的意义、方法与要求，督促、帮助各部门贯彻绩效管理制度，培训实施绩效管理的人员，协助收集反馈信息（包括存在的问题与建议），记录和积累有关资料，提出改进措施和方案，根据评估结果制订人力资源开发计划和进行相应的人力资源管理决策等方面。而各部门经理才是实施的主体，起着桥梁的作用，上对公司的绩效管理体系负责，下对下属员工的绩效提高负责。如果各部门经理不能转变观念，不能很好地理解和执行，再好的绩效体系，再好的绩效政策都难实施和执行。

所以，在实施绩效管理之前，首先要团结各部门经理，统一他们的思想，使之真正发挥绩效管理人员的角色，承担自己应该承担的责任，做自己应该做的工作，让各部门经理真正动起来。我们说"要做好绩效管理，就必须将各部门经理拉下水"。只有各部门经理真正按自己的分工行动起来了，绩效管理才能按预想的方向前进，得到有效实施。

"那么，绩效管理中，各部门经理应该扮演哪几个角色，做好哪些工作？"王博士又将一个问题抛向大家，看着大家发愣，汪博士转身在白板上写了一组词：标准制订者、辅导者、记录者、评估者、建议者。

（1）标准制订者。在绩效考核开始之前，制订考核指标和指标标准是前提。通过制订合理的考核指标以及指标标准，一方面，可以将公司的战略目标充分细分到每一个岗位上，另一方面，确定考核指标及指标标准可以让员工明确自己的工作重点及工作目标，从而更好地完成目标。

公司人力资源部或者更高的绩效考核决策机构，根据公司的战略目标以及公司各岗位的职责，可以确定每个岗位的绩效考核指标。同时可以根据公司战略目标来制订指导性的考核指标标准。但是，决策层制定的考核指标标准不一定是合理的，此时，就需要部门经理和员工进行沟通，根据实际情况，结合公司战略目标来最终确定考核指标标准。通过沟通确定的考核指标标准，可以让员工更加深刻了解公司的战略目标，可以更加明确工作重点，同时也可以大大降低员工的抵触情绪，提高公司的士气，增加公司绩效管理的有效性。

鉴于这个前提，部门经理就有责任、有义务与员工就工作任务、绩效目标等前瞻性的问题进行提前的沟通，在双方充分理解和认同公司远景规划与战略目标的基础上，对公司的年度经营目标进行分解，结合员工的职务说明书与特点，共同制订员工的年度绩效目标。在这里，帮助员工，与员工一起为其制订绩效目标已不再是一份额外的负担，也不是浪费时间的活动，而是部门经理的自愿，因为部门经理与员工是绩效合作伙伴，为员工制定绩效目标的同时就是部门经理为自己制订绩效目标，对员工负责，同时就是部门经理对自己负责。通过这些工作，部门经理与员工达成一致目标，更加利于员工有的放矢的工作，更加利于自己的管理，为后续的绩效管理开了一个好头。

（2）辅导者。绩效目标制订以后，部门经理要做的工作就是如何帮助员工实现目标的问题。在员工实现目标的过程中，部门经理应做好辅导员，与员工保持及时、真诚的沟通，持续不断地帮助员工提升业绩。业绩辅导的过程就是部门经理管理的过程，在这个过程中，沟通是至关重要的关键。

由于市场环境的千变万化，企业的经营方针，经营策略也会出现不可预料的调整，随之变化的是员工绩效目标的调整。所有的这些都需要部门经理与员工一起努力，部门经理帮助员工改进业绩，提升水平。这个时候，部门经理就要发挥自己的作用和影响力，努力帮助员工排除障碍，提供帮助，与员工做好沟通，不断辅导员工改进和提高业绩。帮助员工获得完成工作所必需的知识、经验和技能，使绩效目标朝积极的方向发展。

需要注意的是，沟通不是仅仅发生在开始，也不仅仅是在结束时，而是贯穿于绩效管理的整个始终，需要持续不断地进行。因此，业绩的辅导也是贯穿整个绩效目标达成的始终。这对部门经理来说可能是一个挑战，可能不太愿意做。但习惯成自然。帮助下属改进业绩应是现代部门经理的必备修养和职业的道德，当然它更是一种责任，一个优秀的部门经理首先是一个负责任的人。

（3）记录者。绩效管理的一个很重要的原则就是没有意外，即在年终考核时，部门经理与员工不应该对一些问题的看法和判断出现意外。一切都应是顺理成章的，部门经理与员工对绩效考核的结果的看法应该是一致的。

争议是令部门经理比较头疼的一个问题，也是许多部门经理回避绩效、回避评估与反馈的一个重要原因。为什么会出现争议？因为缺乏有说服力的真凭实据。试问，不做记录，有哪一个部门经理可以清楚说出一个员工一年总共缺勤多少次，都是在哪一天，什么原因造成的？恐怕没有，因为没有，员工才敢于理直气壮地和你争论。为了避免这种情况的出现，为了使绩效管理变得更加自然和谐，部门经理有必要花点时间，花点心思，认真当好记录员，记录下有关员工绩效表现的细节，形成绩效管理的文档，以作为年终考核的依据，确保绩效考核有理有据，公平公正，没有意外发生。

做好记录的最好的办法就是走出办公室，到能够观察到员工工作的地方进行观察记录。当然，观察以不影响员工的工作为佳。记录的文档一定是切身观察所得，不能是道听途说，道听途说只能引起更大的争论。这样一个绩效周期下来，部门经理就可以掌握员工的全部资料，做到心中不慌了，评估也更加公平公正。

（4）评估者。绩效管理中的一个很重要的环节是绩效评估——把员工在一定考核期内的工作业绩、工作能力以及态度方面的信息进行评定，最终得出结论。绩效评估绝对不只是填写绩效考核的表格，绩效评估是部门经理和下属之间一个绝好的沟通机会，通过沟通，部门经理才可以最终确定下属的考核结果。

（5）建议者。在绩效管理体系中，部门经理的建议者的角色是至关重要的一环。部门经理的这个角色的执行到位与否，很大程度上导致了绩效管理的效果。

绩效管理的目的是通过绩效考核来促进公司整体业绩的提升，公司员工业绩与能力的提升。而部门经理在绩效考核结束之后的建议者的角色，可以让员工明确自己的优点和缺点，明确自己需要提高的方向，需要参加的培训，在公司可能的职业发展机会。通过部门经理的建议，员工能够有计划地提升自己的能力。最终整个公司的业绩得以提升。转变部门经理观念是实现部门经理在绩效管理过程中的作用的关键。

马明边做笔记边在心里想，去年年底，做绩效考核评估时，还就这个问题跟销售部的杨经理争执过，杨经理怪人力资源部把得罪人的工作都推给各部门做。这次回去碰到杨经理，要跟他讲讲这个道理。有老师的讲义作证，不怕杨经理不服。想到杨经理到时候可能会尴尬，马明情不自禁地笑了……

2. 其他人在绩效管理中的责任

"虽然说部门主管在绩效管理中扮演着重要的角色，但不能只是他们在发挥作用，绩效管理是所有人共同的责任。那么其他人在绩效管理中的责任是什么？"说着王博士又打出几张幻灯片。

(1) 绩效管理中高层管理者的责任：
①确立并沟通公司的愿景和战略。
②倡导并沟通公司文化及价值观。
③确定绩效管理的总体原则。
④让人们知道绩效管理对个人和对组织的意义。
⑤在执行绩效管理系统时率先垂范。
⑥协调各方面在绩效管理过程中的努力。
(2) 员工在绩效管理中的责任：
①理解自己应该为组织做出怎样的贡献。
②了解组织对自己的期望。
③认识到自己应该在多大程度上满足这些期望。
④不断发展自己的能力以满足组织的期望并适应未来组织发展的要求。
⑤制订与部门和公司相对应的工作目标和计划。
⑥员工在绩效管理中的角色。
⑦主动从主管、同事处寻求绩效反馈。
(3) 人力资源部在绩效管理中的责任：
①开发绩效管理系统。
②提供系统实施的技术培训。
③帮助主管经理解决绩效管理中的操作问题。
④监督和评估绩效管理系统的实施情况，并不断改进系统。
⑤将绩效管理系统与其他人力资源管理实践联系起来。

当天的课程结束后，马明觉得收获很多，不仅澄清了自己的一些模糊认识，同时也对自己过去的一些正确做法有了信心。临下课，他问王博士晚上可不可以聊一聊，有几个问题想请老师指点一下。王博士很痛快地答应了。晚饭后，马明如约来到王博士住的房间，寒暄过后，马明把公司去年绩效考核的一些情况跟王博士讲了，也把今年的困惑讲了。听完马明的话，王博士思考了一下说："我认为你们目前的问题是缺乏规范化和科学化，我建议你们公司编制一套绩效管理操作手册，一来可以把你们现有的一些制度、规范、流程及表单进行归类，完善绩效管理系统；二来可以借此展开对全体管理者和员工的培训。至于绩效管理操作手册如何编制，我可以给你讲讲思路……"

## 四、编制绩效管理操作手册

绩效管理操作手册是企业在推行绩效管理时运用的一套具体的操作指南。通过绩效管理操作手册把绩效管理的内容、方法和程序标准化、规范化，更重要的是把各类人员在实际操作中可能碰到的细节问题以"手册"的形式固定下来，并付诸实施，从而达到在整个人力资源管理体系中正确、有效地运行绩效管理体系。

在编制绩效管理操作手册的时候需要注意兼顾部门经理和员工的需求。很多企业在实践中往往强调从部门经理的立场出发，制订绩效手册，很少考虑到应该兼顾员工的立场和观点。其实，绩效管理的原则，应该是平等和公正，评估的双方，评估者与被评估者是相辅相成的两个方面，处于对等且平等的位置，况且，如果没有被评估者一方的通力合作，即使评估者单方的意志和意图通行无阻，也很难使绩效评估富有成效。从这种意义上说，有必要改变原有的见解，在制订评估者使用的绩效管理操作手册的同时，制订被评估者使用手册，以便评估双方相互理解、相互沟通。

绩效管理操作手册中包括运用规则、注意事项以及与其他管理制度的关系等，在编制时，要尽可能用容易理解的图表来说明和表示，对于个别重要的内容，要尽可能举例说明，文字表达尽可能简明扼要，避免辞藻的堆砌，让使用者一眼就能明白实施程序、运用目的等内容。

王博士从自己的电脑中调出一个文档，是一个绩效管理操作手册的模板。他对马明说："这个模板我可以拷给你，但你千万不要直接拿来照抄，一定要根据你们公司的一些具体情况来编制适用的手册。"马明扫了一眼目录。

---

**某公司绩效管理手册（目录）**

1 总　则
1.1 绩效管理意义
1.2 绩效管理目的
1.3 绩效管理原则
1.4 绩效管理周期

---

王博士一边操作着电脑，一边对马明说："像绩效管理制度、绩效管理相关流程、绩效管理相关表单的编制相对容易一些，在你们公司现有的基础上，你可以根据管理使用需要逐渐健全这些内容。相对来说，比较难的是编制绩效指标词典。你刚才也说了，你们公司考核的指标非常简单，用德、能、勤、绩来考核所有的人，没有量化标准，没有级别之差，这是不科学的。所以你当前最重要的工作是建立你们公司的绩效考核指标体系，为了便于操作使用可以建立绩效指标词典……"

## 五、绩效指标词典

### （一）绩效指标词典的含义

首先要了解什么是绩效指标，绩效指标是用来衡量业绩好坏的标准。每个部门、每个公司在不同的战略阶段所要求的绩效指标会发生变化。绩效指标词典是公司根据发展需要进行目标制订、目标分解、衡量指标确定、指标定义、指标运用等一系列工作的总和。一般来讲，绩效指标词典是企业绩效管理体系中非常核心的环节之一，也是公司绩效管理操作手册的重要组成部分。

### （二）绩效指标词典应具备的特征

绩效指标词典是一个公司、单位或部门所有绩效指标的集合，但它又不是一个简单、随机的组合，好的绩效指标词典应具备的基本特征：

1. 系统性

绩效指标词典中的指标组合应能全面、完整地反映公司或部门及各职位的战略目标和业务重点。同时，所有职位的绩效指标都应被包含在词典中，无一遗漏。

2. 唯一性

绩效指标词典中的各个指标应是唯一的，不能有同样的两个指标出现在一个词典中。同时，每一个绩效指标应能独立地反映一项战略目标或业务重点的全部或某一方面。

3. 关联性

绩效指标词典的各指标之间应具有一定的关联性，而不是相互孤立存在，指标与指标之间应具有承接或支持关系。例如，在一个公司的绩效指标词典中，如果仅有订单保障率而没有产品库存成本是没有意义的。

### （三）建立绩效指标词典的意义

诚然，没有系统的绩效指标词典同样可以建立起绩效管理和考核体系，但建立一个好的绩效指标词典却有一些难以替代的优点：

1. 避免指标歧义和导向不一致

很多公司在制订绩效指标时，各部门、各职位往往是各自为政，将相互联系的战略整体人为的分割开来。这将必然导致在不同的部门甚至同一部门不同职位之间所采用的同一指标所包含的意义、考核内容和重点不一致；对某一因素的衡量难以避免地采取了不同的方法和标准。由于绩效指标本质上应恰当地反映并传递公司的战略和价值导向，因此，指标本身的歧义必然导致公司战略目标传递及价值观、文化传播的不一致。

2. 避免考核标准和目标不一致

对不同部门或不同职位某一业务、目标因素的考核应该具有统一的标准，应有一定的可比性。但如果没有系统的绩效指标词典，由于指标反映的内容有差异，将不可避免地导致考核标准和目标设定的不一致。

3. 便于指标修改和更新

在指标设定的过程中我们经常发现：不同部门或同一部门内许多职位的绩效指标是完全相同的，如人均培训时间（针对部门主管）、物耗率（针对车间操作职位）等。然而，绩效指标的制订并非一次就能完全确定，往往制订的过程中及结束后要对绩效指标的定义作反复修改。在这种情况下，每做一次修改就需要对不同部门或不同职位的同一绩效指标同步做出修改，且不论修改的工作量和操作性，只要稍有不慎就会出现遗漏或修改错误。同时，随着公司战略目标及业务重点的改变，各部门及职位的绩效指标也应随之作相应修改，此时也会遇到以上同样的问题。如果建立了系统的绩效指标词典，则问题一下子变得简单了，只需对绩效指标词典中的指标定义做一次修改就可大功告成，既不会出现遗漏，也不会出现定义偏差。

## （四）绩效指标词典的编制步骤

一个完整的绩效指标词典编制过程，主要分以下八个步骤：

第一步，公司战略图的建立。战略地图就是企业利用平衡计分卡将公司战略转化成为一系列可衡量和可分解的，并具有一定内在逻辑关系的战略目标的组合。建立公司战略地图是建立公司绩效指标词典的第一步，也是非常关键的一步，因为如果公司的战略定位不清晰或战略分解不到位，将直接导致公司战略实施的有效性，换句话说就是导致公司目标很难实现。一份合格的战略地图，应该具有以下明显的特征：目标导向性、目标支持性、目标连续性、目标量化性、目标宣贯性。

第二步，战略目标说明。战略地图建立起来后，需要对战略地图中提到的每个战略目标进行说明，因为只有通过说明，才能使员工、绩效管理部门非常清楚公司战略目标的核心思想，进而知道他们的日常工作。

第三步，战略目标的强相关识别。强相关是指实现指标最核心部分不可或缺的直接责任，可能是管理责任、组织责任、计划责任、执行责任或定期分析改进责任。战略目标的强相关分解是绩效管理体系中第一次分解各个战略目标的责任，所以说，这个阶段是一个非常关键的环节，因为绩效管理的核心目标就是在分清责任和权利的基础上，通过一系列的绩效管理工具，最终保证分配的合理性、公平性。通过对公司战略地图中涉及的各战略目标的强相关性识别，就可以初步得到每个战略性目标的主要责任部门。

第四步，战略目标分解。在建立战略地图的时候，虽然已经对每个战略目标进行了说明，但这些战略目标因为涉及面广，很难量化和实现，这就需要对战略目标进行进一步的细化和分解。常见的分解工具有因果分析法（鱼骨图法）、关键事件法等。通过对目标的层层分解，使大目标变成小目标，小目标变成具体可以操作的核心事件，并通过核心事件的运作，最终实现公司战略目标、经营目标。

第五步，目标指标化。将目标指标化过程，实际上是确定目标成果衡量标准的过程，通常我们在将目标转化成指标的时候，我们经常会从质量、数量、时间和成本四个纬度进行评估（见表4-1）。即实现该核心事件需要耗费的时间和花费的成本（包括直接成本、间接成本和机会成本等），该核心事件完成的质量如何，以及该核心事件完成的数量有多少。

表4-1　　　　　　　　　　　年度人力资源部目标指标化

| 目标名称 | 数量纬度 | 质量纬度 | 时间纬度 | 成本纬度 |
|---|---|---|---|---|
| 培训规划 | | 培训规划通过总经理批准的时间 | | |
| 培训组织 | 核心员工平均培训时间 | 培训计划达成率 | | 培训费用控制率 |
| | 普通员工平均培训时间 | | | |
| 培训效果评估 | | 培训考试及格率 | | |
| | | 培训考核合格率 | | |
| 培训效果跟踪 | | 有效跟踪次数 | | |
| 内部讲师队伍建设 | 合格内部讲师数量 | | | 内部讲师费用 |

第六步，指标定义。目标衡量指标确定后，还需要对各个指标进行定义，定义的目的在于考核双方都清楚指标涵盖内容、考核范围、考核数据来源、考核设置目的以及指标承担的主要和次要责任部门。一般来说，对指标的定义包含以下十一个方面的内容。

（1）指标编号：为了便于管理，特别是使用HR软件的企业通常需要对指标进行系统标号，以便查询和管理。

（2）考核周期：因为公司对每个指标的关注程度不同，每个指标涵盖的内容和范围不同，需要对每个指标的考核周期在年初进行充分识别，通常我们对指标考核周期的描述有月度、季度、半年度和年度四种。

（3）计量单位：通常指标的计量单位有数量单位（个、斤、次）、财务单位（元）、时间单位（小时、月、年）、比例单位（百分比）。

（4）指标定义：对指标的内在性质及范围等方面的内容进行界定和说明，避免理解上的差异。

（5）设置目的：阐述指标设立的意义，帮助大家对指标正面理解，当然有的公司还直接采用类似"指标来源"等栏目描述该指标具体是从哪一个战略目标中分解得来的。

（6）计算公式：清晰界定指标量化评价的方法，一般将完成结果输入公式中就可以产生结果了。

（7）相关说明：许多备注信息需要在本栏目中阐述清楚，或者表面需要参考的相关附件等。

（8）指标误差：说明指标可以接受的误差范围。

（9）数据输出：确定该指标评价数据是由哪个部门或岗位负责输出的。指标数据输出的常见部门或岗位有专业管理部门、总经理或副总经理、财务部门、人力资源部门、企管部或公司专门成立的监察组。

（10）强相关部门：指标通常与一个或多个部门相关，需要识别出来。强相关是指实现指标最核心部分不可或缺的直接责任，可能是管理责任、组织责任、计划责任、执行责任或定期分析改进责任。

（11）考核方法：即该指标采用哪种考核方法会更有效、成本最低和效果最好。百分比率法、非此即彼法、层差法、加分法和减分法常用于对定量指标的考核，而等级平价法常用于对定性指标的考核。

第七步，指标规划。指标定义完毕，还需要对每个指标进行规划（见表4-2）。规划的目的在于分清每个指标的重要程度、紧急程度和可实现程度，并且通过规划使指标承担部门清楚指标的考核期，便于他们规划和安排部门工作。将年度指标按照考核周期规划到各个考核指标时，需要考核各个考核周期指标的均衡性问题，如果一些考核周期指标太多，而另一些考核周期指标较少，甚至没有考核指标的话，这对绩效系统的有效推进来说，是非常不利的。通常企业在每个考核周期内各考核单元指标保持在5~9个。总体指标的难易程度要把握好，不要过高或过低。对不同类型的绩效指标来说，其难易程度更要把握好。指标与指标之间、部门与部门之间存在各种协调发展的关系，这种协作关系有可能是时间上的，也有可能是资源共享上的。

表4-2 年人力资源部 KPI 识别规划表（部分）

| 序号 | 指标名称 | 可能考核的时间 | | | | |
|------|----------|--------|--------|--------|--------|------|
| | | 一季度 | 二季度 | 三季度 | 四季度 | 全年 |
| 1 | 培训规划通过总经理批准的时间 | ★ | | | | |
| 2 | 核心员工平均培训时间 | | | | | ★ |
| 3 | 普通员工平均培训时间 | | | | | ★ |
| 4 | 培训计划达成率 | | | | | ★ |

第八步，绩效指标词典的应用与维护。公司将前面几个环节中形成的文件资料进行汇总，最终形成公司绩效指标词典。然后就需要对已建立起来的绩效指标词典在公司内部进行应用，并在应用过程中随着公司战略的调整和绩效水平的变化随时对其进

行动态维护与调整。

### （五）绩效指标词典的作用

绩效指标词典不仅能被普遍地运用于绩效管理的各个阶段和许多方面，还可作为一种管理手段运用于组织的设计、优化及业务流程的梳理、再造等。

1. 人力资源部及部门主管解释职位的有效工具

将职位说明书和绩效指标词典结合起来，可以比较全面、准确地描述职位的内容、职责及公司对该职位业绩关注的重点，一方面，保证了人力资源部门、部门主管及员工对职位理解的一致性，另一方面，也使员工更好地理解并承接公司的战略及部门的任务和目标。

2. 运用于绩效目标制订和绩效评价

由于每个职位的绩效指标都包含于绩效指标词典中，而词典中的每一个绩效指标都有明确的定义、计算方法、数据来源及评分标准等，在绩效管理过程的初期，管理者只需和下属员工共同确认相关的绩效指标及相应的权重，即可完成绩效目标的制订，而且不会产生指标和目标上的歧义，使过程变得更为简单、有效。同样的道理，绩效评价的结果也更具客观性和说服力，从而减少了对评价及得分标准的争议。

3. 运用于检查组织及业务流程设计的合理性

绩效指标词典作为一个系统，能够独立于部门或职位而存在。绩效指标词典中的指标来源于公司战略目标和流程的分解，反过来，在建立绩效指标词典的过程中，自始至终都在对公司战略目标传递及价值观传播的有效性进行检查，对业务流程的合理性进行梳理，进而对组织及业务流程的优化提出相应的要求和目标，改善运作管理。我们知道，无论公司采用何种组织形式，运用怎样的业务流程组织运作及为客户提供服务，由于组织目标和方向并没有实质性不同，因此大部分关键绩效指标也不会有本质上的差异。在进行组织优化或重新设计及流程再造的过程中，可以对照绩效指标词典来检验组织及流程设计的合理性，因为绩效指标词典中的主要指标都应由组织及流程的某一部分来合理承接。

讲完绩效指标词典的建立步骤，王博士给马明看了一个绩效指标词典的模板，随后又打开一个文件夹，里面都是一些介绍关键绩效指标（KPI）的资料，他点了其中一个文件后对马明说："在这个流程中，最为重要的步骤是关键绩效指标的提取。这里面有很多技术要求，我简单给你说说。"

## 六、KPI 的提取技术

### （一）KPI 的含义

KPI 是 Key Performance Indicators 的缩写，中文译为"关键绩效指标"，是用来衡量某一职位工作人员工作绩效表现的具体量化指标，是对工作完成效果的最直接衡量方式。

KPI 来自对企业总体战略目标的分解，反映最能有效影响企业价值创造的关键驱动因素。设立 KPI 的价值在于使经营管理者将精力集中在对绩效有最大驱动力的经营行动上，及时诊断生产经营活动中的问题并采取提高绩效水平的改进措施。KPI 并不一定能直接用于或适合所有岗位的人员考核，但因为 KPI 能在相当程度上反映组织的经营重点和阶段性方向，所以成为绩效考核的基础。

### (二) KPI 的特点

1. KPI 来自对公司战略目标的分解

作为衡量各职位工作绩效的指标，KPI 所体现的衡量内容最终取决于公司的战略目标。如果 KPI 与公司战略目标脱离，则它所衡量的职位的努力方向也将与公司战略目标的实现产生分歧；KPI 是对公司战略目标的进一步细化和发展。公司战略目标是长期的、指导性的、概括性的，而各职位的 KPI 内容丰富，针对职位而设置，着眼于考核当年的工作绩效，具有可衡量性。因此，KPI 是对真正驱动公司战略目标实现的具体因素的发掘，是公司战略对每个职位工作绩效要求的具体体现；KPI 随公司战略目标的发展演变而调整。当公司战略侧重点转移时，KPI 必须予以修正以反映公司战略新的内容。

2. KPI 是对绩效构成中可控部分的衡量

企业经营活动的效果是内因外因综合作用的结果，这其中内因是各职位员工可控制和影响的部分，也是 KPI 所衡量的部分。KPI 应尽量反映员工工作的直接可控效果，剔除他人或环境造成的其他方面影响。例如，销售量与市场份额都是衡量销售部门市场开发能力的标准，而销售量是市场总规模与市场份额相乘的结果，其中市场总规模则是不可控变量。在这种情况下，两者相比，市场份额更体现了职位绩效的核心内容，更适于作为 KPI。

3. KPI 是对重点经营活动的衡量，而不是对所有操作过程的反映

每个职位的工作内容都涉及不同的方面，高层管理人员的工作任务更复杂，但 KPI 只对其中对公司整体战略目标影响较大，对战略目标实现起到不可或缺作用的工作进行衡量。

4. KPI 是组织上下认同的

KPI 不是由上级强行确定下发的，也不是由本职职位自行制订的，它的制订过程由上级与员工共同参与完成，是双方所达成的一致意见的体现。它不是以上压下的工具，而是组织中相关人员对职位工作绩效要求的共同认识。

### (三) KPI 在组织中的作用

KPI 所具备的以上特点，决定了 KPI 在组织中有举足轻重的意义。

(1) 作为公司战略目标的分解，KPI 的制订有力地推动了公司战略在各单位各部

门得以执行。

（2）KPI为上下级对职位工作职责和关键绩效要求有了清晰的共识，确保各层各类人员努力方向的一致性。

（3）KPI为绩效管理提供了透明、客观、可衡量的基础。

（4）作为关键经营活动的绩效的反映，KPI帮助各职位员工集中精力处理对公司战略有最大驱动力的方面。

（5）通过定期计算和回顾KPI执行结果，管理人员能清晰了解经营领域中的关键绩效参数，并及时诊断存在的问题，采取行动予以改进。

## （四）KPI的提取步骤

第一步，战略目标分解。首先要明确企业战略，并根据企业战略确定企业的关键成功要素。寻找关键成功要素，要从以下三个方面来考虑：

（1）导致企业过去成功或不成功的最主要因素是什么。

（2）上述这些因素中哪些因素依然对企业的成功起关键作用，哪些已经不起关键作用了。

（3）企业要成功迎接未来的挑战，所必须做到最关键的事情是什么。

而在考虑这些问题的时候，通常是采用头脑风暴法、高层访谈法和员工访谈法等方法。

第二步，对企业的关键成功要素进行分解，形成KPI要素。因为关键成功要素是对企业战略的定性描述，具有很强的概括性和抽象性，所以要将其进一步分解成更具体的KPI要素。

第三步，对KPI要素进行进一步的分解，形成企业级KPI。虽然KPI要素已经是对企业关键成功要素的分解，但是，KPI要素同样不具备可操作性的特点，要作为绩效考核指标是不可行的。因此，必须将其转化为更具操作性的企业级KPI。

第四步，将企业级的KPI进一步分解细化为部门级的KPI。部门级的KPI来源于企业级的KPI以及部门的相关职责。不同部门的KPI中，这两个部分所占比重不同。譬如说，在一个制造业企业中，它的生产部门的KPI中，企业级的KPI应该占有较大比例；而在办公室或者后勤部中，部门职责占的比例显然应该比较大。

在对企业级KPI进行分解时可能会遇到一个问题，那就是一些企业级的KPI可能不能直接由某个部门承担（比如说一个企业级KPI涉及了两个或更多部门的绩效）。在这种情况下，就必须对它进行进一步的分解。

第五步，部门级的KPI分解为员工级的KPI。这一步的方法基本上和前一步类似，只不过要将前一个步骤中的部门职责更换为岗位职责。

下面我们来看一个例子。

某公司通过SWOT分析法分析得出该企业"重新成为该地区的行业市场领先者"的战略，在综合考虑了以往成为市场领先者的经验和所面临的现实环境的基础上，在公司高层领导会议上通过采用头脑风暴法，最终确定了四个关键成功因素：客户服务、市场领先、利润增长以及人员素质的提高。

公司的关键成功要素确定之后，要对其进行进一步的分解，形成 KPI 要素。这样做主要是为了明确以下几个问题：①每个关键成功要素所包含的内容有哪些；②怎么才算是实现了关键成功要素，也就是说每个关键成功要素实现的标准是什么；③每个关键成功要素实现的关键措施和手段是什么；④如何保证这些关键成功要素的目标能够实现。

对 KPI 要素进行进一步细化，就可以得到公司一级的具体的 KPI 了（见表 4 - 3）。对于一个企业而言，它的行为是很难衡量和描述的，而且对于企业来说，有足够的业绩类指标和能力类指标来反映其绩效。所以，一般来说，企业级 KPI 并不应该包括行为类型的 KPI，只包括业绩和能力方面的 KPI。

**表 4 - 3　　　　　　　　　　某公司企业级 KPI 表**

| 关键成功要素 | KPI 要素 | 企业级 KPI |
|---|---|---|
| 重新成为该地区的行业市场领先者 | | |
| 市场领先 | 市场竞争能力 | 当期接待团次 |
| | | 当期营业收入 |
| | | 创新能力 |
| | 市场拓展能力 | 新客户数量 |
| | | 新业务营业增长率 |
| 客户服务 | 客户满意度 | 客户对品牌认知度 |
| | | 每团次客户投诉数量 |
| | | 对客户要求的反应能力 |
| 利润增长 | 应收账款 | 回款速度、期限 |
| | | 呆账、坏账数量 |
| | 费用控制 | 办公费用 |
| | | 业务招待费用 |
| | 纯利润 | 纯利润目标达成率 |
| 人员素质 | 人员 | 骨干人才离职率 |
| | | 员工大本学历比例 |
| | 文化 | 员工满意率 |

在关键成功要素法中，部门级 KPI 来自对企业级 KPI 和部门职责的分解（见表 4 - 4）。部门级 KPI 应该包括业绩类、行为类和能力类指标。对于某些由多个部门共同承担的企业级 KPI 必须经过进一步的分解才能得到部门级的 KPI。

表 4 - 4　　　　　　　　　　　　某公司企业市场部部门级 KPI 表

| 市场部部门职责 …… | 企业级 KPI | 部门级 KPI |
|---|---|---|
| | …… | …… |
| | 客户对品牌认知度 | 产品优先购买率 |
| | 每团次客户投诉数量 | 顾客重复购买率 |
| | | 内、外部客户满意度 |
| | 对客户要求的反应能力 | 投诉处理及时率 |
| | | 投诉处理有效率 |
| | …… | …… |

在考虑员工工作职责的基础上，把部门级 KPI 分解给员工，落实到具体的岗位上就可以了（和部门级 KPI 形成时要注意的一样，这里同样要注意对某些指标的再细分问题）。之所以要考虑员工个人的工作职责，是因为企业中处于越低层次的成员对于企业战略实现的作用越小，对关键成功要素的影响越小，对企业成功的贡献也越小。因此，对于员工，特别是某些类型（比如后勤类的员工等）的考核指标不能仅仅考虑从企业关键成功要素层层分解下来的指标，必须综合考虑员工的工作职责。

在员工层面上，KPI 可以包括业绩、行为和能力三个方面的类型，因为对于员工而言，其行为是比较容易界定和衡量的，而之所以选择能力因素，是因为能力在员工，特别是某些类型的员工（比如说科研人员）工作绩效形成过程中扮演着极其重要的角色。

用了一晚上时间，王博士采用层层剥笋的方式，向马明介绍了绩效管理操作手册、绩效指标词典的编制步骤，以及最为重要的绩效指标设计技术。

最后，王博士向马明推荐了一些专业书和几个人力资源方面的网站，并建议他上一个叫 HR（人力资源）吧的论坛，说那里面有很多同行经常在讨论一些企业管理实践中的热点问题，可以多和他们进行交流。

王博士的一番讲解让马明茅塞顿开，思路也清晰了很多。他打算回去一定要说服公司领导，请王博士的团队帮助公司设计 KPI 绩效指标体系。

两天的培训很快结束了，马明回到公司急切地把自己新的思路和想法向主管做了汇报，得到主管的认可。对于王博士及其团队帮助公司设计 KPI 绩效指标体系的事情，主管说等开高层会议研究后再做决定。

几天后，公司同意了马明的提议，王博士的团队入驻公司。与此同时，由各部门经理组成的绩效管理委员会也成立了。在管理顾问的帮助下，首先对公司的战略目标进行了确认，并设计完成了公司级指标体系。

接下来是设计部门级指标体系。在分部门指标了解过程中，王博士一直反复强调并要求各部门经理及分管副总充分地发表他们自己的意见和看法，当上级（分管副总）和下级（部门经理）对某一指标的分解产生异议的时候，王博士特意预留了时间指导他们进行专题沟通直至达成共识。

指标初步分解后，形成一张指标分解矩阵表。然后管理顾问们开始指导各个部门经理从部门职能推导出指标，并将其与分解指标进行对比，从而对分解的指标进行修正与补充。同时，为了加强各个部门在日常工作中的协作，管理顾问们最后还让各个部门对自己分解到的指标进行相关协作，即为了实现每个指标的目标，在日常实际工作中还需要哪些部门进行配合，对其他部门有什么期望。

在指标分解时，管理顾问对指标的把握和控制避免了指标设置的偏差。例如，在讨论中，将"产品一次交验合格率"这一指标分解到生产部，生产部的李经理在进行部门需求分析时提出该指标也应当考核品质部。他认为品质部的重要职能是监督并配合生产部进行质量管理，所以他们也应当对质量管理的结果负全部的责任。但是管理顾问却提出异议：如果该指标也考核品质部门的话，会不会造成品质部的经理和QC人为地提高该指标数值？为此管理顾问和生产部经理、分管副总反复地进行了沟通与解释。最后，达成一致意见：该指标可以分解到品质部作为部门指标体系，但只能考核现场品质管理员，但绝对不能作为品质部的考核指标和QC的考核指标。

部门指标体系设计会议最后一项工作是将部门指标体系的初稿和部门职能进行对比。管理顾问们在会议现场和各个部门经理及分管副总进行了指标的推导并进行指标对比。

经过两个星期的集中封闭讨论，在管理顾问公司的指导下终于完成了部门指标体系的设计工作。

## 思考练习题

1. 绩效管理流程包括哪些？
2. 绩效指标词典的编制步骤有哪些？

# 第二节 绩效计划

李晓是H公司人力资源部的一名主管，最近她在行业期刊看到一篇题为《浅论建立以绩效为导向的企业文化》的论文，觉得很不错，就把这篇文章推荐给主管人力资源的夏总看。这天，她接到夏总电话让她去一趟。

来到夏总办公室，夏总正在看论文，看见李晓进来，夏总示意她坐下。

"领导有什么指示？"李晓说。

"这篇文章写得不错啊。"

"是呀，觉得跟咱们目前想做的工作很搭，就推荐给您了。"

"我看了，这篇论文的角度非常好。在现在竞争日趋激烈的环境中，企业要想处于不败之地，就要建立自己独特的企业文化，用文化管理来提高企业的竞争力。这个是很多人都知道的，但做到很难。尤其是把绩效和企业文化联系起来，这个就更难。你在人力资源部工作你也知道，公司这几年一直在探讨建立以绩效考核为主导的科学管理模式，但是，始终没有太大进展，今天叫你来就是想让你跟这个作者联系一下，请人家来给咱们指点指点。"

"好的，夏总，我试试看，尽快联系一下。"

从夏总办公室出来，李晓就赶紧打电话联系，好在是在行业期刊，都是同行，找了几个熟人，拐了几个弯就找到了作者。作者叫贾一凡，是个留学归来的博士，曾在外资公司做过多年的人力资源工作，现在自己开了一家顾问公司，专门为企业解决人力资源方面的难题。李晓找到贾博士后，冒昧地约贾博士来公司指导指导，本以为贾博士会推托，没想到贾博士很痛快地答应了。

李晓将贾博士引荐给夏总，夏总见到贾博士后一顿寒暄，便引入正题。

夏总简单介绍了 H 公司这两年绩效管理的状况，并请贾博士给把把脉。

贾博士说："绩效管理是一种方法，企业文化建设是一种方向，将这两个方面很好地结合起来，在工作当中不断完善和发展，把企业文化建设统一到员工的绩效上来，让每位员工充分发挥他们的主观能动性，建设一种基于绩效的企业文化，创造最大的利益空间，这样才能让企业实现最大绩效。

听了贵公司的情况，我认为，管理层的决策没有问题，绩效考核管理的思路也没有问题，问题出在各层级管理者以及员工对绩效考核的了解和配合上。因为绩效管理不单单是高层领导和人力资源部的事情，每一层管理者，每个部门，每位员工都应该是参与者和实施者。只有从上到下都懂得绩效计划如何实施，才能让绩效管理成为一种文化，才能让管理者和员工们心往一处想，劲往一处使，创造出极高的效率和效益。

所以，我建议，在贵公司组织专门的培训，让各级人员都了解绩效管理、绩效计划以及绩效考核是怎么一回事。"

夏总对贾博士的提议很认可，于是对李晓说："可以先安排培训，请贾博士来讲课。"

贾博士点头同意，经过商量，决定下周一就进行各部门经理的培训。

周一一早，李晓就把贾博士接到培训班上，她看到各部门经理都早早到了，公司几位老总也都到了，足见对这次培训的重视。

培训开始，贾博士首先感谢 H 公司给的这次培训机会，接着，谈到这次培训的目的，他说："绩效管理工作要真正走向规范化、科学化，还需要加强部门主管在绩效管理过程中的实际操作能力，因此公司领导要求安排这次培训。不过在这里我想说明一点，我更愿意称之为研讨，而不是上课，在座各位都是资深经理人，有着丰富的管理经验，我愿意把目前人力资源管理方面一些比较新的管理工具和技巧介绍给大家，然后请在座的经理也把你们工作实践中的一些好的经验拿出来分享，共同探讨适合 H 公司的绩效管理模式。今天讨论的是绩效管理的操作流程的第一个环节——绩效计划，我先把一些相关知识作个介绍……"

## 一、绩效计划的含义及其制订原则

### （一）绩效计划的含义

对绩效计划，我们可以从两个角度去理解其含义。一种是把"计划"当作一个名词，那么绩效计划就是一个关于工作目标和标准的契约；另一种是把"计划"当作一个动词，那么绩效计划就是评估者和被评估者共同沟通，对员工的工作目标和标准达成一致意见，并形成契约的过程。总的来说，绩效计划就是评估者和被评估者就被评估者应该实现的工作绩效进行沟通的过程，并将沟通的结果落实为订立正式书面协议，它是双方在明晰责、权、利的基础上签订的一个内部协议。

制订绩效计划的目的是使组织各层级都有明确的、上下一致的目标，以保证企业战略的实施和目标的实现。因此，经理和员工共同制订的目标要与组织目标相关。通常是将组织战略目标分解到各部门，再次分解落实到每一个员工。

### （二）绩效计划制订的原则

1. 价值驱动原则

要与提升公司价值和追求股东回报最大化的宗旨相一致，突出以价值创造为核心的企业文化。

2. 流程系统化原则

与战略规划、资本计划、经营预算计划、人力资源管理等管理程序紧密相连，配套使用。

3. 与公司发展战略和年度经营计划相一致原则

设定绩效计划的最终目的，是为了保证公司总体发展战略和年度生产经营目标的实现，所以在考核内容的选择和指标值的确定上，一定要紧紧围绕公司的发展目标，自上而下逐层进行分解、设计和选择。

4. 突出重点原则

员工担负的工作职责越多，所对应的相应工作成果也较多。但是在设定 KPI 时，切忌面面俱到，而是要突出关键，突出重点，选择那些与公司价值关联度较大、与职位职责结合更紧密的绩效指标，而不是整个工作过程的具体化。

5. 可行性原则

KPI 一定是员工能够控制的，要界定在员工职责和权利控制的范围之内，也就是说要与员工的工作职责和权利相一致，否则就难以实现绩效计划所要求的目标任务。同时，确定的目标要有挑战性，有一定难度，但又可实现。目标过高，无法实现，不具激励性；过低，不利于公司绩效成长。另外，在整个绩效计划制订过程中，要认真学习先进的管理经验，结合公司的实际情况，解决好实施中遇到的障碍，使 KPI 贴近实际，切实可行。

6. 全员参与原则

在绩效计划的设计过程中，一定要争取让员工、各级管理者都参与。这种参与可以使各方的潜在利益冲突暴露出来，便于通过一些政策性程序来解决这些冲突，从而确保绩效计划制订得更加科学合理。

7. 客观公正原则

要保持绩效透明性，实施公平的、跨越组织等级的绩效审核和沟通，做到系统地、客观地评估绩效。对工作性质和难度基本一致的员工的绩效标准设定，应该保持大体相同，确保考核过程公正，考核结论准确无误，奖惩兑现公平合理。

8. 综合平衡原则

绩效计划是对职位整体工作职责的唯一考核手段，因此必须要通过合理分配 KPI 完成效果评价的内容和权重，实现对职位全部重要职责的合理衡量。

9. 职位特色原则

与薪酬系统不同，绩效计划针对每个职位而设定，而薪酬体系的首要设计思想之一便是将不同职位划入有限的职级体系。因此，相似但不同的职位，其特色完全由绩效管理体系来反映。这要求绩效计划内容、形式的选择和目标的设定充分考虑到不同业务、不同部门中类似职位各自的特色和共性。

## 二、员工绩效计划

员工绩效计划制订，是指评估者和被评估者，也就是各级员工和其直接上级之间进行充分沟通，参照过去的绩效表现及公司当年的业务目标设定每个 KPI 的目标指标及挑战指标，明确 KPI 的权重，并以此作为决定被评估人浮动薪酬、奖惩、升迁的基础。同时，绩效计划还包含帮助员工设定能力发展计划，以保证员工绩效目标的实现。

### （一）员工绩效计划的要素

1. 被评估者信息

通过填写职位、工号及级别，可将绩效计划及评估表格与薪酬职级直接挂钩，便于了解被评估者在公司中的相对职级及对应的薪酬结构，有利于建立一体化人力资源管理体系。

2. 评估者信息

评估者信息便于了解被评估者的直接负责人和管理部门。通常，评估者是按业务管理权限来确定的，常常为被评估者上一级正职（或正职授权的副职）。

3. 关键职责

关键职责是设定绩效计划及评估内容的基本依据，提供查阅、调整绩效计划及评估内容的基本参照信息。

4. 计划内容

包括 KPI 与工作目标完成效果评价两大部分，用以全面衡量被评估者的重要工作成果，是绩效评估表格的主体。

5. 权重

列出按绩效计划及评估内容划分的大类权重，以体现工作的可衡量性及对公司整体绩效的影响程度，并便于查看不同职位类型在大类权重设置上的规律及一致性。

6. 指标值的设定

对 KPI 设定目标值和挑战值两类，以界定指标实际完成情况与指标所得绩效分值的对应关系。

7. 评估周期

绩效计划及评估原则上以年度为周期。针对某些特定职位，如销售人员、市场人员等，根据其职务和应完成的工作目标等具体工作特点，也可以月度或季度为评估周期，设定相应指标。

8. 能力发展计划

制订能力发展计划，是以具体技能知识的方式，将企业对个人能力的要求落实到人，让员工明了为实现其绩效指标需要发展什么样的能力，如何发展，形成持续不断、协调一致的发展道路。

## (二) 员工绩效计划的制订流程

第一步，职位工作职责界定。职位工作职责界定，主要是通过工作分析的方法，对目标职位的关键业务内容及应实现的主要工作成果，用简练而准确的语言进行书面描述。主要由人力资源部门协助公司高层管理者来完成。职位工作职责界定是设定KPI，做好绩效计划设计的前提和基础。职位职责界定完毕后，就可以开始着手为其设定 KPI 了。

第二步，确定 KPI。这一步主要是根据公司的战略及业务计划、职位工作职责的描述，为被评估者制订可衡量的、能够量化的、具有代表性的 KPI。这项工作由各级经理根据直接下级的关键职责，结合本部门（本人）的 KPI，与被考核人沟通确定被考核人的 KPI。

在指标的选取上，需遵循以下几项原则：

（1）业绩指标必须和员工的工作紧密联系，必须基于员工的职位说明书而做，坚决杜绝诸如"工作量""工作质量""工作积极性"等模棱两可的用词。

（2）业绩指标必须是员工工作内容的关键所在，数量不在多，在于其是否是关键，一个员工的工作细分起来可能有 10 项内容，甚至更多，我们不可能把所有的工作都写进去，需要做的是选取其中 3～5 项最为关键的指标，抓住员工绩效指标中的关键所在，把好钢用在刀刃上。

（3）业绩指标的制定必须符合 SMART 原则：

指标必须是具体的（Specific）；

指标必须是可以衡量的（Measurable）；

指标必须是可以达到的（Attainable）；

指标必须和其他目标具有相关性（Relevant）；

指标必须具有明确的截止期限（Time - based）。

（4）业绩指标必须是公司整体战略的分解。任何员工的业绩指标都是公司整体战略目标的分解，脱离了公司的整体战略，你所做的任何工作都是没有意义的。所以，在为员工制定 KPI 的时候，必须认真学习领会公司的整体战略，并对其做出切合实际的分解，落实到员工的绩效计划。

总的来说，在 KPI 的选择上，一定要力争做到科学合理，以发挥绩效管理的激励约束作用，最大限度地提升员工绩效水平。

第三步，指标权重分配。权重是绩效指标体系的重要组成部分，通过对每个被评估者职位性质、工作特点及对经营业务的控制和影响等因素的分析，确定每类及每项指标在整个指标体系中的重要程度，赋予相应的权重，以达到考核的科学合理。在设定各项指标权重时应注意以下问题：一些典型通用指标，如"客户满意度，员工总数，部门管理费用"等，在各部门及单位所占权重保持统一，以体现一致性。每一项的权重一般不要小于 5%，否则对综合绩效的影响太微弱。为体现各指标权重的轻重缓急的不同，指标之间的权重差异最好也控制在 5% 以上。

第四步，确定 KPI 值。绩效计划中的指标值是用来衡量考核对象工作是否达到公司期望的参照标准，是确保绩效管理体系公平客观性的关键环节。绩效指标值针对绩效计划中考核的每一项内容而设立，包括 KPI 的目标指标、挑战目标。它由评估者和被评估者双方共同商定确立。

KPI 的指标值分为两个，一是目标指标，二是挑战指标（见表 4 - 5）。

表 4 - 5 目标指标和挑战指标（举例）

| 职位 | 目标指标 | 挑战指标 |
|---|---|---|
| 打字员 | ● 速度不低于 100 字/分钟<br>● 版式、字体等符合要求<br>● 无文字及标点符号错误 | 速度超过 120 字/分钟<br>提供美观的版面设置<br>● 主动纠正原文中的文字错误 |
| 销售员 | ● 月销售额不低于 6 万元<br>● 正确介绍产品 | 月销售额超过 8 万元<br>● 对每位客户的偏好和个性进行分析，并为市场部门提供客户需求信息 |

目标指标是指正好完成公司对该职位某项工作的期望时，职位应达到的绩效指标完成标准，通常反映在正常市场环境中、正常经营管理水平下部门或单位应达到的绩效表现。目标指标的确定，可根据批准的年度计划、财务预算及职位工作计划，公司提出指导性意见，各级经理和员工共同商讨认同，按各级管理权限分别审核确认。

确定目标指标时首先可参考过去相类似指标在相同市场环境下完成的平均水平，并根据情况的变化予以调整；其次可参照一些行业指标、技术指标、监管指标、国际指标，从而确定合理的水平；再次应参考为上级职位相关指标所设定的目标值，保证下级单位对上级单位目标值的分解；最后应结合本公司战略的侧重点，服务于本公司关键经营目标的实现。目标指标的设定，侧重考虑可达到性，其完成意味着职位工作达到公司期望的水平。

挑战指标是评估者对被评估者在该项指标完成效果上的最高期望值。因此挑战性目标值的内在含义可看作是对被评估者在某项指标上完成效果的最高期望。

设定挑战性目标时，要在基本目标设定的基础上，考虑实际工作绩效是否很容易在基本目标上下有较大波动，对波动性较强的指标，应设定较高的挑战性目标；反之亦然。

理论上讲，无论是目标指标，还是挑战指标，均应由评估者和被评估者来协商确定。指标值要在听取评估者和被评估者意见后，按管理权限审定。指标值每年核定一次。指标一经确定，一般不作调整。如遇不可抗拒因素等特殊情况确需调整，由被评估者向评估者提出书面申请，并按规定程序审批。未获批准的，仍以原指标值为准。

在确定过程中，尤其要注意公平地为各职位设定指标，对相同类型的职位统一要求，尽量避免同样类型职位的指标值在相同情况下有高有低。对同样类型职位，其指标值的差异可以因自然条件、当地经营环境与企业资源多少产生，但不应由于个人能力与过去绩效水平不同产生差异。例如，不能由于某员工工作能力与管理水平高，就给其设定较高的目标值，造成对其的衡量标准高于他人，所得绩效分值低于其应得的水平。

第五步，指标检验。作为绩效计划设计结束前的关键一步，要从横向、纵向两个方面检查设计是否维持了统一的标准。从横向上，检查相同单位、职务的 KPI 设定的选择和权重的分配等标准是否统一；从纵向上，根据公司战略及业务计划、职位工作职责描述，检查各上级的考核指标是否在下属中得到了合理的承担或进一步分解，能否保证公司整体发展战略目标和业务计划的实现。

第六步，制订能力发展计划。在制订了 KPI 之后，评估者和被评估者应该就被评估者如何达到绩效目标进行讨论，确定员工应该着重发展的能力领域，以及希望实现的目标，并根据具体的目标设定相应的发展行动方案。

### 三、绩效计划的沟通

前面我们已经谈到，绩效计划的制订过程是一个双向沟通的过程。这个过程不仅是评估者向被评估者提出工作要求，还包括被评估者自发的设定工作目标。因此，非常强调员工的参与性，要求部门经理和员工之间必须进行持续沟通，可以这么说，员工参与程度的高低在很大程度上决定了绩效计划的成败。

有些管理者会认为"不就给员工定计划、下任务嘛，为什么要那么费事，任务安排下去了，员工执行就是了。再说，让员工参与进来，大家都挑肥拣瘦的，我的任务怎么完成啊？"其实，这些人忽视了绩效计划的承诺性所能带来的执行力和员工潜能的激发。在绩效计划制订的过程中，上下级是一种相对平等的关系，他们是共同在为业务单元的成功而做计划。

一般而言员工才是最了解自己所从事的工作的人，员工本人是自己的工作领域的专家，因此在制订工作的衡量标准时应该更多地发挥员工的主动性，更多地听取员工的意见。对于部门经理担心的上级任务不能得到很好的执行和对任务挑肥拣瘦的问题，完全可以通过部门经理与员工沟通的过程来说服员工接受，并转变成自己的承诺。而且，员工在得到上级尊重的时候往往也会基于尊重、感激、理解、服从的因素而接受上级安排的任务，不同的只是改变告知性的任务下达方式，变成参与性的任务下达方式而已。

## （一）沟通前的准备

1. 绩效知识和工具的准备

评估者要熟悉绩效管理操作手册的内容，并准备好相应的表单。

2. 绩效信息的准备

主要是企业、部门、个人绩效信息的收集准备。如企业的战略发展目标和计划、年度的公司经营计划、业务单元的经营或工作计划、被评估者所处部门的目标和计划、被评估者个人的职责描述、被评估者上一个绩效期间的绩效评估结果等。这些信息主要可以分为以下三种类型：

第一种是关于公司的信息。为了使被评估者的绩效计划能够与公司的目标结合在一起，评估者与被评估者将就企业的战略目标、公司的年度经营计划进行沟通，并确保双方对此没有任何歧义。因此，在进行绩效计划沟通之前，双方都需要重新回顾企业的目标，保证在绩效计划会议之前双方都已经熟悉了企业的目标。有人认为，关于整个企业的信息只要高层的部门经理了解就可以了，其实对于员工来说，了解关于企业发展战略和经营计划的信息也是非常有必要的，而且对企业信息了解越多，就越能在自己的工作目标中保持正确的方向。

第二种是关于部门的信息。每个部门的目标是根据公司的整体目标逐渐分解而来的。不但经营的指标可以分解到生产、销售等业务部门，而且对于财务、人力资源部等业务支持性部门，其工作目标也与整个公司的经营目标紧密相连。

第三种是关于被评估者个人的信息。主要有两方面的信息，一是工作描述的信息，二是上一个绩效期间的评估结果。在被评估者的工作描述中，通常规定了被评估者的主要工作职责，以工作职责为出发点设定工作目标可以保证个人的工作目标与职位的要求联系起来。工作描述需要不断的修订，在设定绩效计划之前，对工作描述进行回顾，重新思考职位存在的目的，并根据变化了的环境调整工作描述。

被评估者在每个绩效期间的工作目标通常是连续的或有关联的，因此，在制订本次绩效期间的工作目标之前有必要回顾上一个绩效期间的工作目标和评估结果。而且，在上一个绩效期间内存在的问题和有待进一步改进的方面也需要在本次的绩效计划中得到体现。

### (二) 沟通方式的选择

采取什么样的方式对绩效计划的内容进行沟通是很重要的，关系到沟通效果好坏。

绩效沟通需要考虑不同的环境因素，例如，企业文化和氛围是什么样的，员工的特点，以及所要达成的工作目标和特点。如果希望借绩效计划的机会向员工做一次动员，那么，不妨召开员工大会。如果一项工作目标与一个小组的人员都有关系，那么可以开一个小组会，在小组会上讨论关于工作目标的问题，这样有助于在完成目标时小组成员之间的协调配合，而且在小组成员合作中对可能出现的问题会及早发现并得到及时的解决。

即便是采取部门经理与员工单独交谈的方式，也需要进一步考虑交谈的程序和所采用的表达方式。有的部门经理喜欢先向员工介绍公司未来的发展前景和计划，然后再讨论员工个人的工作目标；有的部门经理则喜欢请员工谈一谈个人未来发展的想法；有的部门经理则喜欢开门见山，直接与员工谈工作。这么多种方式并没有一定哪一种就一定更好，而是要根据具体的情况来选用。

为了真正实现绩效管理的目的，即达成企业的目标并使员工个人的绩效和能力得到提高，就必须在最初的绩效计划沟通时使员工了解绩效管理的目的，了解绩效管理对自己有什么样的好处，营造一种合作的氛围。否则，员工特别容易将绩效管理的重点集中在对绩效的评估方面，容易产生担忧和敌对的情绪。

### (三) 结构化沟通过程

绩效计划的沟通过程不是千篇一律的，应根据公司和员工的具体情况而定，这里介绍的是最普遍的一种过程。

第一步，选择适宜的沟通时间和地点。首先，应该确定一个专门的时间用于绩效计划的沟通。最好是能预约时间，以便双方都做好充足的准备。其次，要选择合适的地点，适于双方安静地谈话。在沟通的时候气氛要尽可能宽松，不要给人太大的压力，把焦点集中在开会的原因和应该取得的结果上。上级主管应确保沟通全过程不被随意地取消或中断。如果能自始至终地对绩效计划沟通给以足够重视，下属自然也会慎重地对待这一过程了。

第二步，回顾有关的信息。在进行绩效计划沟通时，往往首先需要回顾一下已经准备好的各种信息，包括公司的经营计划信息、员工的工作描述和上一个绩效期间的评估结果等。

第三步，确定 KPI。在公司的经营目标基础上，每个被评估者需要设定自己的工作目标。然后针对自己的工作目标确定 KPI。KPI 的设定可以参考公司的绩效指标词典。

上级："既然我们的总体目标是把客户的等待时间减少到 3 天，那么你们部门处理订单效率的提升是第一步，也是非常关键的一步，你是怎么考虑的？"

下属："我觉得我们可以将总的时间做一下分解，看看哪几部分的时间是无法压缩的，然后再考虑对压缩的时间进行压缩。我觉得我们这里如果新的订单处理系统投入运行的话，处理单位的订单时间可以减少到原来的三分之一。"

上级："其实我们在做出减少到3天的决定之前就已经进行了测算，认为减少到3天是可能的。那么在你这里能不能确定一下从你们接到客户订单到将确认后的订单发送到商品部的时间不超过多少时间？你看定多长时间可行？"

下属："我觉得3个小时比较合理。"

上级："关于提供给商品部的信息方面，我也了解了商品部的一些要求，现在就跟你商量一下看这些要求从你们的角度可以满足吗？"

下属："我觉得如果新的订单处理系统投入使用的话，应该是可以满足的。"

上级："看来有必要与技术部进行一次沟通，抓紧完成新的订单处理系统。我想因为系统还需要一段时间调试，因此建议你们能不能和技术部、商品部一起开个会，确定一个行动的进程？"

下属："好啊，那么谁来召集这个会议呢？"

上级："这也正是我想要与你沟通的，以后我希望你们几个部门能够自己就存在的问题开会解决，必要的时候也让我听一听。不过，既然现在还没有这么做，那么这一次我来召集吧。"

第四步，讨论上级主管提供的帮助。在绩效计划沟通过程中，主管还需要了解员工在完成计划时可能遇到的困难和障碍。主管对下属遇到的困难提供可能的帮助。

上级："你看，根据这样的目标，你觉得完成它有什么困难吗？"

下属："主要是几名订单处理人员对新的操作系统还不够熟悉，需要接受培训，最好能尽快安排一次培训。"

上级："好，我会让技术部来安排。"

第五步，结束沟通。部门经理要感谢员工的参与，再次说明会议的重要性和作用，对会议的重点进行简单的总结，同时安排制作相关的文档和计划解决遗留问题的后续步骤。

讲到这里，贾博士看到品质部的林经理向他示意要发言，于是伸手做了个请的姿势。

林经理说："你刚才谈到在目标设定时，主管必须要与员工沟通，达成一致。可是实际工作中，经常是达不成一致。员工总觉得主管设计的目标值太高，可让他来报时，他报得很低，根本不符合企业要求，碰到这种情况怎么处理啊？"

"林经理这个问题提得很好，大家有什么建议？"贾博士把问题抛给大家。

"就不能听员工的。听他们的，任务肯定完不成。"销售部的杨经理首当其冲亮出自己的观点。紧接着有附和声，但也有人摇头不同意杨经理的观点。等大家讨论的声音小了，贾博士开始讲他的观点："上级主管与员工意见不一致时，怎么办？"

在制订绩效计划的过程中，上级主管要始终牢记员工参与原则是制订绩效目标的"最高原则"：凡没有双方认可的目标，不能称为"绩效目标"，也不能列入考评的对象。

然而，员工在设定目标时，常常是从自己个人的角度出发，很少会考虑到组织的战略、部门的任务。因此，难免和上级主管对目标的理解和要求发生偏差。那么，当双方就目标设置发生分歧时，上级主管应该怎么处理？这里有一些建议供参考。

情形一，如果下属将绩效目标设置得很低。

建议：

（1）调查其设置如此低的绩效目标的原因。

（2）努力找出员工认为阻碍他们做出更好成绩或早些完成绩效的障碍。

（3）与员工一道通过各种方法去克服这些障碍。

（4）如果有条件，为员工提供额外资源或更多援助以帮助他设置并实现更有挑战性的绩效目标。

（5）在仔细思考障碍和克服障碍所需的资源后，重新评估绩效目标是否真的太容易。

情形二，如果下属提出的绩效目标不符合实际。

建议：

（1）要求他对行动计划进行更详细的解释。

（2）寻找更多的信息去判断是否有些孤寂或对资源的要求过于乐观或脱离实际。

（3）探查为什么员工认为它能实现行动计划。

（4）重新考虑绩效目标是不是真的不符合实际，如果是这样，共同协商一个更符合实际的绩效目标。记得让员工知道你赞赏他完成更难绩效目标的愿望，向员工解释设置一个有挑战性但符合实际的绩效目标的重要性。

情形三，如果下属不同意某个绩效指标，但这一目标对实现组织目标有重要作用。

建议：

（1）重新表述他对情况的认识，把目标与企业的目标清楚地联系起来。

（2）表示理解，但说明你需要他接受绩效目标，目的是符合企业的需要。

（3）记住你对绩效目标负有最终责任，你有权作最后的决定。这个决定是你认可的。

## （四）建立个人绩效合约

可以用一种合约的操作方法来做好绩效计划，即把绩效计划书以与员工签订个人绩效合约的形式确定下来。通过这种形式严肃了计划的内容，把工作转化为合约的履行，强化了员工对上级的承诺，提高了绩效计划的执行力。

个人绩效合约既是一份任务书，也是作业指导书。合约中要明确5W1H：WHAT

（计划完成的事情是什么？），WHERE（在什么地方？有关部门和场所？），WHO（谁来实施？对谁活动？向谁报告？谁来跟踪？），WHY（为何要这样做？有充分的理由吗？），WHEN（什么时候开始？什么时候完成？），HOW（怎样做：需要多大的精力和代价？有更好的方法吗？部门负责人要如何帮助员工完成他的工作？如何克服障碍？是否需要新技能？如何防止问题？）。绩效合约明确地说明了月度计划内容及相应的绩效标准。通过此合约，每个人都知道自己的任务是什么，知道在期末将根据什么对他进行评估，明确自己应该为部门做哪些贡献。

在制订绩效合约的过程中，员工个人可以提出完成任务的想法、建议及遇到的困难等。这些谈话内容与结果，也将在绩效合约的专栏中给予记录。这样，有利于员工与管理层之间的反馈与沟通，调动员工的积极性，促进工作的顺利开展。

个人绩效合约一般包含五个要素：

1. 主要工作职责

实施绩效评估前，部门经理都要与员工一起做工作分析，明确分工职责。有些工作可能比较难以评估，但是决不能不评估，当一项工作被分为几部分时，评估工作就容易处理得多，被分解的职责或义务可以被逐条陈述。这些分工明确的责任就称作重要工作职责。它们不是目标，而是为明确目标做准备。每份工作可设置3～5个典型的重要职责。

2. 目标

所设定的目标要切实可行，在员工的能力范围之内，而且预期的结果也要可以测量。一个完整的目标应包含以下内容：该完成什么工作？由谁来完成工作？何时能完成工作？要用到哪些资源？花费多少？

3. 目标等级

为确定好的目标设置优先次序和等级，获得一系列阶段性目标，以确保最重要的目标首先实施。

4. 潜在障碍

合约实施过程中，各种障碍，无论是客观的或主观的都会影响到目标的实现。尽可能确认目前能预期的目标实现的障碍和克服障碍的方法至关重要。

5. 行动计划

没有行动计划，目标就是空中楼阁。有效的行动计划应该具备以下内容：实现计划必需的行动、资源和设备；与计划相关的人员；考核的阶段或时间；可行的补救措施。

## 四、绩效计划的审定和确认阶段

经过这么多步骤，到了审定绩效计划已是制订绩效计划过程的最后一步。要审定好绩效计划，应该注意以下两点：

第一，在绩效计划过程结束时，部门经理和员工应该能以同样的答案回答下列问题，以确认双方是否达成了共识。

（1）员工在本绩效期内的工作职责是什么？

（2）员工在本绩效期内所要完成的工作目标是什么？

（3）如何判断员工的工作目标完成得怎么样？

（4）员工应该在什么时候完成这些工作目标？

（5）各项工作职责以及工作目标的权重如何？哪些是最重要的，哪些是其次重要的，哪些是次要的？

（6）员工的工作绩效好坏对整个企业或特定的部门有什么影响？

（7）员工在完成工作时可以拥有哪些权力？可以得到哪些资源？

（8）员工在达到目标的过程中会遇到哪些困难和障碍？

（9）部门经理会为员工提供哪些支持和帮助？

（10）员工在绩效期内会得到哪些培训？

（11）员工在完成工作的过程中，如何去获得有关他们的工作情况的信息？

（12）在绩效期间内，部门经理将如何与员工进行沟通？

为什么一定要员工和部门经理对这些问题达成一致的意见？因为绩效计划的主要目的就是让企业中不同层次的人员对企业的目标达成一致的见解。绩效计划可以帮助企业、部门和个人朝着一个共同的目标努力，所以部门经理和员工是否能对绩效计划达成共识是问题的关键。如果所有的部门经理与员工的意见都能达成共识，企业的整体目标与全体员工的努力方向就会取得一致，这样才能在全体员工的一致努力下，共同达成企业的目标。

第二，绩效计划制订好后，应达到以下结果：

（1）员工的工作目标与企业的总体目标紧密相连，并且员工清楚地知道自己的工作目标与企业的整体目标之间的关系。

（2）员工的工作职责和描述已经按照现有的企业环境进行了修改，可以反映本绩效期内主要的工作内容。

（3）部门经理和员工对员工的主要工作任务、各项工作任务的重要程度、完成任务的标准、员工在完成任务过程中享有的权限都已经达成了共识。

（4）部门经理和员工都十分清楚在完成工作目标的过程中可能遇到的困难和障碍，并且明确部门经理所能提供的支持和帮助。

（5）形成了一个经过双方协商讨论的文档，该文档中包括员工的工作目标、实现工作目标的主要工作结果、衡量工作结果的指标和标准、各项工作所占的权重，并且部门经理和员工双方要在该文档上签字确认。

通过一天的培训，经理们都感觉很是过瘾，以前在绩效考核管理过程中的种种疑惑被逐一解开了。几位老总也很满意，这次培训对于中层管理者在今后的绩效管理和经营中是一次促进和督导。

贾博士讲了一天，嗓子有点哑了，但仍然笑容可掬，李晓把贾博士的水杯再续上水，真诚地说："您辛苦了。"

### 思考练习题

1. 绩效计划制订的原则是什么？
2. 绩效计划的制订流程是怎样的？

## 第三节　绩效实施

R公司进行部门级调整，李小白被调到人力资源部任经理一职。之前，他是客服部经理，虽然他上学时学的也是人力资源管理专业，但是扔下这么多年的知识，怕一下子拾不起来。上任前谈话时，他就跟主管说了自己的压力，但是，主管认为："你下面好几个人力资源专业的本科生，你只要指挥好他们就行了。"

李小白来到人力资源部后，为了尽快地熟悉人力资源部的工作，他先是重温了人力资源管理方面的知识，又跟各岗位的人员了解了目前人力资源工作的开展情况。之后，他采取了一个岗位技术练兵的策略。

这天，他召开部门会议，布置了两件工作：第一，每个岗位写出自己岗位的职责，当前工作开展情况，以及下一步工作的打算；第二，各岗位要选择岗位工作中的一个知识点在部门会议上与大家讲解，一来加强岗位间的了解和配合，二来考察个人岗位知识的掌握情况。

工作布置下去后，人力资源部的人员都紧张得准备起来，为此人力资源部还专门预定了培训教室。到了下一周部门例会的时候，根据抽签，第一个上台讲的是绩效管理岗的小郭，李小白看去，是一个很精神的帅小伙。小郭上台后一点也不紧张，开门见山地说："上周李总布置的工作第一项我已经完成了，第二项关于知识点的讲解，我想今天跟大家说说绩效实施方面的内容。绩效实施阶段在整个绩效管理过程中处于中间环节，也是绩效管理循环中耗时最长、最关键的一个环节，是体现管理者和员工共同完成绩效目标的关键环节，这个过程的好坏直接影响着绩效管理的成败。在这个阶段，作为评估者的上级主管主要有两个任务，一个是绩效辅导，另一个是收集数据形成考核依据。下面还是由我先来做知识分享……"

### 一、绩效辅导的开展

绩效目标设定以后，管理者的主要工作就是辅导帮助员工提高业绩操作能力，实现绩效目标。作为上级，辅导下属员工也是日常工作中最重要的职责之一，指导必须是经常性的而非一定要等到有什么问题发生的时候才开始进行。通过经常不断地指导能确保员工从一开始就把工作做正确，这样可以省去大量花在等问题产生以后再去解决的时间。同时还能确保员工的工作结果符合企业的利益和客户的期望。

## （一）辅导过程中，管理者需要做的几项工作

（1）了解员工的工作进展情况；

（2）了解员工所遇到的障碍；

（3）帮助员工清除工作的障碍；

（4）提供员工所需要的培训；

（5）提供必要的领导支持和智力帮助；

（6）将员工的工作表现反馈给员工，包括正面的和负面的。

## （二）三种常用的辅导方式

（1）具体指示：对于那些对完成工作所需的知识及能力较缺乏的员工，常常需要给予较具体指示型的指导，将做事的方法分成一步一步地传授并跟踪完成情况。

（2）方向引导：对那些具有完成工作的相关知识及技能但偶尔遇到特定的情况不知所措的员工给予适当的点拨及大方向指引。

（3）鼓励：对那些具有较完善的知识及专业化技能的人员给予一些鼓励或建议，以促动更好的效果。

## （三）辅导步骤

第一步，强调辅导的目的和重要性。用一种积极的方式来开始指导，强调员工的想法对此次讨论的意义。描述一下将要讨论的具体内容以及你为什么要讨论此项问题。

第二步，询问具体情况。利用此机会更多地收集到真实的情况。您收集的情况越具体真实，您的指导也就越有效。您可以用开放式问题来收集具体的信息，征求员工对此问题的认识及想法。最后总结一下您的理解以确认已对所有事实有清楚了解。

第三步，商议期望达成的结果。在确认事实的基础上开始商议期望达到的结果是什么。可能是下属员工需有更多的投入，改进沟通技能，或减少迟到等，确保这些理想的结果与完成已计划的绩效指标或工作目标紧密相关。双方对最终想获得的结果，有一个共同的认识是至关重要的。因为如果双方对想达到的结果意见不一致就会对为达到结果所采取的有效工作方式产生分歧。最终实现目标的是下属员工本人。

第四步，讨论可采用的解决问题的方法。在对理想结果取得一致认可的基础上，开始讨论用什么样的方法来达到目标。这是指导的关键，你可以通过询问：

（1）那你将采用什么方法来处理？

（2）如果……你将怎么办？

（3）如果……你将怎么说？

当有几种解决问题的方法时，开诚布公地讨论每种方法的利弊，尽量多地采用下属员工本人提出的方案，双方认可为达到理想的目标应采取的步骤和方法，确认双方都理解了将要采取的方法及步骤。

第五步，设定下次讨论时间。在结束讨论之前指定一个下次讨论的时间，以让下

属员工感觉到你始终关注他/她这方面的改进情况。

### （四）中期回顾

最有效的绩效反馈形式是上下级人员间的中期回顾会议，这也是绩效管理系统中设置中期回顾的根本所在，即促使上级在百忙中抽出时间来与下属员工进行绩效沟通。会议中可讨论完成绩效指标或工作目标的进展情况，讨论个人行为方式或能力表现情况，讨论一个改进绩效或改进能力的行动计划。

中期回顾的目的与平时日常工作中经常性指导是相同的。可以理解为是一次较正式的跟踪指导，提供必要的指导以确保他们能达到或超越既定的绩效指标及工作计划。绩效管理系统通常应该设置中期回顾，比如在年初计划了绩效指标或工作目标后 180 天后有一次回顾，最终年末是综合绩效评估考核。

有效地进行中期回顾是表示上级帮助下级完成绩效指标或工作目标的诚意。上级人员并非担任一种裁判的角色来判别下属是否实现目标，而是承担了教练员的角色来帮助下属成功。为了保证年度绩效考核指标的实现，经理要定期了解员工绩效计划完成情况，根据管理幅度、工作运行周期和不同指标的特点，对绩效计划指标的进展区别不同情况实行日报、月报、季报或年报，并采取工作进度汇报分析会、指导会或书面通知等方法，使这项工作制度化、规范化。

### （五）绩效计划的目标调整

一般情况下，员工个人的绩效计划目标每年核定一次。一经确定，一般不作调整。如在计划执行过程中或绩效指导过程中发觉：由于公司业务发展计划的变更，组织结构的调整，市场外部环境的重大变化，或遇到一些不可抗拒因素等非个人主观因素，绩效目标确实难以完成，需要调整的，员工可以向经理人提出书面申请，由人力资源部组织有关职能部门重新审定，并经高层管理者批准后，进行适当调整。未获批准的，仍以原指标为准。

## 二、绩效辅导的几种重要沟通方式

无论从员工的角度还是从部门经理的角度都需要在绩效实施的过程中进行持续不断的沟通，因为每个人都需要从中获得对自己有帮助的信息。

这个阶段，沟通的目的主要有两个：一个是员工汇报工作进展或就工作中遇到的障碍向主管求救，寻求帮助和解决办法。另一个是主管人员对员工的工作与目标计划之间出现的偏差进行及时纠正。

员工与管理者共同确定了工作计划和评价标准后，并不是说就不能改变了。员工在完成计划的过程中可能遇到外部障碍、能力缺陷或者其他意想不到的情况，这些情况都会影响计划的顺利完成。员工在遇到这些情况的时候应当及时与主管进行沟通，主管则要与员工共同分析问题产生的原因。如果属于外部障碍，在可能的情况下主管要尽量帮助下属排除外部障碍。如果是属于员工本身技能缺陷等问题，主管则应该提供技能上的帮助或辅导，辅导员工达成绩效目标。

同时，在这个阶段，员工有义务就工作进展情况向主管汇报。通过这种沟通，使得主管能够及时了解员工的工作进展情况。主管有责任帮助下属完成绩效目标，对员工出现的偏差进行及时纠偏，尽早找到潜在的问题以便在它们变得更复杂之前能够将其很好地解决。

沟通对主管的意义：

（1）通过沟通帮助下属提升能力。

（2）及时有效的沟通有助于主管全面了解被考核员工的工作情况、掌握工作进展信息，并有针对性地提供相应的辅导、资源。

（3）及时有效的沟通是主管能够掌握绩效评价的依据，有助于主管客观公正地评价下属的工作绩效。

（4）有效的沟通有助于提高考核工作的有效性，提高员工对绩效考核密切相关的激励机制的满意度。

沟通对员工的意义：

（1）可以在工作过程中不断得到关于自己工作绩效的反馈信息，如客户抱怨、工作不足之处或产品质量问题等信息，以便不断改进绩效、提高技能；

（2）帮助员工及时了解组织的目标调整、工作内容和工作的重要性发生的变化，便于适时变更个人目标和工作任务等；

（3）能够使员工及时得到主管相应的资源和帮助，以便更好地达成目标，当环境或任务，以及面临的困难发生变化时，不至于处于孤立无援的境地；

（4）及时有效的沟通有助于员工发现自己上一阶段工作中的不足，确立下一阶段绩效改进点；

（5）以有效沟通为基础进行绩效考评时双方共同解决问题的一个机会，是员工参与工作管理的一种形式。

有效的沟通不仅仅在于沟通的技巧，还在于沟通的方式。沟通有各种各样的方式，在绩效管理中采用的正式的沟通方式一般有书面报告、会议沟通和一对一面谈沟通等。

此外在部门经理与员工的沟通过程中，有一些平常没有引起部门经理注意的沟通方式，也就是绩效沟通中常说的"非正式沟通"，利用好了能增强沟通的效果，作为好的部门经理应该充分利用各种各样的非正式沟通的机会。非正式的沟通方式几乎无处不在，可以说除了正式的沟通方式之外的沟通都可以叫作非正式沟通，有时采用这样的非正式沟通会给部门经理带来意想不到的效果，比如在工作的间歇，在午餐时，在咖啡厅里，甚至在路上，都是进行非正式沟通的场合。

每种沟通方式都有其优点和缺点，都有其适合的情境，因此在不同的情境下选用什么样的沟通方式对你的沟通效果是非常重要的。下面具体来介绍几种沟通方式。

## （一）书面报告

书面报告是绩效管理中比较常用的一种正式沟通的方式，是员工使用文字和图表的形式向部门经理报告工作的进展情况、遇到的问题、所需支持以及计划的变更、问题分析等。

报告的形式包括五日进度表、工作日志、周报表、月报表、问题处理记录，甚至出差记录等形式。由于书面报告不要求主管和员工面对面或者将人员集中起来，因此不会对主管和员工的工作时间安排造成很大困难，尤其当员工和主管不在同一地点时定期报告制度是非常有效的沟通方式。

主管通过批阅报告，可以迅速了解员工工作状况，同时这些报告本身就是数据记录的一种形式。主管在进行评价时可以直接从报告中获得大量的信息，再进行额外的记录工作。而对员工来说，书面报告方式使得自己不得不认真思考工作中究竟存在什么问题，究竟应该如何解决这些问题等，所以无形中可以培养员工理性、系统地考虑问题，提高逻辑思维和书面表达能力。

但是由于书面报告一般仅是信息从员工到经理的单向流动，缺乏管理双方双向的交流，很容易使沟通流于形式。大量的文字处理工作也可能占用管理者大量的时间，使管理者陷入文山会海中，忽视了对现场管理的关注。因此统一设计的简明扼要的报告表格或报告很关键。

作为报告制的补充，管理者和员工的直接面谈或电话沟通等其他的非正式沟通方式也很必要。尤其当出现了复杂的或难以解决问题时。

### （二）会议沟通

鉴于书面沟通无法提供面对面的交流机会，因此会议沟通具有了不可替代的优势。会议沟通可以提供更加直接的沟通形式，而且可以满足团队交流的需要。此外，会议沟通的好处还表现在部门经理可以借开会的机会向全体下属员工传递有关企业战略目标和组织文化的信息。

会议沟通中需把握的原则：

（1）注意会议的主题和频率，针对不同的员工召开不同的会议。

（2）运用沟通的技巧形成开放的沟通氛围，不要开成批判会、训话会、一言谈、拌嘴会。

（3）合理安排时间，以不影响正常的工作为宜。

（4）在会上讨论一些共同的问题，不针对个人。

（5）鼓励员工自己组织有关的会议，邀请部门经理列席会议。

要成功进行一次有效的会议沟通，需要做好准备与组织工作。在会议之前必须进行充分的准备。如果你作为一名部门经理在员工的绩效期间内想要组织一次会议对员工的工作进展情况进行回顾，并制订下一阶段的行动计划，必须在会前做好多方面的准备。

（1）会议主题的准备：在这次会议上主要讨论哪些内容？最后要达到什么样的目标？需要哪些员工参加会议？

（2）会议程序的准备：会议将以怎样的程序进行？

（3）会议时间的准备：了解与会者可能出席的时间，并计划整个会议过程中各个阶段所需要的时间。

（4）会议场地的准备：安排好适宜的场地，并保证该场地在会议期间不会被占用或打扰。

（5）会议所需材料的准备：准备好与会议内容有关的材料，例如员工的书面报告等。如果必要，可以从员工处事先收集一些信息。

（6）准备会议中可能出现的问题：事先分析与会者的心理状态与需求，考虑他们在会议中可能会提出的问题或争议，准备好可选择的解决方案。

（7）让与会者做好准备：给予与会者必要的信息，使他们了解会议的主题，并告诉他们应该做哪些准备。这是非常必要但却容易被忽视的一个步骤，很多会议组织者都比较重视自己的准备，而忽视其他与会者的准备，其实，只有所有的与会者都做好了充分准备，会议才能取得良好的效果。

会议过程中的组织主要应注意以下一些方面的内容：在会议开始的时候，介绍会议的日程，使与会者了解会议全部的时间安排和规则。主管人员作为会议的主持人应该尽量多给员工发言的机会，力争做到真正发挥与会人员的智慧，不应将可能提出重要建议的员工从讨论中排除出去。当会议的讨论偏离主题时，主管人员应该及时将与会者的注意力拉回到与会议主题有关的内容上，不要急于在会议上立刻作出决策。注意制订会议结束后的行动计划。在即将结束会议的时候，回顾会议的全部内容，并重申会议上作出的决策，布置会议后应该做的工作。

另外，还要做好会议记录。会议记录没有必要非常详细地记下每一个细节，只需记录与主题有关的重要内容。会议记录要在会议结束后比较短的时间内发给相关的与会者。涉及会议后的行动计划内容的，要注意写明行动的责任人和完成期限。

## （三）一对一面谈沟通

部门经理与员工进行一对一的面谈沟通是绩效辅导中比较常用的一种沟通方式。

一对一面谈方式的优点主要有以下几方面。

（1）面谈的方式可以使部门经理与员工进行比较深入的沟通。

（2）面谈的信息可以保持在两个人的范围内，可以谈论比较不易公开的观点。

（3）通过面谈，会给员工一种受到尊重和重视的感觉，比较容易建立部门经理与员工之间的融洽关系。

（4）部门经理在面谈中可以根据与员工的处境和特点，"因人制宜"地给予帮助。

当然面谈沟通的方式也有一定的缺陷，例如无法进行团队的沟通，容易带有个人的感情色彩等。

在绩效实施的过程中进行面谈沟通，应该注意以下的问题。

（1）力图通过面谈使员工了解组织的目标和方向。在面谈的过程中，不仅仅停留在员工个人所做的工作上，而且要让员工知道他们个人的工作与组织的目标有什么样的联系。这样有利于使员工做出与组织目标相一致的行为。

（2）多让员工谈自己的想法和做法。部门经理应该借助面谈的机会更多地去倾听员工讲话，尽量去了解员工的真实想法，鼓励员工产生新的创意。

（3）及时纠正无效的行为和想法。部门经理倾听员工的想法，并不等于对员工听之任之。当部门经理在面谈过程中发现员工有一些无效的行为和想法时，应该及时加以纠正和制止。

（4）让员工认识到部门经理的角色。员工对部门经理在绩效管理中的角色有时会存在有偏差的看法，例如认为部门经理应该替自己作出决策，或者认为既然部门经理把目标分解给了我们，那么他们就不应该干涉我们的工作。部门经理应该通过沟通让员工认识到，在绩效管理的过程中，部门经理既不能对员工听之任之，也不能替代员工做出决策。部门经理更多起到支持者和问题解决者的作用。

## （四）走动式管理

走动式管理是指部门经理在员工工作期间不时地到员工的座位附近走动，与员工进行交流，或者解决员工提出的问题。走动式管理是比较常用的也是比较容易奏效的一种沟通方式。有的员工说："我就特别喜欢老板不时地走到我的座位上，拍一下我的肩膀，对我问上句'怎么样?'"员工往往不喜欢老板整天坐在自己的办公室里，不与自己说一句话。部门经理对员工及时的问候和关心本身并不能解决工作中的难题，但足以使员工感到压力的减轻，感到鼓舞和激励。

但部门经理应注意，在这样的走动式管理过程中不要对员工的具体的工作行为过多的干涉，不要对他们指手画脚、评头论足，否则的话会给员工一种突然袭击检查工作的感觉，使员工容易产生心理压力和逆反情绪。

## （五）开放式办公

开放式办公主要指的是部门经理的办公室随时向员工开放，只要没有客人在办公室或正在开会的时候，员工可以随时进入办公室与部门经理讨论问题。我们可以看到，许多公司中部门经理的办公室是不设门的，只是用比较高的隔板隔开，这样做的目的是便于员工随时与其进行沟通。

开放式办公比较大的一个优点就是将员工置于比较主动的位置上。员工可以选择自己愿意与部门经理沟通的时间与部门经理进行沟通，员工可以比较多的主导沟通的内容。绩效管理是部门经理和员工双方的职能，员工主动与部门经理进行沟通是他们认识到自己在绩效管理中的责任的表现。而且沟通的主动性增强也会使整个团队的氛围得到改善。

## （六）工作间歇时的沟通

部门经理还可以利用各种各样的工作间歇与员工进行沟通，例如与员工共进午餐，在喝咖啡的时候聊聊天。在工作间歇时与员工进行沟通要注意不要过多谈论比较严肃的工作问题，可以谈论一些比较轻松的话题，例如，精彩的球赛、烹饪技术、聊家常等，在轻松的话题中自然而然地引入一些工作中的问题，而且尽量让员工主动提出这些问题。

### （七）非正式的会议

非正式的会议主要包括联欢会、生日晚会等各种形式的非正式的团队活动。非正式会议也是比较好的一种沟通方式，部门经理可以在比较轻松的气氛中了解员工的工作情况和遇到的需要帮助的问题。而且，这种聚会往往以团队的形式举行，部门经理也可以借此发现团队中的一些问题。

通过以上的几种非正式沟通方式的介绍，我们会发现，非正式沟通的形式是丰富多样而且非常灵活的，不需要刻意去准备，也不容易受到时间、空间的限制。且利用非正式沟通解决问题可以非常及时，因为在问题发生时，马上就可以进行非正式的沟通，这样可以使问题高效率地得到解决，而不必等到我们计划好了时间再去解决。

对于员工来讲，无论何种形式的正式的沟通方式，都会让他们产生紧张的感觉，在表达的时候都会受到限制，很多真实的想法无法表达出来。而采用非正式的沟通方式则更容易让员工开放的表达自己的想法，沟通的气氛也更加宽松。所以说，非正式的沟通往往比较有效，因为员工特别喜欢这种方式，同时这样的非正式沟通也更容易拉近部门经理与员工之间的距离。

## 三、收集和记录绩效信息

要力图做到客观、公正的绩效评估，需要依据什么来进行呢？自然是员工的绩效信息。所以，在绩效实施与管理的过程中就一定要对被评估者的绩效表现做一些观察和记录，收集必要的信息。请注意这里用了"记录"和"收集"两个词，记录是指以部门经理为主体将有关于员工绩效的行为记录下来，收集则是指不由部门经理进行观察和记录的信息，其他人进行观察和记录，部门经理再从他们那里获取这些有关员工绩效的信息。因此，在绩效管理的实施过程中，有些人常常认为员工最忙碌，而部门经理则是把任务分派下去，自己就没有什么事情做了。其实，部门经理是有大量的事情需要做的，至少为了在绩效期满进行评估时能够拿出事实依据来，他们就会做大量的记录。

之所以要收集和记录员工的绩效信息，主要有以下几点原因。

1. 提供绩效评估的事实依据

可以说，绩效实施与管理的环节是为下一个环节——绩效评估准备信息的，在绩效实施的过程中对员工的绩效信息进行记录和收集，是为了在绩效评估中有充足的客观依据。在绩效评估时，我们将一个员工的绩效判断为"优秀""良好"或者"差"，需要一些证据作支持，也就是说我们依据什么将员工的绩效评判为"优秀""良好"或者"差"，这绝对不是凭感觉，而是要用事实说话。这些信息除了可以作为对员工的绩效进行评估的依据，也可以作为晋升、加薪等人事决策的依据。

### 2. 提供改进绩效的事实依据

我们进行绩效管理的目的是解决问题、改进和提高员工的绩效和工作能力，但解决问题必须要知道两件事，即存在什么问题和是什么原因引起了这个问题。假设当我们笼统地对员工说"你在这方面做得不够好"和"你在这方面还可以做得更好一些"时，员工可能不会在意，更不清楚如何改进。这时，我们应该结合具体的事实向员工说明其目前的差距、需要如何改进和提高。例如，部门经理认为一个员工在对待客户的方式上有待改进，他就可以举出员工的一个具体事例来说明。"我们发现你对待客户非常热情主动，这很好，但是客户选择哪种方式的服务应该由他们自己作出决定，这是他们自己的权利。我发现你在向客户介绍服务时，总是替客户作决定，比如上次……我觉得这样做不太妥当，你看呢？"这样，就会让员工清楚地看到自己存在的问题，有利于他们的改进和提高。不仅指出员工有待改进的方面需要提供事实依据，即便是表扬员工时也需要就事论事，而不是简单地指出"你做得不错"。

### 3. 发现绩效问题和优秀绩效的原因

对绩效信息的记录和收集还可以使我们积累一定的突出绩效表现的关键事件，例如，记录绩效突出好的员工的一些工作表现和绩效突出差的员工的一些工作表现，可以帮助我们发现优秀绩效背后的原因，然后可以利用这些信息帮助其他员工提高绩效，使他们以优秀员工为基准，把工作做得更好。或者可以发现绩效不良背后的原因，是工作态度的问题还是工作方法的问题，这样有助于对症下药改进绩效。

### 4. 在争议仲裁中的利益保护

保留翔实的员工绩效表现记录也是为了在发生争议时有事实依据。一旦员工对绩效评估和人事决策产生争议时，就可以利用这些记录在案的事实依据作为仲裁的信息来源。这些记录一方面可以保护公司的利益，另一方面也可以保护当事员工的利益。

## （一）数据收集的程序

人力资源部于每个月末或季度末给有关职能部门或下一级单位人力资源部下达书面通知，对数据收集提出具体要求，于每个月或季度末将员工绩效计划完成情况数据报有关业务管理部门审核，然后报人力资源部。

### 1. 数据收集的角色分配

人力资源部负责组织数据收集并汇总；职能部门或相关业务部门负责业务指标的审计确认，保证数据的真实可靠，最后将审定后数据报人力资源部。

### 2. 收集信息的三种方法

收集绩效信息是一项非常重要的工作。尽管数据收集需要时间和精力，但一旦你掌握了一定的方法和技术，你每天只要花5～10分钟时间即可，通常采用观察法、工作记录法或他人反馈法等来系统地收集与绩效有关的信息。

（1）观察法。是指主管人员直接观察员工在工作中的表现，并记录员工的表现。例如，一个主管人员多次看到员工上班时间打私人电话，或者看到一个员工在热情地帮助客户解决问题，等等，这些就是通过直接观察得到的信息。

（2）工作记录法。员工的某些工作目标完成情况是通过工作记录体现出来的。例如，财务数据中体现出来的销售额数量、客户记录表格中记录下来的业务员拜访大客户的情况，等等。这些都是日常工作记录中体现出来的员工绩效情况。

（3）他人反馈法。当员工的某些工作绩效无法通过直接观察，或者缺乏日常的工作记录，这时可以采用他人反馈的信息。一般来说，当员工的工作是为他人提供服务时或者与他人产生联系时，就可以从员工提供服务的对象或产生联系的对象那里得到有关的信息。例如，对于从事客户服务工作的员工，主管人员可以通过发放客户满意度调查表或与客户进行电话访谈的方式了解员工的绩效；对于公司内部的行政后勤等服务性部门的人员，也可以向其提供服务的其他部门人员那里了解信息。

3. 收集信息应注意的细节

无论采用何种方法进行绩效信息的收集和记录，我们都应该注意下面的一些细节：

（1）让员工参与收集信息的过程。作为部门经理，不可能每天八小时地盯着一个员工观察，因此部门经理通过观察得到的信息可能不完全或者具有偶然性。那么，教会员工自己做工作的记录则是解决这一问题的一个比较好的方法。员工都不希望部门经理拿着一个小本子，一旦发现自己犯了错误就记录下来，或者将错误攒在一起到绩效评估的时候一起算账。我们需要反复强调的一个观点就是，绩效管理是部门经理和员工双方共同的责任。因此，员工参与到绩效数据收集的过程中来就是体现员工责任的一个方面。而且，员工自己记录的绩效信息比较全面，部门经理拿着员工自己收集的绩效信息与他们进行沟通的时候，他们也更容易接受这些事实。

但值得注意的是，员工在做工作记录和收集绩效信息的时候往往会存在有选择性地记录和收集的情况。有的员工倾向于报喜不报忧，他们提供的绩效信息中体现成就的会比较多，而对于自己没有做好的事情，则持回避态度。所以，当部门经理要求员工收集工作信息时，一定要非常明确地告诉他们收集哪些信息，最好采用结构化的方式，将员工选择性收集信息的程度降到最小。

（2）要注意有目的地收集信息。收集绩效信息之前，一定要弄清楚为什么要收集这些信息。有些工作没有必要收集过多的过程中信息，只需要关注结果就可以了，那么就不必费尽心思去收集那些过程中的信息。如果收集来的信息最后发现并没有什么用途而被置之不理，那这将是对人力、物力和时间的极大浪费。

（3）可以采用抽样的方法收集信息。既然不可能一天八小时一动不动的监控员工的工作，那么不妨采用抽样的方式。所谓抽样，就是从一个员工全部的工作行为中抽取一部分工作行为作出记录。这些抽取出来的工作行为就被称为是一个样本。抽样关键是要注意样本代表性。常用的抽样方法有固定间隔抽样法、随机抽样法、分层抽样法等。

固定间隔抽样就是每隔一定的数量抽取一个样本。例如，每五个产品抽取一个进行抽查；每隔30分钟抽取客户服务热线接线生的一个电话进行监听。这种抽样的方法比较固定，容易操作，但也容易让被评估者发现规律，故意表现出某些服从标准的行为。

随机抽样的方法就是不固定间距的抽取样本。这种方法不易让被评估者发现规律。例如，每一个小时中监听一个电话，但并不固定是哪个电话。在有的情况下，可以利用随机数表选择抽取的样本。

分层抽样法则是按照样本的各种特性进行匹配抽样的方法。这种方法可以比较好地保证样本覆盖率。例如，在进行客户满意度调查的时候，到底选取哪些客户作为调查的对象呢？这时就可以把客户的年龄、性别、学历、收入状况、职业的因素作为匹配因素，保证不同年龄、性别、学历、收入、职业的客户都能被调查，这样得到的信息才会比较有代表性。

（4）要把事实与推测区分开来。收集的绩效信息应是事实的汇总，而不应收集对事实的推测。我们通过观察可以看到某些行为，而行为背后的动机和情感则是通过推测得出的。比如"他的情绪容易激动"，这是对事实的推断得出来的，事实可能就是这样，因为"他与客户打电话时声音越来越高，而且用了一些激烈的言辞"。部门经理与员工进行绩效沟通的时候，也应是基于事实的信息，而不是推测得出的信息。

（5）做好书面文档保留和确认。在绩效信息的收集和记录过程中，部门经理不但要注意观察员工的行为表现，而且还要及时形成书面文档，要注意保留与员工沟通的结果记录，必要的时候，请员工签字认可，以避免在绩效评估的时候出现意见的分歧。做书面文档的一个最大的好处是使绩效评估时不出现意外，使评估的结果有据可查，更加公平、公正。

## （二）KPI 的数据收集方式

人力资源部于每季度末下达一次收集通知，组织各级部门上报一次 KPI 的完成情况。

（1）财务类和市场类 KPI 数据，一般由本单位综合职能部门和业务部门负责提供。

（2）内部营运类和学习发展类 KPI 数据，由相关部门提供，或采取问卷、测评等方法获取。对于那些需要采取问卷、测评等方法才能获取的指标，如客户服务满意度、职工队伍稳定等采集难度比较大、成本比较高，可视其重要性或工作需要适当减少采集的频率。

## （三）数据收集过程中应注意的问题

为保证数据采集结果的真实性和可靠性，对上报的考核指标数据必须经过严格审查、审计，也可采取个别谈话、征求客户意见、审查工作报告、调阅有关材料和数据、听取监督部门意见等方式，对所采集的数据进行核查，发现数据与事实不符或有舞弊行为的，要及时采取措施予以更正。需要平衡调整的，按程序报批。对出现的虚报浮夸、弄虚作假等问题要及时进行调查核实，凡情况属实的，要采取果断措施，及时予以纠正处理。

"我要讲的知识点就到这里，不足的地方请大家批评指正。今后还需要各岗位的鼎力协助，谢谢大家！"小郭走下讲台。大家报以热烈的掌声。

在部门岗位练兵的过程中，不仅让李小白了解了各岗位的工作，了解了人力资源管理方面的知识，更让他熟悉和了解了人力资源部各岗位人员的工作状态和个人能力，他觉得这招用对了。

**思考练习题**

1. 绩效辅导有哪些沟通方式？
2. 如何收集和记录绩效信息？

# 第四节　绩效评估与反馈

每个周六上午是 W 公司中层管理者固定的集中学习时间，总经理室成员也参加。学习的内容主要是各部门经理轮讲，可以讲一个新颖的知识点，也可以讲读书心得，还可以讲工作方面的内容。这个固定学习的习惯已经坚持了一年多，大家都觉得这种形式很不错，既进行了学习交流，又加强了部门间的沟通与合作。

这次轮到人力资源部吴经理讲了，他早就做好了准备，他把要讲的内容也提前跟主管总做了汇报，得到主管总的支持。

周六上午，吴经理早早来到会议室，拷过 PPT（演示文件），人就来齐了。由于老总们都参加这个学习，哪一个中层也不敢请假，都早早地来到会议室。吴经理想，这种学习形式真好，有些工作很容易就沟通和布置了。

看见老总们都坐好，他环顾全场，开始了他的讲解。

"大家好，今天这次学习，由人力资源部来跟大家交流。大家知道，公司自实行绩效考核制度以来，收到了良好的效果，起到了激励员工的作用，在绩效管理的过程中，绩效评估、反馈与改进的过程也是非常重要的，所以，今天咱们就来探讨一下这方面的内容。绩效评估，大家可能对这个内容不陌生。昨天，还有同事跟我说，绩效评估有什么好培训的，不就是按照考核表，给员工打分嘛。其实，没有这么简单。以往在座的经理们都给员工打过分，但是大家有没有想过：分数打出来是否科学有效？是否没有大的争议？是否让员工心服口服呢？"说到这，吴经理停顿了一下，看看大家的反应，"从咱们公司过去的考核工作情况，关于绩效评估的结果，争议并非不存在，员工就分数问题和部门经理争吵的事情也发生过。为什么会这样？从绩效评估这个环节来看，评估者的来源、评估误差以及评估方法的选择不当是主要问题。下面我们主要针对这些内容来探讨……"

## 一、评估的实施者

要想使评估有效进行，必须确定好由谁来实施评估，也就是确定好评估者与被评估者的关系。通常来说，获得不同的绩效指标的信息需要从不同的主体处获得。应该让对某个绩效指标最有发言权的主体对该绩效指标进行评价。评估关系与管理关系保持一致是一种有效的方式，因为直接上级对被评估者的绩效最有发言权。当然，直接上级也不可能得到被评估者的全部绩效指标，还需要从其他方面获得信息。

有些企业将直接上级、同事、被评估者本人、下属、客户同时纳入评估行列，也即目前较为热门的 360 度评估。360 度评估确实不失为减少评估中偏误，提高评估的准确性的好方法。但是 360 度评估的过程比较复杂，所引起的资源耗费也比较大；对于有些企业或有些岗位，实施 360 度评估有一定的难度，特别是让参与评估积极性不高的外部客户参与评估有较大的难度。不过应该尽量做到评估者多元化，以减少由直接上级一人进行评估而造成偏误。

在实行评估者多元化时，有必要聘请外界人事专家或专门评估机构帮助企业评估员工，外界人事专家或专门评估机构有专门的技术和经验，并且无个人利害关系，所以产生偏误的可能性较小。聘请专家或专门机构参与评估的缺点是成本较高，专家或专门的评估机构对被评估的专业可能不在行。

在选择评估者时，有三个方面的要求：

（1）评价者应该有足够长的时间和足够多的机会来观察员工的工作情况。

（2）评价者有能力将观察结果转化为有用的评价信息，并且能够最小化绩效评价系统可能出现的偏差。

（3）评价者有动力提供真实的员工业绩评价结果。

1. 评估者候选人之一：直接上级

直接上级对员工的行为是否符合组织的期望以及工作目标完成的情况最有发言权，而且评估下属的绩效也是每个管理者不可推卸的责任。此外，上级还对员工的成长与发展负有责任，在评估下属的绩效的同时也为制定下属的培训发展计划打下了基础。局限在于并非员工所有的工作活动都暴露在上级的视线内，员工很多时候是在独立工作，或者在与其他人打交道，因此上级对员工绩效的了解也是有限的。上级对员工的评估有时也可能不够公正，这可能是由于上级往往是一些重要的人事决策，如加薪、奖金发放、职位变动等的主要决定者，因此有时可能会更多考虑在部门内部的平衡，另外上级在与员工交往的过程中也可能形成某些偏见。

2. 评估者候选人之二：同事

同事通常是员工在工作中合作机会最多的人，因此同事最适合评估的是员工的合作精神。同事有很多机会观察被评估者，对其工作态度、工作能力等很多方面都可以做出客观的评估，同事参与到对员工的评估中本身就是对员工工作表现的一种促进，员工知道自己将要被别人观察和评估时，往往会付出更多的努力。同事评估有时会受到个人情感因素、关系因素等影响而带有主观性，或者碍于面子都给出不错的评价，不愿指出别人的缺点和不足。另外，如果一个部门中员工人数较多，每个人都对其他人进行评估时，操作起来比较麻烦。

3. 评估者候选人之三：下属

如果一个被评估者的大部分工作都是在领导的直接管理下开展的，那么下属对其管理有效性的评估将是非常有必要的，下属比较适合评估上级领导的艺术和管理行为、公正性等方面。在一个缺乏开放、民主的组织文化的企业中，下属在评估上级的时候可能会有所保留，害怕被报复、给小鞋穿而不敢指出上级的缺点。因此，评估最好采用匿名形式。

4. 评估者候选人之四：客户

有些员工的工作产出是直接提供给客户的，那么客户对该员工所提供的工作产出是否满意以及对该员工在与客户打交道时的行为表现是否满意，对被评估者和整个组织是非常重要的。但是，有时客户提出的要求也不一定完全合理，当客户不合理的要求被员工拒绝时，客户可能会由于情感因素而对员工作出负面评估；有时员工牺牲组织利益满足了客户的需求，客户的满意度较高但是却使组织的利益受到损害。

5. 评估者候选人之五：被评估者自己

使用自我评估的方法，好在提升员工自我意识，使员工更好地认识到自己的优点和不足，同时还有助于发现员工在自我认识和对绩效评估认识上的问题，以及识别出员工自身的培训和发展需求。

在以上众多的候选人中，直接上级和被评估者自己入选评估者名单的概率最高。目前大多数企业采用的是上级评估和员工评估相结合的方式。也就是说，首先让员工进行自我评估，然后上级主管再进行评估，最后的评估结果，由被评估者和上级主管进行沟通确定，并在评估表上签字。

在实行评估者多元化时，要选择对被评估者情况最为了解的几个评估者，需要注意的是不同的评估者的评估结果应赋予不同的权重系数，然后加权平均各评估者的评估结果。一般情况下，直接上级最熟悉自己下属的工作，而且对评估的内容通常也较为熟悉，并且有机会观察他们的工作情况，比较了解他们的工作能力和工作态度，所以在实行多元评估时直接上级一般都被赋予较高的权重系数。

## 二、减少绩效评估的误差

一个好的绩效评估系统确实有助于提高管理者的决策水平，改善企业员工的工作绩效和职业素质，提高企业的绩效水平和管理水平，促进企业战略的实施和目标的实现。但在现实中即使有一套良好的绩效评估系统，却往往因为评估者造成的偏误，影响了绩效评估的公正性，严重地削弱了绩效评估应起的作用。因此，评估者在做绩效评估时要时时提醒自己避免一些不好的倾向。此外，绩效评估的组织者也要充分认识到绩效评估中存在的误差，并进行及时纠正。

1. 对评价标准的理解误差

由于评估者对考评指标的理解的差异而造成的误差。同样的标准，但不同的评估者对这些标准的理解会有偏差，同一个员工，对于某项相同的工作，甲评估者可能会选"良"，乙评估者可能会选"合格"。

解决办法：修改考评内容，让考评内容更加明晰，使能够量化的尽可能量化。这样可以让评估者更加准确的进行考评；避免让不同的评估者对相同职务的员工进行考评，尽可能让同一名评估者进行考评，员工之间的考评结果就具有了可比性；避免对不同职务的员工考评结果进行比较，因为不同职务的评估者不同，所以不同职务之间的比较可靠性较差。

2. 光环效应误差

当一个人有一个显著的优点的时候，人们会误以为他在其他方面也有同样的优点。这就是光环效应。在考评中也是如此，比如，被评估者工作非常积极主动，评估者可能会误以为他的工作业绩也非常优秀，从而给被评估者较高的评价。

解决办法：在进行考评时，被评估者应该将所有评估者的同一项考评内容同时考评，而不要以人为单位进行考评，这样可以有效防止光环效应。

3. 趋中误差

评估者倾向于将被评估者的考评结果放置在中间的位置，就会产生趋中误差。这主要是由于评估者害怕承担责任或对被评估者不熟悉所造成的。

解决办法：在考评前，对评估者进行必要的绩效考评培训，消除评估者的后顾之忧，同时避免让与被评估者不熟悉的评估者进行考评，可以有效防止趋中误差。

4. 近期误差

由于人们对最近发生的事情记忆深刻，而对以前发生的事情印象浅显，所以容易产生近期误差。评估者往往会用被评估者近一个月的表现来评判一个季度的表现，从而产生误差。

解决办法：评估者每月进行一次当月考评记录，在每季度进行正式的考评时，参考月度考评记录来得出正确考评结果。

5. 个人偏见误差

评估者喜欢或不喜欢（熟悉或不熟悉）被评估者，都会对被评估者的考评结果产生影响。评估者往往会给自己喜欢（或熟悉）的人较高的评价，而对自己不喜欢（或不熟悉）的人给予较低的评价，这就是个人偏见误差。

解决办法：采取小组评价或员工互评的方法可以有效的防止个人偏见误差。

6. 压力误差

当评估者了解到本次考评的结果会与被评估者的薪酬或职务变更有直接的关系，或者惧怕在考评沟通时受到被评估者的责难，鉴于上述压力，评估者可能会做出偏高的考评。

解决办法：一方面，要注意对考评结果的用途进行保密，另一方面，在考评培训时让评估者掌握考评沟通的技巧。如果评估者不适合进行考评沟通，可以让人力资源部门代为进行。

7. 完美主义误差

评估者可能是一位完美主义者，他往往放大被评估者的缺点，从而对被评估者进行了较低的评价，造成了完美主义误差。

解决办法：首先要向评估者讲明考评的原则和工作方法，另外可以增加员工自评，与评估者考评进行比较。如果差异过大，应该对该项考评进行认真分析，看是否出现了完美主义误差。

8. 自我比较误差

评估者不自觉地将被评估者与自己进行比较，以自己作为衡量被评估者的标准，这样就会产生自我比较误差。

解决办法：将考核内容和考核标准细化和明确，并要求评估者严格按照考评要求进行考评。

9. 盲点误差

评估者由于自己有某种缺点，而无法看出被评估者也有同样的缺点，这就造成了盲点误差。

解决办法：同上面自我比较误差的解决方法一样。

## 三、绩效评估方法的比较和选择

评估方法按其发展的顺序一般可分为原因方式、体系方式和行为方式三种。原因方式是用非正式的判断来评判个人的特质与工作绩效的关系，现在几乎所有的企业都已经舍弃了这种方法，只将特质评估应用于员工个人发展的自我诊断上。系统方式是按既定的计划，定时地按照特定的形式对下属加以评估，这种方式对于所有的人员都是采用同一种标准，因此可以横向比较其结果，而过程的记录也可以对一些如升迁、加薪、解雇等人事决策提供更有力的情报，同时员工也可以通过评估的结果，了解到上级对他的要求，进而引导和激励员工改进其工作绩效。行为方式最重要的特点是由上级与下属共同建立目标，而不是完全由上级所指定，评估时所重视的是被评估者的贡献，而不是个人的特质。

下面具体来介绍三类评估方法：比较法、行为法、结果法。

1. 比较法

比较法主要是要求评价者拿一个人的绩效去与其他的人进行比较。当绩效管理系统的目标主要是为了区分员工的绩效的时候，那么，绩效衡量的比较法无疑是一种有效的工具。具体方法有排序法、强制分布法、成对比较法。

（1）排序法，有简单排序法和交错排序法两种。在实行简单排序法的情况下，评价者将员工按照工作的总体情况从最好到最差进行排序。

交错排序法是简单排序法的一个变形。评价者在所有需要评价的员工中首先选出最好的员工，然后选出最差的员工，将他们分别列为第一名和最后一名；然后在余下的员工中再选择出最好的员工作为整个序列的第二名，选择出最差的员工作为整个序列的倒数第二名；依此类推，直到将所有员工排列完毕，就可以得到对所有员工的一个完整的排序。

（2）强制分布法，为了避免由于大多数员工都得到比较高的等级而没有真正把绩效优秀的员工区分出来，于是对各个等级的人数比例作出限制。一般来说，各个等级的比例分布应该是接近正态分布的。例如，有五个等级"优秀""良好""合格""略有不足""急需改进"，按强迫分布法设定的比例为 5％、20％、50％、20％、5％。

强迫分布法的比例规定只是一个对总体比例的控制，具体到各个部门，可以有一定的上下浮动。例如，有的部门可能只有几个人，很难要求他们严格地按照比例分布来评定。另外，如果部门的业绩完成情况较好时，部门内员工被评定为较高的绩效等级的比例相对比较高。

相反，如果部门整体的业绩完成情况不好时，那么部门内部的员工被评定为较高绩效等级的比例相对比较低。

（3）成对比较法，对评价者根据某一标准，将每一员工与其他员工进行逐一比较，并将每一次比较中的优胜者（用"＋"表示）选出，最后，根据每一员工净胜次数的多少进行排序。

2. 行为法

行为法是一种试图对员工为有效完成工作所必须表现出来的行为进行界定的绩效管理方法，是一种非常有效的绩效评价方法。第一，它可以将公司的战略与执行这种战略所必需的某些特定的行为类型联系在一起。第二，它能够向员工提供关于公司对于他们的绩效期望的特定指导以及信息反馈。第三，大多数行为法的技术都依赖深度的工作分析，因此被界定出来以及被衡量的行为都是很有效的。第四，由于使用这一系统的人也参与该系统的开发和设计，因此其可接受性通常也很高。第五，由于要对评价者进行大量的培训投资，因此这些技术也是相当可靠的。

（1）关键事件法

关键事件法是客观评价体系中最简单的一种形式。在应用这种评价方法时，负责评价的主管人员把员工在完成工作任务时所表现出来的特别有效的行为和特别无效的行为记录下来，形成一份书面报告。评价者在对员工的优点、缺点和潜在能力进行评论的基础上提出改进工作绩效意见（见表 4-6）。

表 4-6　　　　　运用关键事件法对工厂助理管理员进行绩效评估

| 负有的职责 | 目标 | 关键事件 |
| --- | --- | --- |
| 安排工厂的生产计划 | 充分利用工厂中的人员和机器；及时发布各种指令 | 为工厂建立了新的生产计划系统；上个月的指令延误率降低了 10％；上个月提高机器利用率 20％ |
| 监督原材料采购和库存控制 | 在保证充足的原材料供应前提下，使原材料的库存成本降低到最小 | 上个月使原材料库存成本上升了 15％；"A"部件和"B"部件的订购富余了 20％；而"C"部件的订购却短缺了 30％ |
| 监督机器的维修保养 | 不出现因机器故障而造成的停产 | 为工厂建立了一套新的机器维护和保养系统；由于及时发现机器部件故障而阻止了机器的损坏 |

（2）行为锚定等级评价法

行为锚定等级评价法是一种将同一职务工作可能发生的各种典型行为进行评分度量，建立一个锚定评分表，以此为依据，对员工工作中的实际行为进行测评级分的考评办法（见表4-7）。行为锚定等级评价法实质上是把关键事件法与评级量表法结合起来，兼具两者之长。

表4-7　　　　　　　　　部门经理工作活动的组织能力行为锚定评价表

| 等级 | 关键事件 |
|---|---|
| 9 | 有计划地工作，周密地组织，以发挥每个人的潜力，能认真履行自己的职责 |
| 8 | 虽说他还提出了另一个项目的方案，但他仍能认真准备 |
| 7 | 实施目前的项目能按期提出报告 |
| 6 | 如果说到期仍有其他报告也要上交，就有可能不认真履行职责，降低本报告的水平，匆匆完成 |
| 5 | 对大部分工作能周密组织，具有计划性，但通常忽略细节问题 |
| 4 | 因为承担了过多活动的责任，所以考评结果可能不反映其能力水平 |
| 3 | 会议常常迟到，虽说在同样情况下，在别人看来，准时到达并不困难 |
| 2 | 缺少计划性，虽说工作很努力，但常超期完成任务，方法也无章可循 |
| 1 | 从未制定过工作期限，未给予足够重视 |

（3）行为观察评价法

行为观察评价法是行为锚定等级评价法的一种变异形式。与行为锚定等级评价法一样，行为观察评价法也是从关键事件中发展而来的一种绩效评价方法。

行为观察评价法与行为锚定等级评价法在两个基本方面有所不同。首先，行为观察评价法并不剔除那些不能代表有效绩效和无效绩效的大量非关键行为。其次，行为观察评价法并不是要评价哪一种行为最好地反映了员工的绩效，而是要求管理者对员工在评价期内表现出来的每一种行为的频率进行评价。

3. 结果法

结果法是一种能将员工的绩效结果与企业的战略和目标联系在一起的评价方法。由于它所依赖的是客观的、可以量化的绩效指标，因而能够将主观性减少到最低限度。这样，它对于管理者和员工双方来说都是极容易被接受的。但缺点是，即使是客观绩效衡量有时也会受到影响或存在缺失。

（1）目标管理法

目标管理法是员工与上司协商制订个人目标（比如，生产成本、销售收入、质量标准、利润等），然后以这些目标作为对员工评估的基础。

为使目标管理法取得成功，企业应该将目标管理计划看成是管理体系的一个组成部分，而不单单是经理人员工作的附加部分。经理人员必须将制定目标的权力下放给员工，给员工自行决断的自由。以下几点提示可能会有所帮助。

①经理人员和员工必须愿意一起制订目标。

②目标应该是长期和短期并存，且可量化和可测量。

③预期的结果必须在员工的控制之中，因为我们先前曾提及可能会有标准被影响的情况。

④目标必须在每一个层次（高级管理人员、经理人员和员工）上保持一致。

⑤经理人员和员工必须留出特定的时间来对目标进行回顾和评估。

（2）生产率衡量与评价系统法

生产率衡量与评价系统法的主要目标是激励员工向着更高的生产率水平前进。它是一种对生产率进行衡量以及向全体员工提供反馈信息的手段。

生产率衡量与评价系统法主要包括四个步骤：第一，企业中的人共同确定企业希望达到什么样的产出以及执行或达成何种系列活动或目标。第二，大家一起来界定代表产出的指标有哪些。第三，大家共同来确定所有绩效指标的总量联系的各种总体绩效水平。第四，建立一套反馈系统，来向员工和工作群体提供关于他们在每一个指标上所得到的特定绩效水平的信息。第五，总体的生产率分数可以在对每一指标上的有效得分进行加总计算的基础上获得。

绩效管理作为当今人力资源管理的研究热点，发展非常的迅速，在传统的评估方法上派生出了很多新方法、新理念，但是万变不离其宗，最重要的还是要对这些传统的评估方法有一个全面的认识，不要小看这些方法，如果不能充分理解这些评估方法的优缺点，就很难在实际运用中扬长避短。

虽然绩效评估的方法有很多，但是一个好的评估方法必须具有较高的客观性和区分性，这就要求企业要根据实际情况进行选择和运用。在实践中，大多数企业通常是将几种工作评估工具综合使用。如采用目标管理法和行为锚定评估法对工作目标和行为目标进行界定，在部门经理进行评估时，又有强制分布法进行约束与规范，最后在评语部分要求采用关键事件法，对员工工作过程中的行为进行说明。

## 四、绩效反馈

"刚才我们讨论了绩效评估的操作流程。评估结果出来后，接下来还有一项非常重要的工作要做，这就是绩效反馈面谈。有些部门经理可能会想，面谈不就是找下属谈话嘛，都是平常很熟悉的下属，自己最拿手了，有什么难的啊？其实不然，谈什么，怎么谈还是有很多技巧的。我们先来看一段录像。看看这里面的经理在面谈中出现了哪些问题。"

（播放录像）

经理："小王，有时间吗？"

员工："什么事儿，经理？"

经理："想和你谈谈，关于你年终绩效的事情。"

员工："现在？要多长时间？"

经理："嗯……就一小会儿，我9点还有个重要的会议。哎，你也知道，年终大家都很忙，我也不想浪费你的时间。可是 HR 部门总给我们添麻烦，总要求我们这样那样的。"

员工："……"

经理："那我们就开始吧，我一贯强调效率。"

于是员工就在经理放满文件的办公桌的对面，不知所措地坐下来。

经理："小王，今年你的业绩总的来说还过得去，但和其他同事比起来还差了许多，但你是我的老部下了，我还是很了解你的，所以我给你的综合评价是 3 分，怎么样？"

员工："经理，今年的很多事情你都知道的，我认为我自己还是做得不错的，年初安排到我手里的任务我都完成了呀，另外我还帮助其他的同事做了很多的工作……"

经理："年初是年初，你也知道公司现在的发展速度，在半年前部门就接到新的市场任务，我也对大家做了宣布的，结果到了年底，我们的新任务还差一大截没完成，我的压力也很大啊！"

员工："可是你也没调整我们的目标啊？"

这时候，秘书直接走进来说，"经理，大家都在会议室里等你呢！"

经理："好了，好了，小王，写目标计划什么的都是 HR 部门要求的，他们哪里懂公司的业务。现在我们都是计划赶不上变化，他们只是要求你的表格填得完整、好看，而且，他们还对每个部门分派了指标。其实大家都不容易，再说了，你的工资也不错，你看小张，他的基本工资比你低，工作却比你做得好，所以我想你心理应该平衡了吧。明年你要是做得好，我相信我会让你满意的。好了，我现在很忙，下次我们再聊。"

员工："可是经理，去年年底评估的时候你答应……"

经理不再理会员工，匆匆地和秘书离开了自己的办公室。

（录像播放结束）

吴经理："这个面谈是不成功的，哪位同事能谈谈，问题出在哪里？"

坐在前排的品质部林经理说："我看有两点，一是面谈时间没有提前预约，二是目标的设定和调整没有经过协商。"吴经理点点头，然后看着其他人："还有吗？"

"我感觉这个经理在评估时没有数据和资料支持，给员工 3 分，3 分怎么来的？主观性太强了。"生产部的李经理补充了一句。

看到大家不再低声议论，都等着他来说，吴经理总结道："正如大家看到的，由于经理缺乏准备，所谈内容缺乏根据，面谈流于形式，没有达到应有的效果。不难看出，这个谈话之所以不成功，主要存在这样几个问题：一是考核的着眼点是关注过去，不重将来；二是针对人，评价性格；三是气氛严肃；四是感到突然；五是缺乏资料、数据的支持；六是凭主观印象；七是单向沟通。等等。做个比较，咱们接下来再看一段录像。"

（播放录像）

经理："小王，今天咱们花 1 个小时左右的时间来对你这一年中的绩效情况做一个回顾。在开始之前，我想还是请你自己谈一谈我们做绩效评价工作的目的是什么？看看你是怎么理解的，看看我们的理解是否有不一致的地方。好，你先谈吧！"

员工："我自己是这么理解的，不知道对不对？我认为绩效评价主要是为了发现我自己在哪些方面做得好，哪些地方做得不够好，今后还需要加强，我觉得这对我今后的工作很有帮助。"

经理："你说的基本正确。做绩效评价一方面是为了肯定你的成绩和优点，并对你的业绩给予实事求是的回报；另一方面，也是为了找出你的差距和今后进一步发展的空间。通过业绩的评定，我可以发现今后如何为你的发展创造条件以及如何利用你的优势为组织作出更大的贡献。

既然我们的出发点都是一样的，那么下面我们来看一看这次绩效评估的评分标准，我们必须首先对打分的标准有一致的意见，才谈得上讨论后面对每一个项目的打分。

我们的打分标准是分成A、B、C、D、E五个等级。C等就是合格的标准，会有比较多的人在这个等级上，而做得比较好、优良就是B等，只有极少数的能达到A等，那真是特别出类拔萃的。"

员工："我在有的项目上可能给自己打分高了。"

经理："好，那我们就来逐项的讨论一下吧。你先说一下自己的每项工作完成得怎么样，给自己打分的依据是什么？"

员工："我的第一项工作目标是完善大客户管理规范，我觉得我这项工作完成得很好，在规定的时间之前就完成了，而且有了这个规范，现在的大客户管理比以前顺畅多了。所以我给自己打A。"

经理："不错，我承认你这项工作完成得很好，但我觉得这个规范中还有一些不尽完善的地方需要进一步完善，所以我认为达不到A这样的等级，可以打B。可能我打分过严的缘故。"

员工："是的，我同意您的意见，也觉得B更合适些，我开始给自己打的分太高了。"

经理："接下去……"

员工："我的第二项工作目标是关于团队建设的，这是我在这段时间花费精力比较多的一件事情，我觉得通过我的调整和组织，不仅完成了销售额，而且还没有增加人手，为公司节省了人工成本，所以给自己打A。"

经理："让我再想一想，我原来给你打的是B，可能对你太苛刻了。好吧，这一项就以你的为准吧，打A。接着说后面的。"

员工："关于销售额方面，现在的大客户已经达到32个，销售额在2.7亿元，客户保持率在85%，因此这一项我觉得是超出了工作标准的，我给自己打了B。"

经理："这一项没有太多可说的，我跟你的观点一致，因为这是有客观事实依据的。"

员工："最后一项是关于建立大客户数据库的，由于这件事情是企划部负责做的，我们部门只是配合，我觉得我们还是配合得比较好的，因此我给自己打了个B。"

经理："我已从企划部的同事那里听说，这次做数据库你给了他很大的帮助，提供了大量有用的信息和建议，还在你自己的工作很忙的情况下，抽出时间来支持他，我觉得这样做是非常好的，这种团队合作的精神是应该鼓励的，因此，我给你在这一项上打了 A。"

员工："谢谢领导的鼓励。"

经理："最后的总和等级我给你的是 B，你看有什么意见吗？"

员工："没有意见。"

经理："下面我们来讨论一下你的主要优点和不足的地方，以及你今后的发展问题。你先自己谈谈吧！"

员工："我觉得我的主要优点是做事情比较认真、投入、负责，对待同事、下属都比较热情，跟人合作的能力比较强。我的弱点就是有时做事计划性不够好，不够细心。我今后的发展方向是想成为一个全面的管理者。"

经理："我觉得你还有一个最大的优点就是凡事能够从整个组织的大局出发考虑问题，而不是局限在自己的小部门。另外，你的一个有待提高的方面就是如何做一个管理者，你现在是很多事情都由你亲自去做，一个好的管理者应该善于调动别人的力量去完成工作，在这方面你还需要再加强一些。我觉得你具有做管理者的才干和潜能，因此你做一个全面的管理者的理想我觉得是可行的。"

员工："谢谢领导。"

经理："好。现在我们来回顾一下今天谈话的内容，首先我们对本次绩效评价的结果达成了一致的意见，然后回顾了你在这一年中的工作绩效，接下来讨论了你的主要优缺点和今后的发展目标。我想，我们今天谈话的主要目的已经达到，那么，回去以后希望你自己制订一个明年的工作计划，我们另找一个时间再进行交流。谢谢你！"

（录像播放结束）

"很明显，这位经理在面谈前做了充分的准备，面谈的内容有理有据，面谈的节奏也把握得很好，最后和员工达成了一致意见。可以说是一次成功的面谈。看来，绩效反馈面谈还是有很多学问的……"

"好，接下来我们讨论一下绩效反馈面谈应该怎么做。"吴经理接着讲。

## 五、绩效反馈面谈

### (一) 达到的目的

为什么要做绩效反馈面谈？其实反馈就如一面镜子，让人可以看到自己。通过反馈，让被评估人知道自己到底做得怎么样，在同事眼中、在上级心目中是个什么样子；通过反馈，员工知道上级的评价和期望，从而根据要求不断提高；通过反馈，使上级了解员工的业绩和要求，有的放矢地进行激励和指导。一个企业如果只做评估而不将结果反馈给员工，评估便失去了它极重要的激励、奖惩与培训的功能，从而使绩效管理收效甚微。

一般而言，在绩效反馈面谈结束后，至少应能达成四个方面的目的。

**1. 对员工的工作绩效，面谈双方能够达成一致**

对同一件事或同一个人，不同的人会有不同的看法，即使是同一个人从不同的角度看，也可能得出不同的结论。这点我想可能大部分人会深有感触，但是要说让上下级就员工的绩效达成共识，可能很多上级会觉得不可思议，他们总是认为谁不想找理由为自己说话，谁不想自己的绩效成绩越高越好呢。就是因为这些原因，我们必须通过深入的、客观的沟通，确定双方都认可的基准，达成一致的看法，才能制订下一步的绩效改进计划。

**2. 能明确指出被评估者的优缺点所在**

绩效反馈面谈的一个很重要的目的就是使员工认识到上级领导已经注意到自己的成就和优点，并且论功行赏，从而对员工起到积极的激励作用。员工所做出来的成绩必须得到上级的肯定，这样从员工心理来看就会觉得自己的付出得到承认，从而满足"被尊重""自我实现"的需要，这样就能更好地激发他的工作热情。当然对于员工的不足之处，或者在今后工作仍可提高的方面，这些都要在绩效反馈面谈中指出，并引导员工接受。

**3. 就被评估者的某项缺点或不足制订绩效改进计划**

上下级双方坐下来进行面谈，可以充分地交流下级的不足和改进机会，上级可以对员工如何改进绩效谈谈自己的建议和指导性意见，下级可以说说自己的绩效改进计划，并且可以提出自己需要的条件和上级应提供的帮助和支持，这样最终制定改进绩效的方法和具体的计划。而这是很多上级管理者容易忽略，或是以下级应该自己去想办法解决问题为借口而没去做的事。

**4. 在双方沟通的基础上，谈好下一个评估阶段被评估者所要达到的绩效标准**

上一个绩效评估阶段的完成，标志着下一个绩效评估阶段的开始。所以，在进行绩效反馈面谈时，可以参照上一阶段的执行结果和面谈中制订的绩效改进计划，讨论下一个评估阶段的绩效目标。这样既保证了绩效评估的连贯性，不会使下级把面谈仅仅是看成为自己的批判或是简单结果告知，又使下一阶段的评估目标具有较强的针对性。

绩效反馈面谈所要达到的四个目的，也就是绩效反馈面谈所该做的事情。清楚了该做的事情，接下来便是如何去做的问题。当然，这么多的功效仅仅通过一次简短的面谈就达到是比较困难的。特别是在实际操作中，一次绩效反馈面谈的时间不宜太长，而且对于制订绩效改进计划的执行结果，也需要在一段时间后，再次举行绩效反馈面谈加以确认，因此最好能够计划2～3次的面谈。特别要指出的是，绩效反馈面谈应把更多精力花在讨论未来要做的而不是以往已经做的，毕竟未来比过去更加重要，当然这样的讨论必须是建立在对过去表现讨论的基础上。另外，绩效反馈面谈应做到对事不对人，将焦点置于以数据为基础的绩效结果上，先不要责怪和追究员工的责任与过错，尽量不带威胁性；其次是谈具体，避一般，不要做泛泛的、抽象的一般评价，要拿出具体结果来支持结论，援引数据，列举实例；最后通过双向沟通，找出绩效较差的原因，共同商量制订相应的改进计划。

### （二）面谈前需要做的准备

企业进行绩效反馈的途径有很多种，可以是采用书面的、电话等方式，但其中最直接、最有效的是直接上级与下级之间就下级的绩效评估结果进行面谈。而这常常是很多部门经理不愿意做的事情，特别是碰到绩效差的下属，更是不知如何是好。其实，运用面谈的方式，不但可以准确地将绩效评估的结果告知下级，更重要的是，在面谈中，上级与下级可以面对面地交流，双方可以针对评估结果，共同讨论研究制订出改进的方案。面谈时间毕竟有限，要想在短短的时间和员工充分沟通，必须在事先准备好。有一家很著名的公司就规定上级主管在绩效反馈面谈前必须做好准备工作，并详细列出了查检的项目。

（1）计划阶段。①安排面谈时间并提前10天到2个星期通知员工。②要求员工在面谈前准备有关的自我评估、工作目标、发展计划等。③清楚地宣布这将是正式的年度绩效评估。

（2）准备面谈。①整理并回顾一整年的工作记录。重点放在有所改进的工作模式上。②准备一些高于或低于平均水平的典型事例。③如果绩效符合或高于期望值时，决定如何巩固；如果绩效低于期望值，决定如何改进。④评估结果作出后，放置一旁两三天后再复核。⑤按照企业绩效评估体系规定的步骤执行。

（3）执行面谈。①选择一个舒适的、不易被打搅的、适合坦率和公正的面谈的地点。②每次重点谈一个问题，考虑这个问题的正反两方面。③会谈应该是特别的和描述性的，不应为普遍的或判断性的。应报告发生的情况而不要做出评价。④讨论面谈双方的不同观点并加以解决，争取使评估结果达成一致。⑤共同讨论和设计正确的成长和发展计划。⑥维持一个专业的和正确的评估讨论方法。

其实反馈面谈的准备工作不仅仅限于上级部门经理，下级的准备同样很重要，让我们分别从上级部门经理和下级两个角度来看该如何做好准备事项。

1. 上级要做的准备项目

（1）收集、整理被评估者的绩效考评结果和日常工作表现记录。很多部门经理会认为面谈的对象是自己直接领导的下级，对他的情况应该很清楚，但是通过绩效反馈面谈就会发现，自己了解的还很不够。同时，通过面谈的机会，更多更深入地了解下级，这不仅对绩效评估，对于今后的日常管理也大有益处。

再次仔细翻阅下级的绩效评估表，从中找出面谈的内容和侧重点，例如，哪些问题需要改进，奖励的比例，以及面谈的工作项目。

收集、整理、认真阅读下级平时的工作记录、职位说明书、绩效目标等相关资料，这些是绩效评估的依据，也是面谈中当下级提出异议时的有力证据。

同时，还应该收集员工个人资料，包括员工的工作能力、工作意愿、嗜好、性格特征等，这样才能在面谈时提出适合员工的个人发展计划，也可以采取有针对性的面谈策略和技巧，加强面谈的效果。

最后要准备好绩效面谈表格，以便做好面谈记录。

（2）确定面谈时间。面谈时间的选择是非常重要的，如某位经理在周一安排下属小李在下午4：30进行绩效反馈面谈，但是恰巧那天是小李女朋友的生日，他早在上午就设计着晚上为女友过生日的事了，这下临时安排要绩效反馈面谈，而且是在靠近下班的时间，小李心想这下又要可能被延迟下班了，担心约会迟到，面谈中，他一门心思就想着如何尽快结束谈话，脑子中更多的是约会的场景。在这样状况下进行反馈面谈，结果可想而知，只能是草草收场。

所以说，在进行面谈前双方要约定一个对彼此都合适的时间，往往是先由部门经理提出1～2个可选时间，再征得员工同意。在这段时间里，面谈双方要能够不受其他事情的干扰，静下心来，充分进行交流。并且面谈的时间不宜太长，时间太长容易让人产生疲劳感，影响面谈效果，一般1～2个小时为宜。

（3）选择和布置面谈的场所。面谈场所的选择也是关系到反馈面谈有效性的因素。最理想的面谈地点是在中立性的场所，如会议室。场所要让双方都感到舒适。会谈时要关上房间的门，保证会谈的保密性，让员工没有心理负担，畅所欲言。

场所布置也是有讲究的，布置好了，可以让面谈的气氛更加融洽，反之，则会影响面谈的效果。绩效反馈面谈是双方的交流沟通，在开始面谈前要采取措施杜绝电话和访客的干扰，确保谈话不会被打断。同时，双方座位的选择也是要注意的。切忌双方采用隔着办公桌坐的方式，这种面对面的谈判式的入座方式，容易造成双方的对立感和拉开彼此距离。如果还有咖啡或茶那就更好了。

（4）计划好面谈的方式。好的面谈方式有利于面谈的顺利进行，一般采用的方式有以下几种：①"汉堡"法。上级先谈下级的优点，再指出其在工作中需要改进的地方，最后双方一起制订改进计划；②上级先说。直接从评估表格入手，逐项讨论，先说出自己的观点，然后征求下级的意见，没有与对方达成一致意见之前不进行下一项；③下级先说。上级提出自己的观点之前，先要下级说出自我评估的结果；④采用讨论的方式，上级和下级轮流发言。

采用何种方式依照情形而定，没有固定的模式，目的都是为了彼此能取得一致的看法。

（5）事先准备好面谈内容和顺序。面谈时"脚踩西瓜皮，滑到哪儿算哪儿"，这样只会使我们的面谈处于无序状态，结果是该谈的没谈到，或该重点交流的被简单带过。因此，认真规划面谈的内容和顺序是非常有必要的，需要准备一份面谈内容和顺序的表格（见表4-7）。

**表 4 - 7**　　　　　　　　　　绩效反馈面谈的内容和顺序

| 面谈步骤 | 实施者 | 内容 |
|---|---|---|
| 暖场 | 部门经理 | 建立信赖的气氛<br>慰劳员工的辛劳<br>使员工放松心情 |
| 进入主题 | 部门经理 | 告知面谈的目的 |
| 告知评估结果 | 部门经理 | 说明评估的结果<br>表扬优良之处<br>指出不足之处 |
| 请员工发表意见 | 员工 | 专心倾听<br>鼓励员工发言<br>对照员工自评表 |
| 讨论沟通 | 部门经理与员工 | 讨论评估结果与员工自评的差异<br>讨论不同点 |
| 制订下期工作目标 | 部门经理与员工 | 设定改进项目<br>设定下期工作目标<br>目标必须具体、可行、量化<br>尽量达成一致，避免发生争议 |
| 确认面谈内容 | 部门经理与员工 | 确认讨论后的结果<br>双方在绩效评估表上签字 |
| 结束面谈 | 部门经理 | 表示感谢<br>积极的方式结束<br>肯定员工的努力<br>对员工高期待以激励员工 |

　　(6) 计划好面谈结束的方式。考虑好以什么方式，在什么时候结束面谈。面谈的结束方式非常重要，往往面谈的结尾部分能够给人留下较为深刻和持久的印象。所以根据面谈所要达到的目的，预先想好一个有力的结尾，会在很大程度上强化面谈的作用。

　　(7) 提前通知被评估者。上级在进行绩效反馈面谈准备工作时，很重要的一项是提前将面谈时间通知被评估者，内容包括面谈的时间、地点、目的和内容。这样才能让被评估者有足够的时间来做好准备。一般情况下，上级应至少提前一周通知被评估者，使其有足够的时间对自己的工作进行自评和反省。

　　2. 下级该做的准备项目

　　(1) 收集与先前绩效有关的资料，包括工作行为及成就的详细资料，对于某些未完成或做得不正确的工作也应找出理由和原因。

（2）如果部门经理要求进行自我评价，应事先做好一份自我评估表。参照初期制订的目标逐个进行自我评估和反省，以便在面谈时与上级的评估对比。

（3）准备好个人的发展计划。上级与下级进行绩效反馈面谈，除了对过去的绩效进行总结评估外，更重要的目的是今后的绩效和员工未来的发展。如果员工能在面谈中主动提出自己的发展目标和计划，而不是被动地由上级为其制订发展计划，这样制订出来的计划将更适合自己，有利于自己的发展，而且这种做法本身就是工作主动性的表现，也是上级所期望看到的。

（4）分析自己工作中存在的问题，并搜集需要在面谈时提出的问题和意见，以及需要上级部门经理给予的帮助和提供的条件，尽可能细化。绩效反馈面谈是一个双向交流的过程，不但上级可以向下级发问，下级也可以向上级发问。

（5）安排好面谈时间。在面谈之前上级已经就面谈时间与下级进行商量，并提前通知了下级。为了确保在面谈过程中不受到干扰，使面谈得以顺利进行，下级应事先把自己离岗时的工作安排妥当。

### （三）面谈过程中的技巧应用

#### 1. 如何开个好头

有些经理面谈开始后喜欢直奔主题，结果往往使双方陷入紧张的气氛中，使面谈的效果大打折扣，甚至可能出现一场"压力式"面试的场景。而如果有个融洽的氛围，面谈双方就顺利愉快地进行交流和沟通。因此，在开场的时候就要注重营造融洽的气氛，在正式开始面谈之前，先谈一些与面谈目的关系不大的内容，如果两个人有相同的爱好，或者刚有一些重大的事情发生，但时间不宜过长，否则会减少谈绩效面谈的时间，然后自然过渡到正题。

#### 2. 面谈过程做到"六要"

一要清楚地说明面谈的目的。清楚的让下属明白此次面谈要做什么。尽可能使用积极的语句，如："今天面谈的目的是希望我们能一起讨论一下你工作的成效，并希望我们能有一致的看法，肯定你的优点，也找出哪些地方有待改进。接着我们要谈谈你的未来及我们怎样合作更好地达成以后的目标。"

二要鼓励下属说话。面谈一定要是双向的沟通。有些下属会迫不及待地发表意见，但有些却因为害羞或者是畏惧不敢说。建立信任的气氛有助于打开这种僵局。有些情况下，部门经理必须提出具体的问题才能让下属说话，而有些情况下，用不着多少鼓励，他们就能无所拘束地发表意见。

三要避免对立及冲突。虽然双方能表示不同的见解，但部门经理需避免造成对立及争辩的场面。虽然双方都清楚管理的权威较大，因此很可能会以一胜一负的局面收场。但不幸的是，部门经理的这种胜利代价太大，因为它可能破坏了下属对部门经理的信心，而使他们决意不再与部门经理开诚布公地沟通。如果演变成这种情况，面谈就难以达成其目的，甚至有害无益。始终保持自由开放的谈论，能达成双方获胜的结果而满足彼此的需要。

四要集中在绩效，而不在性格。因为这是绩效面谈，重点应该放在绩效上面而不是个人的性格方面。但这并不是说部门经理全然不提像态度、诚实、可靠、仪容、进取等，而是说这些品格唯有在与绩效相关联时才值得一提。

五要集中在未来而非过去。这也并不是说过去的事全然不谈，而是将重点摆在过去的经验中对未来有益的方面。

六要优点与缺点并重。每一个员工都有待改进的地方，也都有优点，千万不要忽略这一点。要能认清下属优点并使其继续发扬，同时也要讨论应该改进的工作。

**3. 以积极的方式结束面谈**

该停止时立即结束，就算预定的面谈目标还未达成也只能先结束，待下次继续。这是面谈过程中很重要的一点，当面谈该结束时，无论谈话进行到什么程度都要结束，例如，被评估者出现了倦意，彼此信任瓦解了，部门经理或下属急着要去其他的地方，下班的时候到了，有急事要打断，或者谈话陷入僵局。否则不但会影响到这一次的面谈效果，还会使对方产生厌恶心理，以至于影响到下一次的面谈效果。

面谈结束时，部门经理应该以积极热情的态度总结一下已经讨论并达成共识的事项；对员工的参与表示赞赏，强化对未来计划的承诺。要使下属离开时满怀积极的意念而非仅想着消极的一面，怀着一腔不满的情绪。面谈结束时，下属应该是说（或起码也是这样感觉的）："谢谢你，我很高兴我们有这样一个机会一起来讨论我工作的成绩。现在我知道我自己达到怎么样的进步，也知道以后要怎么做。而且我知道你会不断地协助我。"会谈之后，双方热情地握别是一种积极结束的方式。另一种方式是部门经理说："谢谢你今天来我这里。我觉得这次讨论很值得，我知道以后我能仰仗你，而且我也很愿意尽一切力量帮助你。"

**4. 面谈中的说话技巧**

上级主管最好事先准备好面谈大纲，不仅可以有条理进行谈话，也可以把握面谈的快慢节奏。主管在谈话时应注意以下几点：

（1）简单扼要，避免缺乏重点及独自一人滔滔不绝；

（2）语速要放慢，让对方有思考的时间，也不要在一次发言时表述太多内容，把一段长篇大论分割成几小段，穿插在谈话之中；

（3）要用对方熟悉的语言和日常用语；

（4）多用正面的方式表达，不要用指责的口吻，多肯定，少否定；多赞美，少批评；

（5）谦虚有礼，不要傲慢，诚恳的态度，温和的语气更能打动人；

（6）强调、重复重点，加深印象；

（7）允许发问，鼓励陈述意见及确认表达的内容；

（8）以理服人，而不是以职位压人。让对方心悦诚服地接受你的意见，而不是阳奉阴违，被迫接受。

**5. 面谈中的倾听技巧**

绩效反馈面谈是一个双向沟通的过程，不是上级主管一个人表演的"脱口秀"。除了说，还要认真倾听。这里所说的倾听，是要"真正地去听"，而不只是保持沉默不说话。这是一个动态的过程，要去发掘对方的想法，以及他的感受。边听还要边思考对方的话，抓住谈话重点，跟上对方的思路，理解对方所要表达的真实含义，并作出反应，如点头或提问。

第一，要做到倾听而不打岔。如果两个人同时开口，部门经理应该先停下来让下属先说。这对某些部门经理来说颇有些困难，但这是有必要的，因为这样做就等于告诉下属："你要说的比我要说的更重要。"整个面谈可以因此而保持双向的沟通。如果对方所说的情况你已经了解，也不要随意的打断谈话，表现出不耐烦。这会导致对方在后续的谈话中有所顾虑。

第二，不要自作聪明，在对方还未说完，就认为自己已经懂了，甚至已在心里做了决定。

第三，不要先人为主。面谈的目的就是为了互相了解，如果持有成见，就失去了面谈的意义，待谈话结束后再做结论不迟。

第四，尊重不同的意见，不要依仗职位和权利粗暴地否定对方的意见，让别人屈从于自己的看法。

第五，要记下谈话的重点，作为今后管理工作中的依据。

6. 面谈中巧用肢体语言

在信息传递中，肢体语言的作用绝不比口头语言的作用低，一举手、一投足，甚至一个眼神常常就迅速准确地将所要表达的意思传递给对方。在绩效反馈面谈中，用好肢体语言，会带来意想不到的效果。

（1）保持适当距离。过分的靠近会令谈话对象感到不安，本能地产生自我防卫的心理。

（2）注视对方的眼睛或鼻子与嘴之间的部位。表示在关注对方，重视与对方的谈话。

（3）面带微笑。营造愉快的谈话气氛，严肃刻板的脸，只能让人产生压迫感和紧张感，难以放开心胸，开诚布公的交谈。

（4）常点头，少摇头。既表示你收到了对方所要表达的意思，同时也给对方信心，继续说下去。

（5）不要双手交叉抱胸。这样的姿势显得盛气凌人，高高在上，拒人于千里之外，扩大面谈双方的距离感。

（6）不要皱眉头。这个动作给人以不耐烦或很不满意的暗示。

（7）不要抖动双腿。应尽量保持身体的平稳，不停地抖动双腿或变换姿势，表现得焦躁不安，无法平心静气地进行沟通。

（8）避免各种小动作。例如，抓耳挠腮、玩笔、玩手指等，要尽量克制，也不要用手指着对方或叉腰等。

### （四）如何让批评的话好开口

1. 管理者应保持客观公正的态度

在绩效反馈面谈过程中，管理者持什么态度，关系着面谈能否顺利进行和取得好的效果。管理者应抛开个人成见，即使在主观上特别不喜欢面谈的员工，也应尽量保持公正客观的态度，这样才能赢得员工的信任，评估结果和批评的建议才能被员工所接受。具体说，管理者在面谈过程中应做到：

（1）对事不对人。当管理人员面试时把目标锁定在员工个人和他的行为，而不是定在某个具体的问题时，评论和批评可能会导致冲突。这样的评论更像责备而不是帮助，从而在面谈双方之间造成对立的关系，上级指责下级，下级为自己辩护，不管你说的对不对，员工都难以接受。而同样的问题，如果就事论事，就变成面谈双方共同商讨问题的解决办法，是一种合作的关系，无形中，员工就接受了批评。

（2）以理服人。管理者在企业管理上被赋予了一定的权力，纠正员工的过失也体现了这种权力。但是，如果过分依靠权力，特别是在批评中采取强制手段，迫使下级接受自己的意见，往往会适得其反，员工虽然在口头上同意了上级的看法，但阳奉阴违，不会实实在在地改进自己的工作。因此，在批评时要尽量做到晓之以理，动之以情，不要动辄搬出领导的架势。

（3）批评别人，也要自我反省。作为上级，当下级犯错误时，如果能及时地承担自己作为上级所应承担的连带责任，往往会产生意想不到的效果。甚至也可以在批评下级前，先反省自己在这个问题上所造成的影响。例如："我应该先安排你参加这方面的培训，这样，你就不会⋯⋯"，这样的说法让下级感觉到上级解决问题的诚意，批评不是冲着他个人来的。而如果上级在下级的过失前，处处推卸责任，一味指责对方，下级员工也必然上行下效，不会真心真意地接受批评。

（4）不要翻旧账。这是在批评时很忌讳的一点，批评的目的是着眼于未来，借鉴过去，改进今后的工作，并不是秋后算账，追究责任。所以不应在批评时，对过去的过失念念不忘，即使不得不提到过去的事，也要努力使用鼓励的语气，让员工看到和过去相比，自己是在不断地进步。

（5）避免夸大其词。有些时候，管理人员为了表示强调，或引起员工的重视，常常言过其实，例如，"你每次都是这样！"结果事与愿违，不仅没有达到强调的效果，反而惹来员工的反感和抵触，"我昨天就做得好好的，哪有每次都是这样！"所以在谈话时，实事求是非常重要，说话要有凭有据，避免采用一些绝对性的词语，如"每次""从不"等词语会降低说话的真实性和公正性。

具体谈话的方法，这里介绍两种：汉堡法和 BEST 反馈法。

（1）运用汉堡法先扬后抑。汉堡法，简单地说来就是最上面一层面包如同表扬，中间夹着批评，最下面的一块面包最重要，要用肯定和支持的话语结束。也就是说，首先应表扬特定的成就，给予真心的肯定：表现再不好的人也有值得表扬的优点，千万别说你这个人不行，而应给以真诚的赞美，这样有助于建立融洽的气氛；其次提出需要改进的"特定"的行为表现：诚恳指出不足和错误，提出让员工能够接受的改善要求，去除员工的抗拒心理，表达出对员工的信赖和信心；最后以肯定和支持结束：和员工一起制订绩效改进计划，表达对员工未来发展的期望。

如何运用这种方法？来看一个例子：

有一位会计，近来总是迟到，财务部经理采用汉堡法对她进行了批评。

第一步，表扬特定的成就，给予真心的肯定。经理找到会计，笑着说："小王，最近工作做得不错，账目上没有出现什么差错，上级领导很满意。"出纳面露喜色。第一步就完成了。

第二步，提出需要改进的特定的行为表现。"但是你最近总是迟到，这个星期已经迟到三次了吧？"会计点头，"销售部的同事找你报销，几次没找到你，对你很有意见。"会计面有歉意。第二步完成。

第三步，最后以肯定和支持来结束。"你一向工作是很认真的。希望你能改了迟到的毛病，如果有什么困难可以提出来，大家帮你一起解决。"第三步结束。后来，这位出纳果然不再迟到。

（2）运用 BEST 反馈法让批评容易接受。BEST 反馈法是可以采用的另一种使批评容易接受的方法。

B 就是行为（Behavior description，描述行为），即描述第一步先干什么事。

E 就是后果（Express consequence，表达后果），表述干这件事的后果是什么。

S 就是征求意见（Solicit input，征求意见），问员工觉得应该怎样改进，引导员工回答，由员工说怎么怎么改进。

T 和"汉堡"原理的最底层面包意思一样，以肯定和支持结束（Talk about positive outcomes，着眼未来），员工说他怎么改进，你就以肯定和支持收场并鼓励他。

请注意，不管员工犯了什么错，千万别说"真失败""不行"之类的话，没有什么比让员工觉得失败更伤他们自尊了。

例如，要批评一个客服人员，采用 BEST 反馈法的过程如下：

B——小李，这是你第二次和客户吵架了。

E——这不但影响你这个月的表现，而且使得销售部门对咱们客服部意见更大了。

S——这种情况你觉得应如何改进呢？

停顿，然后听员工说，自己不对，应该怎么改，等员工说完以后，及时肯定和支持。

T——这样做对你和部门的形象都非常有帮助，值得考虑。改进过程中，我们会支持你的。

## （五）面谈方式，因人而异

在绩效反馈面谈中，部门经理会遇到各种各样的员工，如果只是千篇一律地使用同一种面谈方式肯定是不行的，每把钥匙只能开一把锁，不要指望有一种方式可以帮你应付所有的谈话。虽然不同的面谈对象之间可能只有细微的差别，但是如果我们忽略了这些可能是很小的差异，就会导致面谈的失败。因此我们应该根据他们不同的特征，采用不同的沟通和交流方式，才能达到良好的效果。

1. 绩效评估结果优秀的员工

表现优秀的员工往往要求较高的成就感，所以在面谈中对员工所做的工作要给予足够的肯定，多鼓励，满足员工的成就感。而且表现优秀的员工也较为注重个人的职业发展道路，除了肯定其过去的工作业绩，面谈中的多数时间要花在制订个人发展计划上，努力把员工的个人发展目标和企业的发展目标结合起来。由于这类员工的工作能力和主动性都较强，所以在面谈和制订发展计划时可尽量采用讨论的方式，增加他的参与度。最后，不要信口开河，轻易对员工作出加薪、提升等许诺，若不能兑现，不但会打击员工积极性，也严重影响到部门经理的威信。

2. 绩效评估成绩徘徊不前的员工

对待业绩原地不动的员工，应该开诚布公地与他们进行交流，了解他们没有进步的原因，然后对症下药。如果是激励不够，那么应该让员工了解你对他的重视程度并不比别的员工差，并充分肯定员工的能力，必要的时候可以使用"激将法"，这样可能会树立起员工的上进心。如果是员工的工作方法、技能或性格不适合目前的职位，就可以一方面帮助员工分析什么职位适合他，另一方面听听员工自己的想法，再作出决定。如果是员工的工作方法不对，就可以帮助他一起分析在哪些方面可以改进。如果是性格或技能不合，又确实难以有所改进，条件许可的话，可以考虑让他到更适合的岗位上。总之，既要让员工看到自己的不足，又要切实为员工着想，帮助他们找到有效的改进方法。

3. 绩效评估结果较差的员工

对于这类员工，一味地指责是不恰当的，可能在这段时间里员工身体不好，或者情绪有问题，也可能有外部的其他原因。首先要找出绩效差的真实原因，需要批评指正的地方，可参照上文中介绍的技巧，与员工进行面谈。需要特别注意的是，不要有意或无意地伤害员工的自尊心和自信心。

4. 有抵触心理的员工

当有人给你迎面一拳的时候，你下意识的第一个反应就是举手架开它，而这时你可能还没有看清这一拳是从哪里来的，是和你开玩笑还是真的要伤害你，这是人的一种本能的反应。

员工在得到较差的绩效评估结果或受到批评时，就如同当面一击，会本能地进行自我保护，拒绝承认过错，有一些性子较急、较暴躁的员工，甚至会对上级发火。在这个时候部门经理千万不能也产生本能反应，以牙还牙，或者和员工发生"火拼"。部门经理应该要很好的控制自己的情绪，耐心地听员工发表意见，不要急于争辩。首先要理解这是一种正常的反应，是一种本能，而本能反应过后，才是理性的思考，才会仔细考虑这个批评是否合理，是善意还是恶意。所以部门经理在碰到这种类型的员工时，不要指望对方能够立刻接受批评意见，要给对方一个理性思考的时间和空间，比如可以暂时保持沉默，甚至结束本次面谈，给对方更多的时间考虑，在下次面谈中再继续探讨。另外，很重要的一点是，不要就此事责怪员工，"你就是不肯承认自己的错误"这类的话是不恰当的。

5. 自我感觉良好的员工

有些员工工作能力很强，主动性也很高，业绩表现也很好，但是显得过分雄心勃勃，甚至有些咄咄逼人。他们对自己的评价很高，期望也很高，会主动承担许多工作，也会积极配合上级制订未来的发展计划。但是他们往往会过高估计自己，制订的计划和期望与现实情况。

6. 胆小、紧张、拘束的员工

在与上级交流时这样的人可能会局促不安，紧张而手足无措；也有可能表现得沉静、冷漠、矜持，有问有答，不问不答，不会主动表达自己的想法。在与这种类型的员工面谈之前，要多了解他们的兴趣和擅长的话题，以他们喜欢的话题开场，激起谈话的兴致，活跃谈话的气氛。在面谈过程中要善于提问开放性的问题，让他们多表达，同时多征询他们的意见，这样让他们有较多的说话机会，在谈话中逐渐放松，活跃起来。

7. 资历或服务年限比自己长的员工

总的来说，对于老员工，在谈话态度和语气上应该更为客气和尊重，毕竟老员工为企业服务多年，作出的贡献也更多。但是绩效评估所体现的是现阶段的工作表现，如果该员工的现阶段表现不理想，那么同样也要帮助他们分析问题，指出不足之处，制订改进计划，不能总是停留在过去的功劳簿上。当然，分析和批评的时候态度应尽量诚恳和谦虚。

## （六）部门经理不要犯的错误

反馈面谈是绩效管理中一个很重要的环节，然而恰恰是这个环节很容易受到面谈人的主观因素的影响。所以尽管我们的部门经理在面谈前做了充分的准备，但是完全可能因为经验的缺乏、技巧的不足或者自身的性格特点等原因，在一些小的细节上没有引起足够的重视，造成面谈达不到预期的效果。让我们一起来看看几个在反馈面谈中常见错误。

1. 以自我为中心

部门经理在和员工反馈面谈前通常会思考这样一个问题"我今天想跟他谈什么"，实际上这时候我们的部门经理就已经犯了这样的错误。部门经理是面谈的组织者，但并不是面谈的中心，正如上面这位管理者所说的，面谈的中心是员工，是员工的绩效，面谈内容应围绕员工展开，部门经理应该多问问自己"他需要什么帮助""我应该怎样帮他"。因此可以看出，虽然我们不希望以自我为中心，但往往在我们的无意识中已经犯了这样的错误。

2. 先入为主，持有偏见

由于面谈双方一般是直接上下级，在日常工作中由于工作的关系难免接触频繁，互相之间可能已经产生先入为主的看法。但是作为部门经理，在面谈时一定要以绩效评估的结果和平时细致的工作记录作为主要依据，平时工作中的总体印象作为参考，如果本末倒置，只注重宏观的印象，而不看重具体细致的工作记录，绩效评估就失去了存在的意义。即使我们在主观上特别喜欢或讨厌面谈的员工，也应尽量保持公正客观的态度，这样才能赢得员工的信任，评估和面谈结果也才能够被员工所接受。

3. 碍于面子，或抱有同情心理，不敢批评

对于员工的工作表现，好的就应该表扬、奖励，不好的就应该批评、指正。虽然批评要讲究技巧，不要伤害到员工的自尊心和自信心，但有些部门经理在面谈时，容易矫枉过正，过度关注被评估者的情绪和反应。他们让自己处于一个被动的位置，稍微严厉的话就不敢说出口，似乎生怕得罪了员工。其实，过度顾虑对方的情绪是完全不必要的，如果部门经理顾虑太多，没有把该说的话说出来，员工不知道自己的缺点，失去了一次改进提高的机会，对员工也是一个重大的损失。所以，面谈中，部门经理要挺直腰杆，勇于指出员工的缺点和不足，但是必须要让员工感觉到这么做并没有恶意。

4. 对事不对人

当部门经理面试时把目标锁定在员工个人和他的行为，而不是定在某个具体的问题时，评论和批评可能会导致冲突。这样的评论更像责备而不是帮助，从而在面谈双方之间形成对立的关系，上级指责下级，下级为自己辩护，不管你说的对不对，员工都难以接受。而同样的问题，如果就事论事，就变成面谈双方共同商讨问题的解决办法，是一种合作的关系，无形中，员工就接受了批评。

5. 使用不信任的语言

很少有部门经理会认为自己不信任下属，但是却常常在细小的言谈中有意无意地表露出这样的态度，"你真的没有记错吗？""你确信没有问题了吗？"这样的语言充满了不信任感，虽然有时部门经理这么问本意是出于对下级的关心，但是，很容易被误认为对他的能力有所怀疑，伤害了他的自尊。

6. 夸大其词，言过其实

有些时候，部门经理为了表示强调，或引起员工的重视，常常言过其实，例如，"你每次都是这样"，结果事与愿违，不仅没有达到强调的效果，反而惹来员工的反感和抵触，"我昨天就做得好好的，哪有每次都是这样"，所以在谈话时，实事求是非常重要，说话要有凭有据，避免采用一些绝对性的词语，如"每次""从不"等词语会降低说话的真实性和公正性。

7. 诱导性的谈话

有些部门经理为了达到自己预期的面谈效果，对员工采取一些诱导性的问题，诱导员工认同自己的想法，或接受自己制订的绩效改进计划。这样的做法虽然达到了暂时的统一意见。但是，这样就掩盖了许多问题，部门经理只能听到他们想听到的，没有机会通过面谈发现员工的真实想法和真正的需求，没法有效解决员工工作中面临的困难，从长期看，对绩效的提高有害而无利。

### （七）毋忘检查反馈面谈效果

绩效反馈面谈结束并不意味着反馈的工作结束，部门经理应主动检查反馈面谈的效果，以便搞清楚反馈面谈是否达到了预期的目的。反馈面谈效果的衡量方法有很多，最常用的是以下三种方式。

1. 了解被评估者的反馈

绩效反馈面谈效果的评价和衡量可先从被评估者开始，在面谈结束之后的 3 天到一周之内进行。间隔时间若太长，评估者对面谈的细节记不清楚，或是受到工作中其他事情的影响，歪曲了对面谈效果本身的评价。间隔时间若太短，则被评估者对面谈内容还没有仔细思考，有些甚至还在气头上，对面谈效果的评价也难免有失偏颇。

征求被评估者意见主要有两种方式：非正式的和正式的。非正式的方式通常由部门经理本人实行，可以在午饭时间、电梯间里相遇时、茶水间里等非正式场合较为随意地询问。例如，"前几天和你说的减少故障率那事，你想到什么好办法了吗"等。这种方式双方都较为放松，也不增加工作量，但衡量的准确性因人而异。

较为正式的征求意见方式既可以由部门经理本人实行，也可以由人力资源部门调查后将结果转交部门经理。书面或口头了解都可以，通常采用"调查表"的途径，面谈结束后，给每位员工下发"面谈意见调查表"，统一调查员工对面谈的气氛、面谈的效果和对下次面谈的期望等问题的看法和意见。

2. 部门经理自检效果

在这个过程中，管理员主要是对照面谈计划和面谈后所形成的纪要，检查面谈的预期是否实现，这有助于积累面谈经验，提高下次的面谈质量。

部门经理自检要点：

（1）照计划完成的有哪些，未能照计划完成的有哪些，为什么？

（2）期待而未获取的情报有哪些，又比预期获得更多的情报有哪些？

（3）指导、激发向上的成果如何？被评估者在态度上或发言上有何具体的表现？

（4）面谈最后的确认事项为何？

（5）关于面谈后的追踪需要进一步做些什么？

（6）下次面谈之前，应注意的事项及其日程表如何？

（7）对于此次面谈的结果自己是否满意？面谈结果是否增进了双方的理解？自己学到了哪些面谈技巧？

在此之前得到的被评估者的反馈意见对自检也很有帮助，会让部门经理认识到一些自己无法发现的问题。

3. 了解面谈结果实施情况

如果面谈成功，双方都比较满意，那么所产生的改进计划执行起来阻力也较小，在执行过程中的沟通也较为顺畅。所以，除了对面谈双方的调查了解外，面谈产生的绩效改进计划或其他结果的实施情况也从另一个侧面反映了面谈的效果。

## 六、绩效改进

吴经理说："绩效改进是企业各级主管帮助员工提高工作绩效的一个过程。由于绩效改进主要是针对员工的绩效评估结果，和员工一起分析绩效差距的原因，并共同找到提高绩效改进的途径，所以我们把这个内容放到最后来讲，但这不说明绩效改进工作只能在年度绩效评估工作结束后才做。它是一个连续循环、不断提高的过程。在拟订绩效计划之后，具体实施过程中的每一阶段，部门经理都应该着手开展绩效辅导和绩效改进工作，不断提高员工的绩效水平，激发员工更大的工作激情，这样才能使绩效管理工作有成功的保障。好，我们先来看一下绩效改进工作的操作流程……"

### （一）绩效改进计划的操作步骤

1. 确定绩效差距

可以通过描述工作要求的绩效与员工的实际绩效差异来确定绩效差距（见表4-8）。

表4-8  要求达到的绩效和实际达到的绩效

| 要求达到的绩效 | 实际达到的绩效 |
| --- | --- |
| 保证其他人及时了解可能会影响到产品或服务产出的潜在问题 | 对于影响到产品或服务产出的问题没有及时通知主管或同事 |
| 在每月的10号前完成报告 | 没有在10号前提交报告，主管需要提醒 |
| 每天上午8：30之前开始工作 | 周四该员工8：50开始工作，周五员工8：45才到达工作岗位 |
| 按时完成生产任务 | 在过去的两周时间里，有四次超过了最后期限 |
| 100%完成销售计划 | 销售计划只完成90% |

2. 分析绩效不好的原因

一般而言，绩效不佳并不能简单地归咎于员工工作不努力，应从员工、部门经理及环境因素三个方面分析原因。

首先，从员工身上找原因，主要有主观和客观的两个方面，主观上最常见的是由于缺乏动力和足够的激励或对现在所从事的工作不感兴趣。而一些在主观上工作意愿很强、积极性很高的员工，由于自己的能力、工作方法、身体状况、沟通技巧等客观原因而没法达到预期目标。具体可以从四个方面进行分析：

①知识。是否因为员工相关知识的不足影响到绩效的产出？是那些知识上的不足？如何弥补？

②技能。是否因为员工技能的不足影响到绩效的产出？如何弥补？

③态度。是否因为员工态度的问题影响到绩效的产出？员工为什么会存在态度问题，深层次的原因是什么？可以改善吗？如何改善？

④外部障碍。是否因为外部条件的问题影响到绩效的产出？我们能改善吗？怎样改善？

其次，部门经理也要进行自查。工作上缺乏沟通，对员工没有提供足够的帮助和支持，没有给员工适当的鼓励和激励，这些都是部门经理的责任，不能一味把责任推给员工。

最后，就是企业内外部环境因素。企业内部资源的缺乏，制度不完善（如责权利分配不合理），岗位变动等影响员工的工作效率和工作质量。而企业外部的环境如宏观经济的变动、国家新政策的出台、全行业的萎缩等，以员工个人力量是无法抗拒的，甚至连企业也回天乏术。在这种情况下，要做的不是绩效改进而是绩效目标的调整了。所以在行动之前，要先查明原因，看清方向，避免徒劳无功。

3. 决定是否采取改进措施

确定了具体绩效差距，找到绩效不佳的原因，然后决定是否有必要采取改进措施以消除差距，并采取何种方法。

绩效差距总会发生，但有大有小，有轻有重，是否都需要改进。理论上是应当把时间和精力花费在纠正重大差距上。那么如何做出判断，可以问自己这样几个问题：

绩效差距对员工本人的工作、对部门或整个公司的工作、对客户以及对供应商等相关人员的影响是什么？绩效差距是否会导致安全问题，危险的工作情景，或违反组织纪律或触犯法律？随着时间的推移，绩效差距会减小、变得不重要还是更加恶化？一旦确定需要采取改进措施，就要帮助员工制订行动计划。

4. 找出可能的改进办法

与下级一起，通过"头脑风暴"和"鱼骨图"的方式，找出所有可能的改进办法，最好能按员工、部门经理和外部环境分门别类，列出一张详细的表格。表4-9为一家软件公司项目经理的改进措施。

表4-9 绩效改进措施

| 绩效不佳的原因 | 改进办法 |
| --- | --- |
| 员工（项目经理）主观原因：工作积极性不高 | 采用适当的激励机制 |
| 员工（项目经理）客观原因：与客户的沟通技巧不够；时间管理不佳 | 提供沟通和时间管理方面的培训 |
| 部门经理（开发部经理）：对员工的授权不够 | 认真分析业务流程，可放权的部分适当放权 |
| 企业内部环境：与销售和售前工程师沟通渠道不畅 | 由开发部经理牵头与销售部门协调，力图建立一个有效、规范的部门间沟通方式 |
| 企业外部环境：今年的行业竞争更加激烈 | 无 |

5. 制订绩效改进计划

首先，确定改进目标。目标的选取应由上下级共同完成。基本上，应以员工的要求为中心，在反馈面谈中，通过双方的沟通来决定。对于自己选择的，而不是被强加的目标，员工的积极性会更高，动机也更强；而且员工更了解自己的情况，哪些问题确实需要改进。因为有些在上级眼中认为很严重的问题，在员工看来可能根本不是问题。另外，应从容易改进的目标着手。如果改进计划顺利完成，能够树立员工的信心，有助于后续改进计划的实行。

其次，对改进办法进行筛选，选出最有效、最经济的一种办法或几种办法综合考虑，确保计划实际可行。以选中的改进办法为主干，增加具体的行动计划，详细列出每一步工作的具体实行手段。

再次，要给每一步的工作制定截止日期，以便检查。有些情况，评估时间可能需要频繁到每两星期做一次，在其他的情况下，也许每一个月或两个月一次更适合。不管怎样，时间表必须拟定并予以跟踪。时间表内必须有一个时限，在改进努力超过此时限后，员工应自请辞职或予以解雇。

最后，填写一份书面的正式的绩效改进计划，部门经理、员工都保留一份，如有必要，人事部门也可备案。"色"是美食的重要组成部分，外形美观的菜肴能够引起食客的食欲。同样，一份完整、正规的改进计划，相比一份潦草的草稿或仅仅是口头协议，更能够使员工产生认真对待的心理。

6. 实施、检查、制订新的改进计划

绩效改进计划的实施，可以看成是一个小型的、短期的绩效管理过程。在此期间，部门经理与员工间的沟通依然很重要，提供帮助、不断地督促和检查必不可少。

如果员工的总体绩效已达标准，则考查作业停止并通知受考员工。对该员工的工作仍应保持密切的注意。观察其是否有退步的迹象，如确有低落现象，考查需再度开始并告诉员工。

如果已有明显进步，但是还需要再继续改进，此时应重拟一份绩效改进计划并与受考员工一起研究。

如果进步甚微或完全没有进步，部门经理应清楚地告诉该员工他正在察看阶段，如果在规定期限内不能达到标准，他就会被调职或解雇。

此程序继续至该员工的整体考绩达到标准，或期限到期，改进的工作终止。

如果期限内该员工仍不能达到理想标准，就应决定是把他调换工作或是解雇。调职或解雇需依其部门经理与人力资源部门会商之后再做决定。

## （二）绩效改进中应注意的问题

在制订绩效改进方案和实施过程中要注意以下几个问题：

第一，绩效改进方案一定要有实际操作性，要有"行动步骤"。如果停留在理论上的话，改进方案根本没有存在的必要。根据公司员工现在的发展水平，绩效改进方案的指导性一定要强，最好是能详细到具体的每一步骤。通过绩效改进方案，也能为以后实行规范化管理打好基础。

第二，绩效改进方案也要符合"SMART"原则。绩效改进方案是指导绩效改进实施的标准，因此一定要有可操作性。其制订的原则也要符合"SMART"原则，做到具体、可衡量、可达到、相关联和有时限。这是制订任何一个方案都必须考虑的原则。

第三，绩效改进方案可以与计划目标制订相结合，也可以独立制订，目的都是为了员工的绩效提高。计划目标的范围较大，既包括了以前做得好的日常工作内容，也包括了需要提高的改进内容。与之相比，绩效改进方案虽然也是根据上一阶段绩效考核结果而制订的，但其更具有针对性，是着重针对绩效低下的原因而制订的。在实际工作中，由于时间等因素的限制，可以将制订绩效改进方案与计划目标相结合，通过一份计划反映绩效改进方案。

第四，绩效改进方案的形式可以多样，但关键是要控制过程，给员工以指导。任何方案都需要付诸实施，绩效改进工作可以有各种各样的方案，但是改进的过程只有一个。绩效改进能否成功，关键就在于是否能控制改进的过程。只有各级主管在过程中给予员工指导和帮助，修正改进方案，才能保证绩效改进的效果。

## （三）如何帮助低绩效员工

绩效低劣的员工是指那些屡犯错误、赶走客户并在企业组织中造成不满和士气问题的员工。高成长的公司尤其不能容忍绩效低劣的员工，他们会削弱团队的实力，给潜在客户和商业伙伴留下不良印象，加剧对公司综合生产率的负面影响。

绩效评估的结论往往是得出员工为优秀、良好、合格、差，可能还有一些就是简单地分为 A、B、C、D 档的分法。

对于员工的低绩效是任何一个企业都无法回避的问题。若不能适当、有效地对低绩效员工进行处理，不仅使得这些员工的低绩效得以延续，还将影响其他员工的士气，进而影响整个团队和组织的绩效。在绩效评估中，处理员工的绩效问题，特别是低绩效员工的问题，是一件很敏感的事情。如果处理得好，会产生积极正面的影响；如果处理不当，则可能引起员工的不满情绪，影响工作。应对低绩效员工采取纠正行为并非意味着惩罚员工。采取纠正行为的真正目的，是尽可能地使每个员工按正轨发展并获取改善，甚至再次达到很高的绩效。处理绩效问题时建议采取以下步骤，循序渐进。

### 1. 主动及时地沟通

部门经理应该及时主动地与存在绩效问题的员工沟通，沟通越及时，就越有利于问题的解决。部门经理应该以一个朋友的角色与存在绩效问题的员工进行沟通，同员工一起查找实际绩效与目标之间的差距到底有多少，而不是采用上级教训下级的模式。这样首先让员工意识到确实是自己的工作存在问题，上级的评估是有事实依据的，公平合理的。其次要让员工意识到上级找他的目的是为了帮助他进步，而不是为了打击和训斥他。

### 2. 分析问题，找出原因

认识差距后，就要分析造成差距的原因是什么，主要有三方面原因：员工、部门经理和环境。是由于员工能力的原因还是因为努力不够或者有些行为风格不太合适，或者有什么员工自己不能控制的因素在起作用，最关键的是要从这些原因中找出与员工本人有关的可以通过具体措施改进的问题。

### 3. 制订适当的改进措施

在通过沟通确认了员工的绩效问题以及造成绩效问题的原因之后，部门经理应该首先以帮助者的角色出现，帮助员工一起制订绩效改进措施，绩效改进计划是改进绩效的开始。如果确实是员工本人的问题，就应该在绩效计划中制订培训或者其他的方式帮助员工提高能力水平的具体改进步骤。如果问题不是由于员工本人的因素造成的，而是由于周边环境的一些客观因素造成的，那么绩效计划就应主要针对部门经理，制订改进客观环境和为员工提供帮助的计划。

4. 提供必要帮助

在处理绩效问题中，如果员工遇到一些工作以外的困扰，部门经理应尽可能地为他提供帮助。例如，员工的孩子入学问题，住房问题等。有一些表面上看似和工作无关的问题，实际上会对员工的绩效产生重大的影响，而且这样的帮助能够增进上下级之间的了解和感情，也有助于绩效问题的解决。

5. 检查结果

在改进的过程中适当设置一些检查点，及时给员工一些检查和反馈。及时发现存在的问题，纠正不正确的做法。对在改进过程中做得好的员工，仍然要给以鼓励，对于做得不好的员工，可以考虑使用必要的惩罚措施。特别是对于一些绩效差，自己又没有改进意识的员工，要给他施加适当的压力，以缩短改进的时间。

当然，虽然管理者在处理绩效问题时，本着应尽量使用辅导、培训等积极的方式解决问题的原则，但是尽了最大的努力对员工进行指导，不止一次地将工作绩效低劣的情况反馈给员工，指导他如何改进，为他确立具体的绩效目标，记录他未能改进绩效的情况，而且考虑过不解雇的解决方法。如果他仍犯同样的错误、依旧达不到要求，管理者有必要采取一定的惩罚措施，大可选择解雇或调任他。这不是什么有违良心的决定，这是没有改进绩效或严重违规行为的结果。

采取惩罚措施要注意以下几个问题：一是惩罚措施必须透明，要事先与员工沟通，让员工了解为什么要采取惩罚措施、所要采取的措施是怎样的，以及在什么情况下自己将要被惩罚，在员工毫无思想准备的情况下实施惩罚是不恰当的。二是所采取的惩罚措施要合乎情理，而且要由轻渐重，不要过于苛刻。三是采取惩罚措施之后要注意监控和评估惩罚后的结果。

如果高绩效的组织正是你所追求的，如果你期望企业基业常青，那么，面对低绩效员工，你必须敢于采取果断措施。

半天的学习时间很快到了，吴经理最后感谢各位经理的聆听。几位老总一直坚持在听，让吴经理很受激励，他从老总们的表情里看出，今天讲的东西很有用，很到位，他轻轻舒了口气。

**思考练习题**

试着撰写一份绩效改进计划表。

# 第五章　薪酬管理

## 第一节　薪酬管理基础

　　汪宁这两天有点焦躁，因为他新应聘到 Y 公司的薪酬主管职位。上班后，人力资源部经理就安排了他薪酬方面的很多工作，都是需要他来独立完成的，他觉得压力很大。

　　汪宁大学里学的是人力资源专业，但是毕业后一直没找到合适的、对口的职位，做了两年的销售，这两年销售工作确实锻炼了他的能力，但是他还是希望自己能从事与专业对口的工作。那天他到人才招聘会上去逛，看到 Y 公司在招聘，就进行了登记，并要了一份职位说明书。

　　他看完职位说明书，感觉还比较适合自己，自己也够应聘条件，通过层层考试，他顺利地接到了 Y 公司的入职通知。

　　经过入职培训，汪宁就正式进入薪酬主管的岗位。汪宁这两年专业知识随着销售工作的压力的增大消耗不少，一到新的岗位，面临很多工作，一时不知怎么开展。

　　这个星期天，他决定去找高教授，请高教授给自己指点指点，他打了电话，知道教授有空，就急忙去了。上学时汪宁是高教授的得意门生，他们不仅是师生关系，也是忘年交，他有什么心事总是喜欢跟高教授聊聊，高教授很少跟他讲大道理，但在交谈中，又总是给他很多启发。

　　来到高教授家，教授正在侍弄花草，见汪宁到了，请他到客厅坐，洗洗手，泡了一壶茶，给汪宁斟上茶，坐下来。

　　"教授，我又遇到难题了，您给指点指点吧。"汪宁急切的把自己新应聘到 Y 公司做薪酬主管的事讲了一遍，"工作很多，不知先抓哪头，不知怎么开展，压力很大呢。"

　　教授微笑着说："呵呵，你来得正巧，我过两天要给 K 公司做薪酬管理的培训，正好也在看这方面的资料，来吧，咱们今天就来聊聊薪酬管理方面的话题。"高教授拿过笔记本电脑，打开 PPT。

　　汪宁一边看课件一边听高教授讲……

　　人力资源管理通常有三个层面：人事管理层面、人力资源管理层面、人力资源战略层面。

　　从大的方面讲，人力资源战略指导具体的人力资源管理实践，使其和竞争战略保持一致。例如，国外某公司把它的人力资源战略当作对员工的承诺："我们保证尊重个人、薪酬公平和待遇平等。我们的职责是在组织内提供有能力的人性化的领导，创造整洁、安全的工作环境。我们将尽最大努力为有能力的人提供晋升的机会。"而战术决策支持竞争战略，与战略相配合形成管理层面。人力资源专业人员通过制订战术决策，来确定增加竞争优势的具体措施。制订薪酬方案、招聘计划以及减少人才流失的方法只是全面人力资源战术决策的一小部分。具体的薪酬战术包括制订基础工资、年功工资、生活费用、业绩工资、激励工资、能力工资和技术工资的薪资计划，以及法定的和非固定的福利计划等。这些计划的制订就涉及了薪酬管理的层面，在制订好了一整套薪酬方案之后，需要的是每月每天的实务性操作，包括计算工资、工资发放、工资统计，甚至于考勤管理等。

高教授说："在任何一家公司，薪酬管理不仅仅体现人力资源管理水平甚至可以反映整个公司整体的管理水平，薪酬管理的具体操作步骤也设计得比较合理，现代的人力资源管理都有一个科学、合理的薪酬体系。建立薪酬体系有一个流程（见表5-1）。"

**表 5-1**　　　　　　　　　　　**薪酬体系建立流程**

| 流程 | 主要工作内容 |
|------|------|
| 薪酬计划制订 | 对公司现有情况的分析，比如薪资水平、薪资管理、员工反馈等方面，如何完善，建立薪酬体系的工作步骤，包括时间表和具体的负责人 |
| 确定薪酬原则 | 确定企业价值判断准则和反映企业战略需求薪酬分配策略 |
| 工作分析 | 绘制企业的岗位结构图，形成企业职务说明书体系 |
| 职位评估 | 评估企业内各项工作对企业的相对价值 |
| 薪酬调查 | 参照其他企业的薪酬水平及时制定和调整本企业的薪酬 |
| 薪酬结构设计 | 描绘各项工作相对应的价值及其对应的实付工资之间的关系，形成"工资结构线"，并将企业内相对价值相近的各项工作合并组成若干工资等级 |
| 制定薪酬管理制度 | 岗位的薪资结构、等级划分等，以及对薪资待遇的规定 |
| 定岗定薪 | 将目前企业内部员工的薪资重新按新的薪资结构确定级别 |
| 工资方案的适时修正和调整 | 修正工资方案实施中出现的问题；根据环境变化和企业战略调整适时调整工资方案 |

从表5-1中可以看出，在确定薪酬原则前，有一个计划制订的过程，薪酬原则是公司高层根据薪酬计划方案确定的，而计划方案除了包括对拟定的薪酬原则提出意见之外，还应该包括：对公司现有情况的分析，比如薪资水平、薪资管理、员工反馈等方面，现在的薪酬体系有哪些地方做得好，哪些地方还有欠缺。如果是完善的，就不存在重新设计的问题了。然后说明为什么要重新设计，重新设计后有什么好处，再之后是我们重新建立薪酬体系的工作步骤，包括时间表和具体的负责人。

在做薪酬管理工作计划时就开始考虑薪酬成本，因为企业的老板更关注于薪资的变革会给企业带来多大好处，企业需要支付多少成本，前面已经提过好处如何体现，那么成本就需要结合企业内部实际的经营情况和外部的薪酬调查来确定。

工作分析是一项大规模费时费力的工作，在此之后的职位评估、定岗定薪等环节都需要各部门的大力配合。

在定岗定薪之前，还有一个很关键的步骤，就是制订新的薪酬管理制度。任何的管理都需要有严密的制度作保证，这项制度是公开的，每一个员工都有权知道自己的薪资是如何构成的，公司对薪资待遇有什么具体的规定，薪资结构的数据可以是保密的，但等级如何划分，每个岗位适用怎样的薪酬结构，这应该在企业内部有法可依。薪酬本身是比较刚性的东西，企业不会频繁地调整薪酬的管理制度。

我们具体来看一下。

## 一、薪酬管理工作计划的制订

这个工作计划包括如下几部分内容。

1. 总体思路

简单概述重新搭建薪酬管理体系的背景。

2. 目前公司薪酬管理情况概述

包括公司目前的人员情况、人员的薪资情况、薪酬总额情况等对基本情况的描述，最好以数据表格的形式出现，一目了然。

3. 开展重新搭建薪酬体系工作的原因和必要性

主要原因是以往的薪酬管理体系不完善，没有体现现代人力资源管理对薪酬的激励性、竞争性等方面的要求；原有的薪酬结构和水平不能令员工满意，出现了影响公司业务发展的现象；增加了新岗位新部门，原有工作流程和岗位发生重大变化。因此需要重新搭建薪酬体系。其必要性也可依据公司实际情况加以描述，切忌空泛，最好用数据和调查反馈来说明问题。

4. 工作实施的具体设想

工作实施将采取哪些步骤，每一步骤的要点，可以解决的问题。

5. 工作计划进度

最好是一张时间进度表，包括工作流程、每一流程的主要工作任务，负责人是谁，需要哪些部门或岗位配合，时间要求怎样，完成工作后会有怎样的工作成果。

6. 可能会遇到的困难和需要的资源支持

做每一项管理工作都涉及经常会发生变化的环境和人员，因此应该事先对于工作进展中可能出现的问题进行预测，并阐明为何会出现这样的问题。防患于未然，事先考虑周全，做好必要的思想准备是非常重要的，不仅落实具体工作的人必须做好思想准备，也应该让领导意识到可能会出现这样那样的情况，以便于及时处理。

另外，资源支持往往是中国企业员工工作时羞于启口的，仿佛自己是巧妇，即便无米也可以煮出一顿好饭来，这并不足取。事先把工作推进中所需要的人、财、物罗列出来，在获得相关领导批准后有备而来，视为上策。很多工作推进到一半而夭折，往往是由于一些看似不起眼的资源没有到位而引起的。

## 二、确定薪酬的原则

薪酬不只是对员工贡献的承认和回报，它还是一套把公司的战略目标和价值观转化成具体方案，以及支持员工实施这些行动的管理流程。它能够在公司内部形成上下统一的局面。薪酬体系关注的是行动和结果。在组织内，它以管理体系和实践的方式存在。它为个人明确界定了"在组织里，我的利益是什么"。

薪酬体系成为连接公司与员工的纽带。它明确了雇主和员工之间的关系。作为一个有效的薪酬体系，它不只是给员工发工资，还要反映员工们做出的贡献，强化员工对企业的责任感。因此薪酬体系并不是存在于真空中，它是公司战略和文化的一个组成部分。只有经过良好设计和管理的薪酬体系才是有效的。这样的薪酬体系不但能够帮助组织吸引和留住成功必需的人才，还能够影响员工的责任感和他们为企业付出努力的程度。

在国外，不同的公司对薪酬体系的原则有不同的定义，有些是为了建立企业精神，使员工对企业有认同感；有些是为了将雇主和员工结成利益共同体；有些是为了能够让员工意识到必须持续地以客户为中心；有些强调团队的工作方式；有些强调留住关键人才……但无论原则是什么，一旦确定下来，整个薪酬体系的设计和实施都将围绕它展开。

高教授说："针对我要培训的这个 K 公司，我给他们的建议是：重建一套新的薪酬体系最核心的战略目的有两个：一个是引入激励机制，另一个是留住核心人才。这两点将贯穿整个薪酬体系的建立和管理过程中。"

## 三、薪酬成本的测算

一般而言，企业人工费用是指在生产经营活动中用于和支付给职工的全部费用。按照国际惯例，人工费用应包括为雇用员工所发生的一切费用。国际上人工成本一般包括对已完成工作的报酬、对有关未工作而有报酬的时间、红利和赏金，食品、饮料费用的支付及其他实物支付，雇主负担的雇工住房费用，为雇工支付的社会保险费用，职业技术培训费用、福利服务和其他费用（如雇工的上下班交通费、劳保用品费和招工费用），还有被认为是人工成本的税收。

在我国，人工成本构成是有明确规定的，在财务上也有相应的列支渠道。

（1）产品生产人员工资、奖金、津贴和补贴——财务列支为"生产成本——直接工资"；

（2）产品生产人员的职工福利费——财务列支为"制造费用——其他直接费"；

（3）生产单位管理人员工资——财务列支为"制造费用"；

（4）生产单位管理人员的职工福利费——财务列支为"制造费用"；

（5）劳动保护费——财务列支为"制造费用"；

（6）工厂管理人员工资——财务列支为"管理费用——公司经费"；

（7）工厂管理人员的职工福利费——财务列支为"管理费用——公司经费"；

（8）职工教育经费——财务列支为"管理费用"；

（9）社会保险费——财务列支为"管理费用"；

（10）销售部门人员工资——财务列支为"销售费用"；

（11）销售部门人员的职工福利费——财务列支为"销售费用"。

除此之外，人工成本还包括职工集体福利设施费，因属于税后利润的再分配，不计入成本，因此可以不考虑。

国内对人工成本的计算范围比国外要小得多，而在做薪酬成本测算时，应该考虑公司领导在决策公司对员工是否投入多大成本时所需投入的全部成本，而不仅仅是给员工支付的工资，还包括保险与福利等各方面，因此不妨使用人工成本这一广义的成本概念，并可根据实际情况减少些项目，用公式表示为：

人工成本＝工资总额＋职工福利费＋职工教育经费＋社会保险费＋劳动保护费

### （一）人工成本的组成部分

人工成本的组成部分主要有工资总额、社会保险费用、职工福利费用、职工教育经费、劳动保护费用、职工住房费用、工会经费和其他人工成本支出。

#### 1. 工资总额

工资总额是指各单位在一定时期内直接支付给本单位全体职工的劳动报酬总额，不论是计入成本的还是不计入成本的，不论是以货币形式支付的还是以实物形式支付的。在实际工作中，工资总额包括计时工资、计件工资、奖金、津贴和补贴、加班加点工资以及特殊情况下支付的工资。按照统计局的规定，如下项目不包含在工资总额内：

（1）根据国务院发布的有关规定颁发的发明创造奖、自然科学奖、科学技术进步奖和支付的合理化建议和技术改进奖以及支付给运动员、教练员的奖金；

（2）有关劳动保险和职工福利方面的各项费用；

（3）有关离休、退休、退职人员待遇的各项支出；

（4）劳动保护的各项支出；

（5）稿费、讲课费及其他专门工作报酬；

（6）出差伙食补助费、误餐补助、调动工作的旅费和安家费；

（7）对自带工具、牲畜来企业工作职工所支付的工具、牲畜等的补偿费用；

（8）实行租赁经营单位的承租人的风险性补偿收入；

（9）对购买本企业股票和债券的职工所支付的股息（包括股金分红）和利息；

（10）劳动合同制职工解除劳动合同时由企业支付的医疗补助费、生活补助费等；

（11）因录用临时工而在工资以外向提供劳动力单位支付的手续费或管理费；

（12）支付给家庭工人的加工费和按加工订货办法支付给承包单位的发包费用；

（13）支付给参加企业劳动的在校学生的补贴；

（14）计划生育独生子女补贴。

2. 社会保险费用

社会保险费用是指国家通过立法对劳动者在生、老、病、死、伤残、失业时给予物质帮助的费用。社会保险费用是由国家、企业和个人三方分担。目前实施的社会保险有养老保险、工伤保险、失业保险、医疗保险和生育保险。

3. 职工福利费用

职工福利费用是指在工资以外按照国家规定开支的职工福利费用。主要用于职工的医药费，医护人员工资，医务经费，职工因工负伤赴外地就医路费，职工生活困难补助，企业举办社会性服务机构中的工作人员的工资，以及按照国家规定开支的其他职工福利支出。如独生子女费、丧葬抚恤费、集体福利事业补贴、工会文教费、集体福利设施费、探亲路费、上下班交通补贴、洗理费和解除劳动合同的费用。

4. 职工教育经费

职工教育经费是指企业为职工学习先进技术和提高文化水平而支付的费用。

5. 劳动保护费用

劳动保护费用是指企业购买职工实际使用的劳动防护用品的费用。企业为劳动者免费提供符合国家规定的劳动防护用品，主要有工作服、手套等劳保用品。解毒剂、清凉饮料，以及规定工种所享受的保健食品待遇。

6. 职工住房费用

职工住房费用是指企业为改善职工住房条件支付的费用。主要用于交纳住房公积金、提供住房补贴、职工宿舍折旧等。

7. 工会经费和其他人工成本支出

包括工会经费、没有列入工资总额的劳动报酬、按规定对职工的特殊奖励等。

对于一个已经运作多年的企业而言，做人工成本测算须分两步走，首先是对原有的人工成本进行一些分析，确认一下本公司的人工成本是否合理，不合理的成本支出，即便企业有支付能力也是不妥当的。其次就是根据企业的经营情况对人工成本进行估算。

## （二）人工成本分析

常用的人工成本分析指标主要有劳动分配率、人事费用率、人均人工成本、人工成本产出系数、人工成本销售收入系数、人工成本含量、人工成本工资含量、全员劳动生产率。

1. 劳动分配率

劳动分配率反映劳动投入对企业净产出的影响，又反映企业新创造价值中对职工分配的份额，是反映劳动投入与净产出关系的指标。用公式表示为：

$$劳动分配率 = \frac{人工成本}{增加值} \times 100\%$$

其中增加值（工业增加值）是指工业企业在报告期内以货币表现的工业生产活动的最终成果。

2. 人事费用率

人事费用率反映劳动投入占实现价值形态的总产出程度，是反映劳动投入产出的指标。用公式表示为：

$$人事费用率 = \frac{人工成本}{销售收入} \times 100\%$$

其中销售收入是指企业销售产品或提供劳务等取得的收入。包括产品销售收入和其他销售收入。

3. 平均人工成本

平均人工成本是反映人工成本水平的指标。用公式表示为：

$$平均人工成本 = \frac{人工成本}{职工人数}$$

其中职工人数是指在本企业工作并由其支付工资的人数。

4. 人工成本产出系数

人工成本产出系数是反映人工成本投入产出效益状况的指标。用公式表示为：

$$人工成本产出系数 = \frac{增加值}{人工成本}$$

5. 人工成本销售收入系数

人工成本销售收入系数是反映人工成本投入产出效益状况的指标。用公式表示为：

$$人工成本销售收入系数 = \frac{销售收入}{人工成本}$$

6. 人工成本含量

人工成本含量是反映劳动效率状况的指标。用公式表示为：

$$人工成本含量 = \frac{人工成本}{总成本}$$

7. 总成本（成本费用总额）

总成本是指企业的产品销售成本、产品销售费用、管理费用和财务费用之和。

8. 人工成本工资含量

人工成本工资含量是反映工资占人工成本的比重。用公式表示为：

$$人工成本工资含量 = \frac{工资}{人工成本}$$

9. 全员劳动生产率

全员劳动生产率反映工业活劳动投入的经济效益指标。用公式表示为：

$$全员劳动生产率 = \frac{增加值}{职工人数} \times 100\%$$

上述指标有些存在着相互依附的关系，有些需要通过与其他企业的比较才有价值，而有些如总成本则需要视企业自身的赢利能力而定。因此可根据上述指标的构成原理建立人工成本分析的模型。

按现行企业财务会计制度，涉及人工成本的项目共有近50项，在制作年度人工成本分析模型之前，应先采集相关数据制作一个《人工成本数据采集表》，然后运用计算机通过链接方式生成人工成本分析模型，最终形成当前的人工成本数据基础。在采集相关数据时，要根据决策者的需求决定是采集预提数还是实际发生数，准确掌握这一点是十分重要的。

理想的人工成本分析结果应是 U 型的，即"二高一低"，高人均人工成本，低人工成本含量，高人工成本投入产出系数。建立和推行人工成本分析模型，有助于企业通过模型对人工成本指标进行层层分解，从构成指标的因素入手，帮助企业寻找管理差距，为提高企业管理水平提供帮助；有助于预测企业未来的人工成本走向，为企业规划提供决策依据；有助于考核企业人力资源部门业绩，为加强人力资源管理指明努力方向。

以 K 公司为例，在抽取了 2012 年度所有人工成本数据之后，得到的相关指标数据如下：

人均人工成本：人均人工成本反映人工成本的水平。2012 年 K 公司平均人工成本总额比上年增加 8%。平均人数比上年增加 10%，平均人工成本总额增长幅度低于行业平均水平。这说明 K 公司对新入职员工的薪酬和调薪把控还是比较严格的。

人工成本投入产出指标：劳动分配率是反映劳动投入与净产出关系的指标，反映企业新创造价值中对职工分配的份额。2012 年 K 公司平均劳动分配率为 30.24%，比上年降低了 7.86 个百分点。劳动分配率下降说明 K 公司企业经济发展势头良好，有能力应付业务的高速发展。

人事费用率是反映劳动投入产出的指标，反映劳动投入占已实现价值形态的总产出的程度。2012 年 K 公司平均人事费用率为 10.0%，与上年度接近。

人工成本销售收入系数是人事费用率的倒数，2012 年 K 公司平均人工成本销售收入系数为 10.0，比上年提高了 0.18。

总成本人工成本含量是反映劳动效率状况的指标，体现出劳动效率的提高程度。2012 年 K 公司平均人工成本含量为 10.68%，比上年降低了 0.94 个百分点，最高为 21.0%，最低为 3.8%。高低相差 17.2 个百分点。这说明 K 公司企业有一定的竞争潜力。

劳动生产率是反映企业活劳动投入的经济效益指标。2012 年 K 公司平均劳动生产率为 8.04 万元，比上年提高了 2.77 万元。

2012 年 K 公司平均人工成本构成为：工资总额为 65.8%，社会保险费为 11.0%，职工福利费为 8.9%，职工教育经费为 1.1%，劳动保护费为 3.7%，工会经费为 1.2%，其他人工成本为 5.7%。社会保险费、职工福利费、职工教育经费、工会经费等是按工资总额的一定比例提取的，具有一定的刚性，控制人工成本的关键在于控制工资总额。

在对 K 公司原有的人工成本进行过分析之后，我得出了这样一个结论：K 公司以往的薪酬管控比较严格，曾经有的一整套严密的薪酬人事管理系统发挥了它的作用，整个公司的薪酬人事管理运行正常，没有发生某些公司在高速发展期常出现的短期薪酬混乱的局面。

K 公司的业务发展态势很好，其销售收入的增长使人工成本占销售收入的比重越来越低，而 K 公司的利润率却在一直走高，因此 K 公司的薪酬有增长的空间，对重新建立薪酬体系是非常有利的。

K 公司的劳动生产率、人事费用率在与同行相比都处于比较先进的行列，这说明 K 公司的管理水平较之同行也是不错的。

K 公司的人工成本构成中工资总额所占幅度远远高于其他项目，这与目前国内普遍实行的高收入低福利的政策是有很大关系的，因此工资总额成为较为敏感的薪酬组成部分，对工资总额的控制情况将影响整个薪酬体系的良性运转。

对以往的薪酬数据进行分析之后，可以根据这些数据对薪酬改革后的薪酬总额进行预测。

薪酬总额的预测常用的有三种方法，分别是投入产出法、历史比较法和行业比较法，或者将几者结合起来，也就是说可用历年的企业投入产出数据进行测算，可以用企业内部的数据，也可以参考外部企业的数据，然后测算出薪酬总额占销售收入的百分比，占利润的百分比，人均薪酬总额是多少（见表 5-2 和表 5-3）。需要注意的是薪酬的增长水平一般都要低于利润增长水平。

表 5-2　　　　　　　　　　内部投入产出分析法（样表）

| 年度 | 产值 | 销售额 | 利润 | 工资总额 | 总人数 | 人均产值 | 人均销售额 | 人均利润 | 每元工资产值 | 每元工资销售额 | 每元工资利润 |
|------|------|--------|------|----------|--------|----------|------------|----------|--------------|----------------|--------------|
| 2001 | | | | | | | | | | | |
| 2002 | | | | | | | | | | | |
| 2003 | | | | | | | | | | | |
| 2004 | | | | | | | | | | | |
| 2005 | | | | | | | | | | | |

表 5-3　　　　　　　　　　外部投入产出分析法（样表）

| 年度 | 产值 | 销售额 | 利润 | 工资总额 | 总人数 | 人均产值 | 人均销售额 | 人均利润 | 每元工资产值 | 每元工资销售额 | 每元工资利润 |
|------|------|--------|------|----------|--------|----------|------------|----------|--------------|----------------|--------------|
| | | | | | | | | | | | |
| | | | | | | | | | | | |
| | | | | | | | | | | | |

测算出总值后，将薪酬进行分解，一种是可以仿照样表的格式将薪酬总额按项目进行分解（见表5-4和表5-5），另一种是将薪酬的预算分解到部门，将预算与部门的产出联系起来。

**表 5-4** 　　　　　　　　企业人工成本预算表（样表一）

| 项目 | 编号 | 实有数 | 项目 | 编号 | 实有数 |
|------|------|--------|------|------|--------|
| 企业个数 | 1 | | 失业保险 | 14 | |
| 从业人员年平均人数 | 2 | | 医疗保险 | 15 | |
| 其中：在岗职工平均人数 | 3 | | 其他保险 | 16 | |
| 　　　不在岗职工平均人数 | 4 | | 3. 职工福利费用 | 17 | |
| 　　　预计销售收入 | 5 | | 4. 职工教育经费 | 18 | |
| 　　　预计成本费用总额 | 6 | | 5. 劳动保护费用 | 19 | |
| 　　　预计企业增加值 | 7 | | 6. 职工住房费用 | 20 | |
| 　　　预计利润总额 | 8 | | 7. 其他人工成本 | 21 | |
| 　　　预计人工成本总额 | 9 | | 其中：不在岗职工生活费 | 22 | |
| 1. 从业人员劳动报酬总额 | 10 | | 补充资料：上年从业人员年平均人数 | 23 | |
| 其中：在岗职工工资总额 | 11 | | 上年在岗职工平均人数 | 24 | |
| 2. 社会保险费用总额 | 12 | | 上年从业人员工资总额 | 25 | |
| 其中：养老保险 | 13 | | 上年在岗职工工资总额 | 26 | |

**表 5-5** 　　　　　　　　企业人工成本预算表（样表二）

| 部门 | 工资总额 | 社会保险费用总额 | 职工福利费 | 职工教育经费 | 劳动保护费 | 其他 | 合计 |
|------|----------|------------------|------------|--------------|------------|------|------|
| | | | | | | | |
| | | | | | | | |
| | | | | | | | |
| | | | | | | | |

## （三）工作方案的宣贯

在决定建立薪酬体系之初，计划制订和宣贯非常重要，在做计划的时候，尽量把未来的每一步行动都想清楚，特别是可能会出现的问题，并想好应对的策略，这才是真正未雨绸缪的做法。

第一步，要将薪酬管理工作计划和预算分析报告向各位公司高层领导做汇报。

第二步，由人力资源部出面组织部门总监/经理级员工会议，将公司精神传达下来。会议目的是希望在工作的过程中能够充分得到公司中层管理干部的支持和配合，如果没有这些管理层的员工的认可，本次重新建立薪酬体系的工作将很难展开。在会议上人力资源部充分听取了各部门负责人的意见和建议，适时地修正了某些工作进度的安排。

第三步，向全体员工发放公司正式的通知，告知公司将进行薪酬的重大改革，改革的结果将使公司的薪酬体系更趋合理和公平。

第四步，建立公司薪酬管理委员会和工作小组。通常薪酬管理委员会由公司最高领导负责，组成成员包括各管理或业务模块的负责人、人力资源部负责人、工会或员工代表。工作小组则是为了人力资源部对外的联络沟通需要，有人力资源管理业务系统的（如每个部门设专职或兼职的人事专员），由各部门的人力资源管理人员构成，没有管理业务系统的，可由每个部门选派一名工作时间相对灵活、认真负责的基层员工负责。

第五步，也是非常关键的一步，就是有条件的企业应采取全员的宣贯，由于薪酬涉及每一位员工的切身利益，为确保能得到大部分员工的支持和响应，人力资源部应主动采取措施，让公司上下都能有机会较为全面地了解本次薪酬变革的重大意义和今后一段时期内公司将要采取的工作步骤。

高教授的课件做得很简洁，没有大部分的文字堆砌。汪宁在高教授讲的过程中，拿了支笔，把教授讲的案例以及重点记了下来。

## 思考练习题

试着帮汪宁制订一份薪酬管理工作计划宣传方案。

# 第二节　工作分析

"将薪酬工作计划宣贯后，就应该着手准备对部分岗位的工作分析。我们来看看工作分析怎么做。"高教授继续讲道。

"工作分析是人力资源从业者的基本功之一。工作分析有多种方法，常用的包括问卷调查法、访谈法和工作观察法，很多人喜欢用工作分析问卷对各岗位进行工作分析，并不辞辛苦地直接到一线去观察员工的实际工作情况，并请部分岗位的员工拟写工作日志以帮助自己明确各岗位的工作职责。这样做很耗费精力，而且效果也不佳。由于工作分析的问卷很大，很多员工觉得填写它有困难，因此提交的问卷空白处非常多，工作日志也是如此，大家对这些额外的工作量颇有怨言。这是一件费力不讨好的事。

工作分析的目标是为了进行职位评估，侧重点就应该放在区分不同职位的工作性质、复杂程度、工作的难易程度上，无须面面俱到。所以，我的经验是，采取下面几种方法。"

对于管理岗位的员工而言，直接要求他们拟写职位说明书，通过修订职位说明书进行工作分析；

对于工人岗位而言，利用工作标准程序进行工作分析；

鉴于本次工作分析最主要的目的是做职位评估，因此对分析岗位任职资格（也就是工作规范）的要求比较高，拟采用问卷调查的方法。

对关键岗位，加大访谈力度，访谈对象可包括该岗位现在职员工、上级主管以及与该岗位工作衔接最为密切的岗位上的员工。

## 一、制订工作分析的工作计划

制订工作分析方案是件相对比较复杂的工作，需要事前进行深刻的思考。在设计这项行动计划时，必须确认具体的活动和方法。另外，必须认识到可能促成或阻碍成功的因素。还需要设定时间表，组成工作小组，以及确定收集信息的方法。在这个阶段，对细节的注意以及及时的总结，将有助于解决极有可能出现的操作上的问题。

通常工作分析实施者对编制工作分析问卷和组织面谈的经验并不算丰富，而对于填报问卷和参与面谈的员工来说，更可能不得要领。因此先进行工作分析的培训非常必要。工作分析人员必须要了解所有层级员工的态度，良好的合作是保证工作分析过程有效率、结果准确的基础，如果可以的话，应事先把可能不合作的人确认出来，采取一些相应的行动，从而将那些人的抵触情绪降至最低，并且还可能会将消极感受转化为积极的感受。

## 二、工作分析的步骤

通常工作分析有如下四个步骤。

1. 确定工作分析的目的

通常来讲，工作分析作为人力资源管理的基础，其目的可以涵盖所有的人力资源管理范畴，比如招聘和选拔、设定绩效基准、进行有组织的培训、合理的人员配置、科学地支付薪酬等。假设我们将工作分析的目的设定为：建立薪酬支付的基础。运用工作分析提供大量而且重要的信息，区分不同岗位的工作艰巨性、复杂性和危险性等，从而可以评估出不同岗位间的差异，为岗位评估建立基础，最终建立合理的薪酬等级和结构。

2. 了解组织的结构、运作以及各种流程

工作分析源于不同的组织拥有不同的组织结构和流程，每个岗位才会有不同的分工。公司里许多内部资料可以有效地提供相应的工作信息，所以在制订工作分析方案之前，应该了解的资料包括：公司的经营目标和业务发展方向；年度经营计划和当期的战略规划；各部门的工作目标；现有的工作说明书等。

有三类已有的规范性文件是必看的——组织结构图、流程图和任何工作的程序手册（比如商务支持手册等）。

需要注意的是，现有的组织结构图往往是过时的，并且可能无法真实反映公司的运作。在这种情况下，更新组织结构图是必要的。

除此之外，在工作分析准备过程中，更新组织结构图的同时，应建立一个简单的工作名称和任职者姓名目录的清单，将有助于控制工作分析的过程，比如确认谁完成或未完成调查问卷，哪些人将被安排访谈。

| 流　　程 | 输出结果 | 过程说明 | 执行部门 | 目前负责人 | 时限 |
|---|---|---|---|---|---|
| 统计销售数据 ← SAP数据 | 考核数据统计表 | 填总表，发销售助理张×，抄送王×、武× | 商务部 | ××× | 次月3日 |
| 销量分解 | 考核数据统计表 | 确认各个销售人员销售业绩 | 销售部 | ××× | 次月8日 |
| 考核结果确认 | 月度考核表 | 将个人考核结果分别发销售人员邮箱，要求其确认 | 行政助理 | ××× | 次月12日 |
| | | 个人以邮件的形式确认当月考核表 | 被考核人 | ××× | |
| 考核结果汇总 | 考核结果统计表 | 依据确认情况填报考核结果统计表，书面报表交总经理签字，邮件与销售数据统计表一起发王×，抄报武× | 笔记本事业部 | ××× | 次月16日 |
| 考核结果核对 | | | 公司人力资源部 | ××× | |
| 计算绩效工资 | 绩效工资计发表 | 根据考核结果计算个人绩效工资，填报表，报送鲁×，抄送董× | 公司人力资源部 | ××× | 次月20日 |
| 审核 | | | 公司人力资源部 | ××× | |
| 绩效工资发放 | | | 公司人力资源部 | ××× | 与次月底薪同步 |
| 结束 | | | | | |

**图 5-1　某部门绩效考核流程图示例**

　　流程图和组织结构图相比，能够更详细地了解工作或工作流程。一份简要的流程图（见图5-1）可以表明所分析的工作的投入流和产出流。特别是可以界定出某个岗位和某个岗位之间的交接环节、职责权限。

　　程序手册在很多公司里并不常见，但很多文件与程序手册有异曲同工的效果。比如产品规划规范、商务支持手册、流水线岗位工作规范等，这些文件都是任职者为了明确工作具体操作步骤和结果而制定的，通常确认了工作的投入和产出，而且可能详细到了每个工作步骤应涉及的表格和文档。虽然职位说明书可能不需要像工作标准程序那么详细，但这些程序对于确认工作内容是非常有帮助的。

　　3. 确认并选取收集工作信息和其他有关情况的方法

　　通常工作分析采用问卷调查和访谈结合的方法来收集工作信息。

　　4. 列出必要的日常和符合逻辑的工作步骤，制订工作计划和日程表

　　工作分析的工作计划包括如下内容：明确工作分析的用途是为了新的薪酬体系的建立；确定用于收集有关数据和信息的工具种类；确定所要分析的岗位；评估现有员工对该项工作的支持程度，有哪些因素将直接影响进度；确认工作时间表，这个时间表包括如下几部分内容：向员工通报并解释工作分析方案（可采用集体会议、书面沟通、主管主持的员工会议等手段）—由任职者填写问卷和职位说明书—由任职者的主管评价问卷和职位说明书的全面性和准确性—人力部审阅所填写的问卷和职位说明书—总结问卷，修改职位说明书—二次沟通和修订，安排访谈—任职者和其直接上级评价修订后的职位说明书，并提出最终意见—人力资源部整理成文。

# 第三节　职位评估

　　接下来就是要对职位进行评估了。职位评估是一种合理而公正的对职位定级的制度，它把各项职位进行比较或按预定的标准加以衡量，以确定职位在一个组织中的相对价值。

## 一、职位评估的目的

　　在做职位评估前，我们不禁要想到这样的问题：企业为何付酬？企业要付多少薪酬？通常企业在考虑付酬因素时需要考虑多方面的指标，核心是工作本身和在工作岗位上的人。从宏观讲，薪酬水平的确定将取决于市场因素和企业支付能力；从微观上讲，薪酬结构和支付水平则将取决于工作本身和在工作岗位上工作的人。对于工作价值的判断也就需要职位评估。

## 二、职位评估的方法

　　"我把职位评估的基本方法（见表5-6）整理了一下，你认为哪些方法好用呢？"

高教授问。

表5-6 评估方法比较

| 评估方法 | 定义 | 优点 | 缺点 |
|---|---|---|---|
| 简单排序法 | 由负责职位评估的人员，根据其对企业各项工作的经验认识和主观判断，对各项工作在企业中的相对价值进行整理比较，并加以排序 | 简单，无复杂的量化技术，不必请专家，成本低 | 缺乏详细具体的评价标准和衡量尺度，主观性较强 |
| 分类套级法 | 评估者预先制定出一套供参照用的职位级别标准，然后将待定级的职务和标准进行比较分析和整体的综合性评价，并将其编入相应的职务级别中 | 简便易行，通过事先规定好的职级标准及层级描述，减少评价人员的主观影响 | 只做综合性评估，不做因素分解，难于进行精确评比。局限性较大，适合小型的、结构简单的企业 |
| 元素比较法 | 在确定关键岗位和付酬因素（即企业认为应当并愿意为之支付报酬的因素）的基础上，在运用关键岗位和付酬因素制定关键岗位排序表，然后将待评岗位就付酬因素与关键岗位进行比较，确定待评岗位的工资率 | 较系统和完善，可靠性比较高，且比较灵活，根据评价结果可直接得出相应的具体工资额，减少主观性 | 评估难度高，需请专家指导，成本高 |
| 评分法 | 先确定影响所有岗位的共有因素，并将这些因素分级、定义和配点，以建立起评价标准。然后根据评价标准，组织人员对所有岗位打分测评，最终判定岗位排序 | 将付酬因素进行分解，评估结果可靠，主观影响小 | 设定付酬因素和权重较为复杂，专业水平要求高 |

汪宁说："我觉得评分法会好些？"

高教授说："嗯，评分法是目前国内最常用的一种职位评估方法。职位评估是对职位价值的相对性判断，因此需要依照一定的标准做出判断。在职位评估过程中必须做到：

1. 反映职位的商业价值。

2. 确定不带偏见的比照级差，反映职位的业绩和要求。

3. 对工作性质的变化做出反应。

4. 与其他人事管理过程相协调。

从实际效果看，并非所有的岗位都得用评分法来做评估，比如工人岗位，用排序简单易行，便于操作也是可以选择的。职位评估不在于选择什么样的方式方法，而在于在具体实施过程中控制把握好一些无关因素，尽量避免一些人为的影响，保持评估在一定程度上的客观性才是最重要的。

任何只要是人为打分的行为，就算是高考，除非有标准答案，非A即B，否则都是不能完全免除主观影响的。把这些主观影响降到最低是职位评估的核心要求，这就需要我们在评估的方法和具体实施上下功夫。从评估的方法上讲，评估的指标越明确，指标体系越完善，指标的等级描述越清晰，越有利于评估的准确性。从具体实施上讲，参与评估人员的选定则变得非常重要。

### 三、职位评估工作步骤

按照常规做法，通常，我们将职位评估的工作分为如下步骤。咱们还是以K公司为例。

1. 划分职位等级，建立职务序列，确定评估方法

K公司目前已有职务序列，只需做简单调整即可。根据岗位基本情况，首先把岗位分为非工人职岗位和工人职岗位，工人职岗位主要包括流水线上的一线工人、班组长岗、后勤行政部门的司机、修理工等。非工人职员工则包括管理类、技术类、销售类三大类别。

在职务评估之前，序列之间的各岗位并无互相比较的可能性。针对不同的类别，考虑到评估的难度、成本等诸多因素最终选择了这样的评估方法：

管理职岗位由于岗位较多，且岗位职责差异较大，因此考虑设计岗位评价因素，按评分法进行评估。

技术职、销售职因岗位较为集中，都分布在一两个部门里，同一序列的岗位职责接近，在公司内设置的岗位也不太多，所以按分类套级法进行评估。

工人职岗位工作内容较为简单，可比因素比较难找，按排序法进行评估。

最后将分别从各大类岗位序列中提取一些岗位用评分法进行综合评估，最终使序列之间可比较。

2. 评估工具设计

每套评估都需要设计出各自的评估方案，评估方案的内容包括评估的步骤，评估用的工具（表格、文件等），培训评估人员使用的教案，评估结果汇总表格等。这些工具的设计都需要事先进行周密的设计，才能保证评估过程没有重大纰漏。

需要提醒的是，如果是自己根据企业情况设计的评估工具，最好在正式实施评估前，在小范围，比如人力资源部内部或一个不超过五个岗位的小部门或班组内进行一下试评，这样有助于考察评估工具的设计是否合理，评估结果是否相对客观。

3. 成立职位评估小组，确定小组成员

职位评估小组成员一般为7~9人。职位评估小组的成员通常要求对公司的整体运作比较熟悉，具有一定的代表性。并且选择范围应包括高层领导、中层领导、基层

员工。

一般来讲，评估小组选取成员时首先考虑的是自身基本素质较高、在公司年限较长、口碑较好的员工，一来他们对公司各部门和岗位比较熟悉，二来评价结果相对令人信服。其次评估小组尽量避免人力资源部人员参与，人力资源部在建立薪酬体系工作的过程中，应始终是一个组织者和具体实施者，而不是评价者和决策者，这样有助于与各部门和各层级员工的良好沟通。

4. 对职位评估小组成员进行职位评估的培训

由于参与评估的小组成员都不是人力资源专家，因此在进行评估之前必须事先给予一定的培训辅导。培训的内容包括职位评估的概念、职位评估的意义和作用、职位评估的方法、公司的职务体系、公司选用的评估方法、评估的标准和工具、如何进行评估、评估需要注意的事项等。

职位评估的培训有条件的可以请外部咨询机构来实施，外部咨询机构的培训特点是培训的广度和深度比较到位，培训更具系统化，但培训内容与企业的结合度差，在培训之后人力资源部仍要组织会议告知本次职位评估的流程和如何进行评估。

培训也可以由人力资源部经理或专职人员进行讲解。由于评估小组涉及高层领导和骨干员工，这就要求人力资源部的工作人员对职位评估具有较高的理论和实践基础，有一定的表达能力，能够言简意赅地把职位评估的过程和方式解释清楚，同时要求事先做的评估方案务必详尽，注意细节，以确保在培训过程中不因方案的疏忽导致评估小组成员对评估有所误解。

5. 确立基准职位

在一次评估中的基准职位一般挑选 10～15 个职位。选择基准职位应该尽量选取带有如下特征的职位：

（1）职位内容众所周知、相对稳定，得到从事该职位雇员的这些职位的供求相对稳定，且不受最近变化的影响。

（2）这些职位能代表当前的所研究的完整的职位结构。

（3）这些职位上有相当数量的劳动力被雇用。

基于这三点原则，每个岗位序列进行单独评估时各选取了 10 个岗位，进行最后的综合评估时共选取了 15 个职位分布。

6. 评估小组成员熟悉各岗位的职位说明书

熟悉职位说明书最主要的目的是能够较为详细地了解各基准岗位具体的工作职责和工作内容。日常工作分析时掌握的这些职位的情况，包括其在流程中的位置、该岗位的在岗员工、主管、相关部门的员工对该岗位的看法——做了补充，以便评估小组的成员能更为全面地熟悉这个岗位。由于工作分析时通过工作规范问卷对岗位任职资格有了比较精确的界定，因此熟悉了岗位说明书就可以明确地比较出哪个岗位的任职资格高于另一个岗位，这样比较容易得出岗位的排序。

7. 对基准职位进行评估

至于人力资源部要做的事情就是按照事先设计的评估方案，组织评估小组成员进行评估，并将评估结果汇总，最终得出每个职位的评估分数或评估等级，并将其进行排序。

8. 对非基准职位进行评估

基准岗位毕竟只评估了十几个岗位，一个大规模的公司内部设置几十个上百个岗位屡见不鲜，在对基准岗位评估过后就需要拿非基准岗位与基准岗位做比较，使每个岗位都参与评估，具体做法可灵活掌握，比如，可先根据公司的组织结构将非基准岗位分组，围绕基准岗位再次进行重复评估。也可将评估小组的成员扩大范围，在某一群组进行评估时，邀请该群组的直接上级或对该群组比较熟悉的人员参与评估，如围绕基准岗位会计的职务群组可请公司财务副总裁参与评估，评估的结果公布前可与该群组的部分员工进行沟通，试探他们对评估结果的反应，从侧面了解一下评估结果是否可得到在岗员工的支持。

9. 综合职位评估结果，建立公司职位排序

职位评估最终会产生不同序列的职位排序，这一职位排序可直接与职务工资进行挂钩，也可以单独设计工资结构等级，按职位评估结果对照确定每个岗位的工资。

职位评估本身是一个小组的成员对职位进行评价的过程，主观因素在其中势必会起到很大影响，因此职位评估过程必须基于一定的准则，并受制于这些准则，否则很难确保评估的公正性。

最基本的准则包括：

（1）职位评估是对职位而不是对人员的判断。

（2）职位评估是对正常（一般水平）而非"特殊业绩"的判断。

（3）职位评估是对目前而不是过去或未来职位状况的判断。

（4）职位评估的判断不涉及当前的工资及地位。

（5）职位评估的判断是建立在职位信息充分把握的基础上，没有了解就无法评估。

**思考练习题**

简述职位评估的步骤。

# 第四节　建立工资结构

做完职务评估之后，我们可以得到工作岗位之间的排序和具体的工作评价分值，并得到其他全部参与评估的岗位与这些关键岗位之间的对比。也就是说职位评估的确做到了将岗位进行排序的作用，并有了其相对的价值，比如人力资源部通过评估就得出了这样的分值排列（见表 5-7）。

**表 5-7**　　　　　　　　　　　K 公司人力资源部职位评估结果

| 岗位 | 分值 |
|---|---|
| 薪酬主管 | 260 |
| 招聘主管 | 250 |
| 培训主管 | 235 |
| 绩效主管 | 245 |
| 招聘人事专员 | 155 |
| 工资管理专员 | 180 |
| 培训助理 | 125 |

从这张评估结果表中，我们可以明显地看出人力资源部的岗位分成两个大等级，"主管"级的岗位有 4 个，他们的分值都在 250 分左右，其中薪酬主管的岗位分值要比其他主管的分值高些；而另外三个岗位则在工作职责、工作难度等方面要低得多，因此在专员等级，甚至可能是初级职员的级别。

现在，我们将所有的岗位进行归类（见表 5-8）。

**表 5-8**　　　　　　　　　　　K 公司职位体系与岗位对照情况

| 管理序列 | 岗位举例 | 技术序列 | 岗位举例 | 销售序列 | 岗位举例 | 工人类 | 岗位举例 |
|---|---|---|---|---|---|---|---|
| 公司高管 | 公司总裁、副总裁 | 总工程师 | 研发总监 | 部门经理级 | LG 产品销售部经理 | 工人技师级 | 各产品流水线线长，有高级技师职称者 |
| 总监级 | 总经理助理、市场总监、营销总监 | 高级工程师 | 研发项目负责人、产品线负责人 | 销售经理级 | 各省首席代表 | 高级工级 | 各班组长、焊工、铣工 |
| 部门经理级 | 职能部门经理如人力资源部经理、高级业务经理如企划经理 | 工程师 | 技术支持工程师、产品研发工程师 | 资深销售代表级 | 各地区销售负责人 | 中级工级 | 司机、电工 |
| 主管级 | 薪酬主管、商务主管 | 助理工程师 | 技术支持、网管 | 销售代表级 | 业务员 | 初级工级 | 普工、学徒工 |
| 专员级 | 薪酬专员、市场专员、成本会计 | | | 销售助理级 | 业务助理 | | |
| 文员级 | 前台秘书、出纳、培训助理 | | | | | | |

职位评估结果已经出来了，接下来就要进入最关键的工资结构设计环节了，在工资结构设计中，我们需要注意哪些问题呢？我们如何将现有的分值转化为工资呢？

在做工资结构设计时，我们首先需要有一个指导方针，指导方针是工资结构的灵魂，有了指导方针，其他步骤依次做就是了。指导方针是由公司的高层决策者制定的，他必须考虑如下几个方面，并进行准确的定位。

（1）公司的最低和最高工资水平？一要考虑企业内部支付能力的重要参考，二是需要考虑市场的压力，企业当然希望用最少的工资雇用最好的员工，但面对人才市场上的人才价格，这一条显然行不通。同时还得考虑政府的政策法规。

（2）工资的各个水平之间的一般关系。比如，我们将 K 公司岗位分为非工人类的管理序列、技术序列、销售序列和工人类，这四个序列之间的工资水平关系如何？工人类的最高工资比管理序列的肯定要低得多，但相当于什么位置呢？是部门经理级还是主管级？

（3）工资水平与同行业相比是处在上游、中游，还是下游？甚至是不是需要用行业内最高或最低的工资雇用员工？

（4）对于薪酬总量的划分，哪些属于基本工资、哪些属于奖金、哪些属于绩效工资、哪些属于福利？

上述四点齐备之后，才可以开始设计工资结构。

设计工资结构的第一步，我们需要了解外部信息，否则就不知道何种工资水平是符合公司指导方针要求的，这就需要有市场的薪酬调查数据；第二步是确定公司需要多少个工资结构；第三步是结合企业内外部数据确定企业内部工资水平的指导线；第四步是工资等级设计；第五步要对新的工资结构进行评价。

## 一、薪酬调查

汪宁问："用什么方法来获取自己需要的数据呢？"

高教授说："理论上有两种方式。一种是借助外部的咨询机构，直接购买它的关于本行业的薪酬报告或者参加它组织的薪酬调查，此种方式的优点是便捷快速，花费的时间和精力少；缺点是外部机构的薪酬报告数据所对应的职位往往不能与企业内部的职位相对应，而且薪酬数据的真实性难以把握。另一种方式是自己组织薪酬调查，设计薪酬调查问卷，直接发往需要被调查的公司或被调查者，此种方式优点是数据来源真实，有针对性；缺点是花费时间长，精力投入大。更令人为难的是，目前中国大陆的企业往往把薪酬作为最高机密，轻易不肯外泄，因此很多企业选择前面一种方式，即通过第三方获取薪酬调查报告。

不过按我的经验，在研究以往关于薪酬调查的资料时，发现国外有非常完备的调查方案，如果具备了一定的条件，比如通过参加同业俱乐部或各种协会、学会，实现同行之间的定期交流。每年向几家公司发放工资调查问卷也是可行的。

结合国外的调查方案和国内的实际情况，我总结出一套如何自己进行薪酬调查可采取的方法。"

1. 明确薪酬调查的内容

一般来讲，薪酬调查的主要内容包括：

（1）了解企业所在同行业企业的工资水平。特别是企业高级管理人员和专业技术人员的工资水平，这是企业避免骨干员工"跳槽"的有效途径。

（2）了解本地区的工资水平。如果是全国性的公司，比如 K 公司，则要了解其分公司所在地的工资水平。因为在我国，不同地区因为生活费用水平、生产发展水平不同，工资水平的差异非常大。

（3）调查薪酬结构。薪酬结构的调查力求全面。除了了解基本工资、奖金、津贴等货币化薪酬之外，还应了解有没有其他非货币性报酬，如带薪休假、各种保险计划、弹性工时计划等。

2. 确定接受调查的职位

薪酬调查不可能涉及企业内的所有职位，因此就需要找出一些基准职位，一般来说，这些职位应该：

（1）分布范围广。很多企业都设置这个职位。

（2）有精确的定义，并且在各个企业内具有相当一致的含义和不容易被误解的头衔。

（3）大多数企业用非常相似的方式界定了这个职位的职责和权利。

（4）需要考虑到这个岗位目前在岗人员的技能水平，同一岗位熟练工和学徒工的工资差异是非常大的。如果可能的话，应该考虑这个岗位的所有技能水平。

3. 设计薪酬调查问卷

调查问卷（见表 5-9）。

表 5-9                              薪酬调查问卷（范例）

企业基本情况

　√ 上年度经营收入（万元）：

　√ 员工总数：

　　——含管理人员_____人

　　——含销售人员_____人

　　——含技术人员_____人

　　——含正式工人_____人

工时制度

　√ 贵公司的员工通常每周工作多少小时？

　　——其中有多少时间用于吃午餐

　　——有多少次休息？有多少时间用于休息？

　√ 贵公司的员工有轮班工作的吗？如果有，请描述其岗位分布：

　√ 贵公司有不定时工作制的员工吗？如果有，请描述其岗位分布：

工资政策

　　√ 贵公司经常支付加班工资吗？

　　　是＿＿＿否＿＿＿

　　√ 如果"是"，通常是给哪些类型的员工支付加班工资？＿＿＿＿

　　√ 在过去的一年中，贵公司是否支付过奖金或额外的报酬？

　　　是＿＿＿否＿＿＿

　　　如果"是"，最后一次的日期＿＿＿，约占薪酬的百分比为＿＿＿

　　　这些奖金主要支付给了哪类型的员工＿＿＿＿

　　√ 在过去的两年中，贵公司是否进行过薪酬的全面调整？

　　　是＿＿＿否＿＿＿

　　　如果"是"，调整日期是＿＿＿＿＿，调整的百分比约为＿＿＿＿＿

　　　这与物价指数有关系吗？有＿＿＿＿＿没有＿＿＿＿＿

　　√ 对于一位普通的初中或高中毕业生，没有专项技能或上岗证书的，贵公司的平均起薪是多少？＿＿＿＿

　　√ 对于一位没有工作经验的中专毕业生，贵公司的平均起薪是多少？＿＿＿＿

　　√ 对于一位没有工作经验的大专毕业生，贵公司的平均起薪是多少？＿＿＿＿

　　√ 对于一位没有工作经验的大学本科毕业生，应聘贵公司的管理职岗位，贵公司的平均起薪是多少？＿＿＿＿

　　√ 对于一位没有工作经验的大学本科毕业生，应聘贵公司的技术职岗位，贵公司的平均起薪是多少？＿＿＿＿

　　√ 对于一位没有工作经验的硕士及以上毕业生，贵公司的平均起薪是多少？＿＿＿＿

福利政策

　　√ 贵公司有带薪假期吗？

　　　有＿＿＿没有＿＿＿＿＿

　　　如果"有"，是怎样规定的？＿＿＿＿＿

　　　当年度未修完的假期将如何处理？

　　　累积到下一年＿＿＿＿＿作废＿＿＿＿＿用现金替换＿＿＿＿＿

　　√ 贵公司员工的病假工资如何计算？

　　√ 贵公司员工的产假工资如何计算？

　　√ 贵公司给员工缴纳下列社会保险了吗？

　　　养老＿＿＿失业＿＿＿工伤＿＿＿生育＿＿＿医疗＿＿＿

　　　是所有员工享受的保险政策都一样吗？

　　　是＿＿＿否＿＿＿

　　　除社会保险之外，贵公司还为员工缴纳其他保险吗？

　　　有＿＿＿无＿＿＿如果"有"，是哪种？＿＿＿

　　√ 贵公司有过节费吗？

　　　有＿＿＿无＿＿＿如果"有"，在何种节日发放？＿＿＿

　　√ 贵公司为员工制订"养老金计划"吗？

　　　有＿＿＿无＿＿＿如果"有"，是所有员工都享有吗？是＿＿＿否＿＿＿

　　　如果"否"，哪些类别的员工享有？＿＿＿

特殊岗位数据

工作名称：_____

简要的工作描述：

最低起薪：_____　最高起薪：_____

如果按年度计算，贵公司该岗位员工平均的工资总额是：

固定工资：_____　津贴与补贴：_____

社会保险：_____　其他福利：_____

非固定工资（绩效工资或提成）：_____　年终奖：_____

其他奖金：_____

工资总额：_____

---

### 4. 实施调查

实施调查可以利用比如 HR 俱乐部、行业协会活动这样的机会进行，也可以通过平时积累的本行业的人脉，在公司允许的情况下，通过交换的方式获得其他公司的数据，或者直接与其他公司受调查岗位的人员联系，获得一手材料。

### 5. 汇总调查结果

调查完毕后，需要将调查结果进行汇总，必要时还需要进行一些简单的统计分析。调查结果报告一般分职位罗列，如针对销售经理的职位（见表 5-10）。

**表 5-10　　　　　　　　　　薪酬调查报告（节选）**

职位名称：销售经理

职位概述：负责本地区（区域不超过省）面向直接客户的产品销售工作。产品为单一货品，不包括解决方案

| 受访者基本情况： | |
| --- | --- |
| 在岗者所属地区： | 全国 |
| 提供样本公司（家）： | 10 |
| 在岗者样本量（个）： | 19 |
| 在岗者平均年龄（岁）： | 27.1 |
| 在岗者平均工作经验（年）： | 6.4 |
| 在岗者最高学历： | |
| 博士及以上 | 0.0% |
| 硕士 | 5.3% |
| 本科 | 57.9% |
| 大专 | 15.8% |
| 高中 | 21.0% |
| 高中以下 | 0.0% |

续 表

薪酬调查数据

单位：元

| 薪酬福利项目 | 10%分位 | 25%分位 | 中位数 | 75%分位 | 90%分位 | 平均数 |
|---|---|---|---|---|---|---|
| 基本月薪收入 | | | | | | |
| 年度月薪数量 | | | | | | |
| 年度基本现金收入总额 | | | | | | |
| 年度交通补贴 | | | | | | |
| 年度误餐补贴 | | | | | | |
| 年度住房补贴 | | | | | | |
| 年度通信补贴 | | | | | | |
| 年度岗位津贴 | | | | | | |
| 年度置装补贴 | | | | | | |
| 年度体检补贴 | | | | | | |
| 年度其他补贴 | | | | | | |
| 年度补贴收入总额 | | | | | | |
| 年度固定现金收入总额 | | | | | | |
| 年度销售提成 | | | | | | |
| 年度绩效奖金 | | | | | | |
| 年度加班费 | | | | | | |
| 年度其他变动现金收入 | | | | | | |
| 年度变动收入总额 | | | | | | |
| 年度现金收入总额 | | | | | | |
| 年度实物福利 | | | | | | |
| 年度车辆福利 | | | | | | |
| 年度补充住房福利 | | | | | | |
| 年度补充养老福利 | | | | | | |
| 年度补充医疗福利 | | | | | | |
| 年度商业保险福利 | | | | | | |
| 年度法定福利 | | | | | | |
| 年度福利总额 | | | | | | |
| 年度总薪酬 | | | | | | |

## 二、决定工资结构数目

公司的工资结构通常不止一个，具体数据取决于公司的工作结构和市场水平。通常公司的管理层和非管理层可能使用两个工资结构，工人可能单独有一个工资结构，也可能需要根据工作族来划分工资结构或根据地区区域划分工资结构。

1. 管理层和非管理层的工资结构划分

很多公司对于管理层，特别是高级管理层使用的是不定时工作制，也就是说经过国家劳动部门批准和备案之后，这些员工并不按上班时间计算工资，也就没有通常意义上的加班工资，很多公司使用的是年薪制。针对非管理层，并不是说这些人不是管理人员，而只表示不是公司的核心管理层，或者用现在通行的叫法，这些属于执行层面的员工，他们属于白领，但只是中低级职员。这类管理人员是指一些普通的文职人员岗位，比如行政秘书、技术员等低级别的管理类、技术类员工，他们通常需要每天按时上下班，按照考勤计算工资。公司区分这两类工资结构的主要目的是为了便于管理。

2. 根据工作族划分工资结构

一般来说，管理、技术、销售、行政、工人都是不同的工作族。工资结构可以根据工作族来界定，每一个工作族在市场上都有其不同的工资样式。值得一提的是，国内通常销售类员工的工资结构与管理和技术类会有很大不同，由于市场竞争的激烈，为了更进一步激励销售人员，他们的工资更趋向于市场需要，更具激励性。而对于工人类员工而言，很多岗位会使用计件工资制，因此其工资结构也经常会独立出来。

3. 根据地理区域划分工资结构

有些公司的地理位置很分散，分公司、制造厂、客服中心和总部都在不同的地方。特别像大型集团、跨国企业这样的超大规模公司。因为当地的条件会直接影响工资水平，所以这类公司往往就需要根据不同地区区域的现行工资水平来建立工资结构。就算只在全国范围内，其实地区差异也是很大的，北京、上海、广东的工资水平远远高于内地。如果在不同地区设立的机构都很庞大，则按地理区域划分工资结构的方法值得推荐。

## 三、确定工资指导线

汪宁问："在薪酬体系的设计中，确定薪酬水平非常关键。前面通过市场调查，获得了外部的薪酬数据，那么公平性、竞争性、经济性、激励性、合法性等这些原则如何体现在具体操作中呢？"

高教授说："在体系设计之初，公司领导对企业薪酬提出了指导性的方针和要求，但方针只是些原则性的规定，不能用于直接操作，在具体操作上，还需要更为周详的考虑。

确定薪酬水平时要考虑的因素有很多，无论哪一个企业都是要赢利的，企业能够承担的成本就这么多，企业在确定员工薪酬水平时首要考虑的是企业有怎样的支付能力，怎样的组合才是最经济的，企业可以给高薪，但高薪要用到刀刃上，可以用比较低的薪水找到合适人选的就不需要花更多的成本，因此进行详细的人力成本测算是非常重要的。

所谓公平性，关注的是内在和外在公平。内在公平就是说要让企业的内部员工对新的薪酬水平表示认可，让他们觉得与同事相比，自己的薪水是公平的。要做到这一点，就要求薪酬管理在某种程度上的透明、公开，比如在职位评估过程中，评估结果的部分公开，就会使员工了解到自己的岗位在与别的同事所在的岗位相比，得分要少些，那么在薪水上要差些就是很正常的事情了。

而外在公平说穿了，就是企业可以倚仗这个薪资水平在市场上找到适合自己的人才。员工的薪水并非越高越好，但同样素质的人才在企业里的待遇和外界相比就不能太低，低了，他们就会感到不公平，这就需要比较同行业的工资水平。提到这一点，就不得不提竞争性的问题，高素质人才没有高薪即便进入了公司也待不久。就算公司在同行业中口碑很好，可以以相对便宜的待遇吸引到很优秀的人才，但这个待遇也不能低过他们的心理底线，这和保证外在公平一样，需要薪酬设计开发人员事先对人才市场的薪资待遇有比较充分的了解。"

## (一) 工资趋势线原理

确定工资指导线，就是把职位评估结果与工资水平联系在一起，在企业内部确定好最低工资、最高工资水平，以及不同岗位应该对应的工资水平，并且把它们用图示的方式表示出来。

将企业内各个职务的相对价值与其对应的实付工资之间的关系用两维的直角坐标系直观地表现出来，这就形成了一条工资趋势线。工资趋势线可以是直线的，也可以是非线性的。如图5-2所示，工资趋势线是线性的，横坐标表示通过职位评估所获得的企业内各项工作的相对价值的分数或对应等级，纵坐标表示对应的应该支付给该工作的工资值。理论上讲，工作的相对价值与实付工资之间是一种线性的关系，也就是

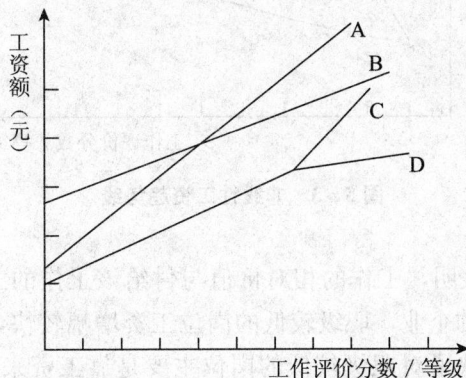

图5-2 工资结构线示意图

说，工作的相对价值越大，实付工资越高；工作的相对价值越小，实付工资越低，两者之间应该成正比。

图5-2中的A和B两条工资趋势线是单一的直线，说明其对应的所有工作都是按照某个一致的原则定薪的，工资值严格正比于工作的相对价值。其中A趋势线比较陡直，斜率较大，反映采用A工资趋势线的工作群偏向于拉大不同业绩员工的收入差距，现实中，更趋市场化的企业往往采用A趋势线拉大员工收入差距，以体现工作岗位对公司的重要性和贡献明显不同；B线较平缓，斜率较小，反映采用B种工资趋势线的工作群偏向于照顾大多数，不喜欢收入差距悬殊，以往的国有企业的工资结构往往倾向于这样的趋势线。

而C线和D线是两条折线，C线后段斜率增大，D线后段斜率减小。采用C线的企业可能是考虑某一职级以上的员工为公司的骨干，对企业经营成败影响很大，是企业的核心团队，故以高水平的工资加以激励，比如当前很多公司部门经理级以上员工的工资明显高于普通员工，一来该级别以上的员工人才难得，在人才竞争激烈的形势下，需要给予高工资来吸引人才，更重要的是企业遵循了80/20原则，认为这20%的岗位为企业创造了80%的价值，因此给予这些岗位明显高于其他岗位的工资水平。采用D线的企业可能是为了平息某一职级以下员工的抱怨，因而降低该级别以上员工的薪水。如果该企业普遍薪水起点较高的话，将很有可能存在这样的工资趋势线。

现实中，企业基于种种原因，工资趋势线往往形成曲线，图5-3是两条典型的非线性工资趋势线。

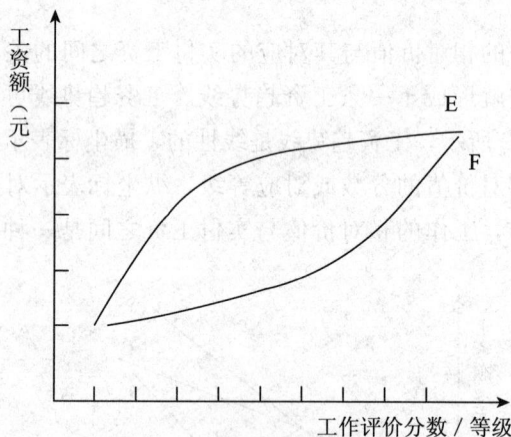

图5-3　非线性工资趋势线

这两条工资趋势线表明，工作的相对价值与付给该工作的工资并不是按照相同的比例增长的。采用E线的企业，职级较低的岗位工资增幅较快，职级较高的岗位工资增幅相对较为缓慢，反映了对职级较低的岗位主要是靠工资来吸引和激励在岗员工，而对职级较高的岗位，则有可能是同比如股权方案、福利计划、养老金计划等其他方式对在岗员工进行激励。采用F线的企业，情况则相反，职级较低的岗位工资增幅较慢，而职级较高的岗位工资增幅相对较快，这主要是由于职级较低的岗位社会供给的人才总量较大，所以用相对较低的工资就可以雇用到合适的人才，而职级较高的岗位社会供给量小，因而需要支付相对较高的工资才可以增加企业对人才的吸引力。

### （二）确定工资指导线的步骤

上面已经总结了工资趋势线的不同形式，那么对于企业而言，如何利用工资趋势线的原理来确定一条工资指导线呢？

K公司在进行职位评估的时候使用了三种评定方法，其中评分法有职位评估分数，排序法有相对排序号，而分类套级法则只是把现有的岗位分套进不同的等级中，因此公司需要制作三条不同的工资指导线。从后面的步骤可以看出，工资指导线的确定方法是相同的，唯一不同的是横轴坐标选取的是等级还是分数点。

具体来说，确定工资指导线有四个步骤。

1. 确定企业愿意提供的该职位群最高和最低工资水平

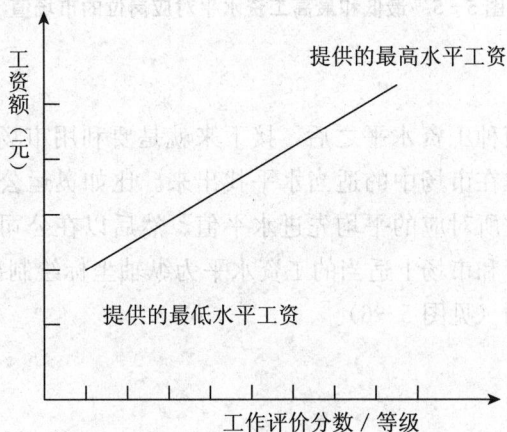

图 5-4 确定最高和最低水平工资

确定最高和最低的工资水平一般参照目前的工资水平，结合薪酬预算，由具有薪酬决定权的机构或人，比如薪酬管理委员会和总裁一起共同设定。提供的最低工资水平针对的是每个工资结构中评价最低的岗位分值、等级或排序，比如对于销售类则指的是销售助理级的最低工资，而提供的最高工资水平则正好相反（见图 5-4）。

在可提供的最低工资水平和最高工资水平之间画一条连接线，则这条连接线就可以作为组织内部工资政策的基线。

2. 确定最高和最低工资水平的市场平均水平

有了公司可提供的工资政策基线，接下来就是要寻找市场上针对最高工资或最低工资水平工作的市场价或流行水平。比如销售类的销售助理市场上一般给出多少钱。这个市场值需要通过第三方提供的薪酬调查数据（市场数据）获得。然后比较一下公司愿意提供的工资水平和市场平均水平之间的关系，最终确定公司愿意提供的工资水平值是否符合预先设定的原则。奥运公司通过比较工资政策的基线和市场线，得出自己公司将采用的是平均先进水平，也就是说比市场平均值略高一些的工资水平，这与事先的设想是一致的（见图 5-5）。

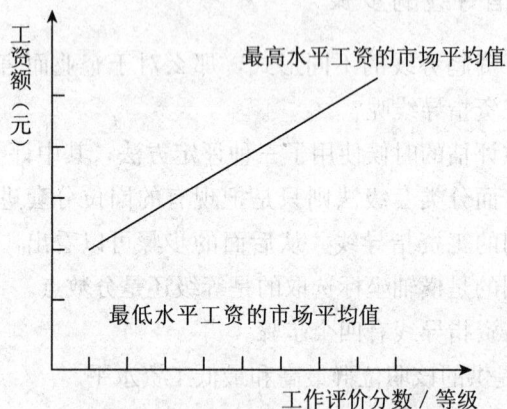

**图 5-5　最低和最高工资水平对应岗位的市场值**

### 3. 绘制散点图

得出企业将采取何种工资水平之后，接下来就是要利用市场数据，把公司里不同评价分数或等级的职位在市场中的适当水平找出来。比如奥运公司就要有针对性地找到不同等级或评价分数所对应的平均先进水平值。然后以在公司中的实际岗位的评估分数或等级为横轴坐标和市场上适当的工资水平为纵轴坐标绘制出各个工作对应的点，通常这将是一幅散点图（见图 5-6）。

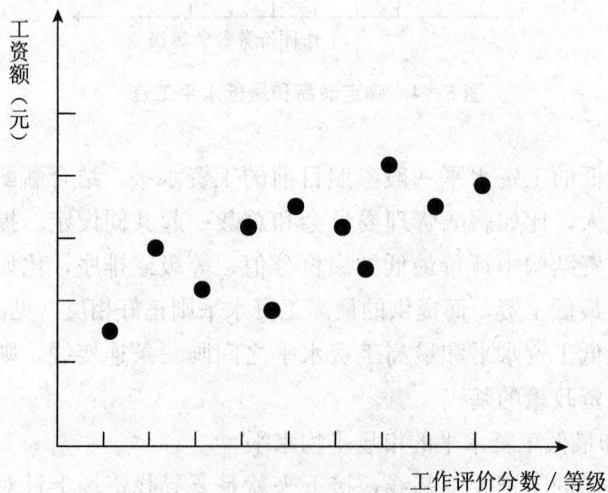

**图 5-6　工资水平散点图**

4. 根据散点图确定工资指导线

利用散点图我们可以取定一条直线，这条直线就可以作为公司的工资指导线了。确定工资指导线有很多种方法，从最简单的目视成线（徒手绘制）到两点直线法到非常复杂的统计上常使用的回归分析，都可以做到找出散点图中各个点之间的关系式，做出一条趋势线来。

目视法最简单，就是通过目测感觉一条通过散点图核心点的线，并且使同一个竖直平面内的不同点间的竖直距离最小化。两点连线法即画一条连接最高值和最低值的线。以上两种方法偏差很大。随着现代计算机的应用，目前最多使用的是最小平方法和回归分析法，最小平方法是一种通过将点到直线的竖直偏差的平方和最小化来画趋势线的统计方法，这些有关统计方法的具体运用，目前的计算机程序均可自动生成，已无须人工计算（见图 5-7）。

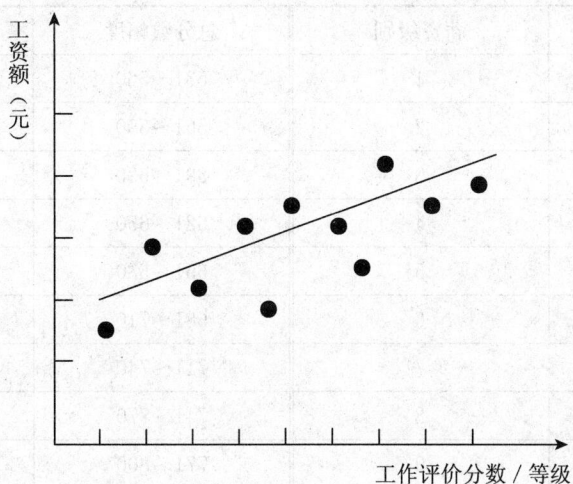

**图 5-7　确定工资指导线示意**

这条最终确定的趋势线，就是公司的工资指导线，这条指导线确立了最高和最低的工资水平，也将工资评价分数或等级对应的工资额确定了下来。

## （三）工资等级的确定

工资等级是为了应用工资政策而对工作进行的分类。人力资源部通常要根据类似的薪酬因素和价值把工作按不同的工资级别进行分类。

一般来说，比较简单的分级方法是按照公司的职务体系对应的评估分数或等级直接进行分级，例如 K 公司销售类薪资级（见表 5-11）。

表5-11 销售类薪资级别对照情况

| 销售序列 | 薪资级别 |
|---|---|
| 部门经理级 | 销售一级 |
| 销售经理级 | 销售二级 |
| 资深销售代表级 | 销售三级 |
| 销售代表级 | 销售四级 |
| 销售助理级 | 销售五级 |

或用评估分数段来区分等级（见表5-12）。

表5-12 管理类薪资级别对照

| 总分数幅度 | 薪资级别 | 总分数幅度 | 薪资级别 |
|---|---|---|---|
| 51～80 | 1 | 531～560 | 17 |
| 81～110 | 2 | 561～590 | 18 |
| 111～140 | 3 | 591～620 | 19 |
| 141～170 | 4 | 621～650 | 20 |
| 171～200 | 5 | 651～680 | 21 |
| 201～230 | 6 | 681～710 | 22 |
| 231～260 | 7 | 711～740 | 23 |
| 261～290 | 8 | 741～770 | 24 |
| 291～320 | 9 | 771～800 | 25 |
| 321～350 | 10 | 801～830 | 26 |
| 351～380 | 11 | 831～860 | 27 |
| 381～410 | 12 | 861～890 | 28 |
| 411～440 | 13 | 891～920 | 29 |
| 441～470 | 14 | 921～950 | 30 |
| 471～500 | 15 | 951～980 | 31 |
| 501～530 | 16 | 981～1010 | 32 |

确定好工资等级之后，需要确定每一个工资级别的工资范围。工资等级代表水平的工资结构（职位评估分数）。工资范围代表垂直工资结构（工资水平），包括中等、最低和最高工资水平。一般来说，先确定每一个等级的中等水平，中等水平是最低和最高工资的中点，中点通常和市场工资线上的水平一致，是通过对薪酬调查数据的分析得出的市场竞争工资水平，也就是公司工资指导线上的水平。确定好中点之后，在

计算最高和最低工资水平时，一般采取的是根据公司实际情况，在中点上加一个幅度差，比如使用20％的幅度差则表示最高工资是中点的120％，最低工资是中点的80％。

公司通常对不同的工资级别使用不同的幅度差。越高的工资级别意味着该工作对人的素质要求越高，工作结果对公司的影响越大，其幅度差就越高。反之，越小工资级别所包含的工作相对来说对技术的要求较为简单，责任较小，个人能力高低对工作完成效果的影响不大。比如有些秘书就负责整理文档资料，给文档做收发记录和标签。这些工作所对应的工资等级则幅度差比较小。

由于公司的职务体系通常都呈金字塔型，因此级别越高的工作比级别低的工作晋升的机会更少。员工在较高的工资级别中停留的时间也较长，更高的工资级工作的专业技术也更有价值。因此为了使加薪有足够空间，高级别的等级幅度差就会增大。

邻近的工资范围经常会互相重叠，使一个工资等级的最高工资水平超过上一个工资等级的最低工资水平。工资范围的重叠使公司可以把员工提升到上一个等级但却不用增加其工资。同理，对于表现优秀的员工，如果暂时没有相应的空缺职位，为了激励他们，也可以使他们获得和上一等级的末端员工同样的薪资待遇。比如可把下一等级的上三分之一区域与上一等级的下三分之一区域重叠。因此最终形成的工资结构见图5-8。

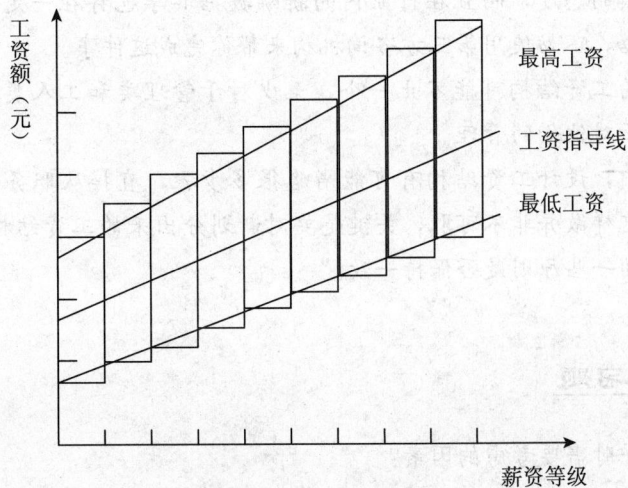

**图5-8 工资结构示意**

## （四）结果评估

评估可能出现的情况包括以下几方面。

（1）较为理想的状态。绝大部分岗位的实际工资都能在新的工资结构中正确对应，且基本在中点上下浮动，这样在最终的定岗定薪时就可以少做甚至不做调整；

（2）现实工资水平低于新工资结构水平。相当多的岗位实际工资水平落在新工资等级的下三分之一区内，甚至低于最低工资水平。这有可能是市场水平在逐年上涨，而公司的薪酬体系一直未做调整造成的。奥运公司呈现的就是这个状态，由于事先小王在做预算时已经预计到了可能发生的情况，在预算中设定了薪酬成本增加的比例，因此给很多岗位的员工加薪是大势所趋。但并非所有的落在下三分之一区的岗位都可以获得加薪，也必须因人而异，这在后面的章节中有详细论述。

（3）现实工资水平高于新工资结构水平。相当多的岗位实际工资水平落在新工资等级的上三分之一区内，甚至高于最高工资水平。这可能是由于公司在拓展时期，用人高峰来临时为了及时补充岗位缺编，用高薪吸引的结果。如果该家公司希望以市场先进水平确定薪酬，这样的情况则属正常，如果仅以平均水平确定薪酬，则这样的情况比较难以处理。给员工降薪不是件容易的事，相对而言，在薪酬整体结构上下功夫，在公司能够承担成本的情况下，加大业绩工资或奖金的比例，有可能缓解这一现象。

讲到这里，高教授顿了顿，接着说："工资结构并不是薪酬结构，它是对薪酬的基本要素——工资进行的结构设计，在将企业内部数据与外部数据进行比较时，应特别注意所比较的数据的含义是否一致。有些公司的基本工资就是工资的全部，而有些公司的基本工资却只是工资的一部分。

做薪酬调查要注意周围的环境是否允许，在国内，同行业各个公司之间往往对薪资采取了非常谨慎的态度，而且在行业内的薪酬数据共享也存在一定障碍，因此为了尽快获得薪酬数据，不妨使用第三方咨询机构来帮你完成这件事。

一个公司里的工资结构可能不止一个，至少对于管理类和工人类来说，使用不同的工资结构更便于对他们的管理。

在现实情况中，设计工资结构有可能省略很多步骤，直接从职务或技术等级划分出了工资等级，这样做并非不可取，关键是要对新划分出来的工资结构进行一下评估，看看与预先设想的一些原则是否保持一致。"

## 思考练习题

确定薪酬水平时需要考虑的因素？

# 第五节　建立薪资制度

接下来就是将薪酬体系整理成管理制度，这也是薪酬体系建立的关键步骤，没有成文的管理制度，薪酬体系就不能算完善。

## 一、工资形式

高教授告诉汪宁："完成工资结构设计的同时，需要做的是确定企业的工资形式。

企业工资形式是关于企业定额劳动、标准报酬的制度。它是薪酬制度的基础，目前在我国较多地实施的工资形式有结构工资制、岗位技能工资制、岗位薪点工资制、能力工资制、提成工资制、计件工资制等。"

### 1. 结构工资制

结构工资制是基于工资的不同功能，划分为若干个相对独立的工资单元，各单元又规定不同的结构系数，组成有质的区分和量的比例关系的工资结构。

结构工资制一般包括基础工资、岗位工资、业绩工资、奖励工资、年功工资等许多部分。不同的岗位这些部分的构成有可能不同，比如有些单位的基层职员只有岗位工资和业绩工资，没有年终的奖励工资，而高层则有。不同的岗位或许这些构成部分是相同的，但各部分的比例不一样，比如很多单位基层员工的业绩工资占工资总额的比例相对较低，而高层则所占比例比较高。结构工资制是目前各公司较常用的工资形式之一。

### 2. 岗位技能工资制

岗位技能工资制是以按劳分配为原则，以劳动技能、劳动责任、劳动强度和劳动条件等基本劳动要素评价为基础，以岗位和技能工资为主要内容的工资制。

从本质上说，岗位技能工资制是一种比较规范的结构工资制，之所以提出来，是由于 20 世纪 90 年代中期，国有企业正在大力进行管理体制变革，随着劳动合同制的开始实行，人力资源管理走进国有企业时，国家曾大力推进过岗位技能工资制在企业中试行。到目前仍有很多企业在给工人岗位定工资的时候采取岗位技能工资制，岗位按职位评估结果为基础，技能按国家认可的技术工人等级来确定。这样的结合被证明是比较科学的。

### 3. 岗位薪点工资制

岗位薪点工资制是指通过采用比较科学合理的"点因素"分析法，按职工岗位的岗位因素测定出每个岗位的点数，然后将其与职工的劳动报酬相联系的制度。

岗位薪点工资制的优点是将每个岗位的价值直接以工资报酬的形式标出，可以使劳动付出与劳动所得相符合。岗位薪点工资制比较适合岗位相对固定，岗位劳动以重复性劳动为主的岗位，因此这种工资形式使用较少。

### 4. 能力工资制

能力工资制是以劳动者自身条件（技术、业务水平、工作经验、体质、智力、文化程度等）为主来反映劳动质量差别的一种薪资等级制度的形式。

通过对员工综合能力的评价确定工资等级和工资标准。它只是按员工本身具有的能力付酬，而不管这种能力是否得到了发挥，是否为企业创造了效益，因此很多企业并不愿意使用能力工资制。近年来，有观点认为研发人员适合使用能力工资制，也叫知识工资制，这主要是因为研发人员的直接业绩往往难以评估，只能根据自身的某些能力素质的差异来给付工资。然而正是由于这些能力素质的评估往往很难做到科学合理，知识工资制还有待进一步完善。

### 5. 提成工资制

提成工资制是为销售人员特别设计的一种工资形式，它的实质就是按销售业绩付酬，可以是按销售额的一定比例，比如按销售额的1%计提工资；也可以按销售数量，比如一台按几元来进行提成；还有的是事先设定一个提成工资额度，该额度对应的是100%完成销售额定的情况，按照实际完成任务的百分比进行提成，比如事先规定100%完成销售任务后可获提成工资1000元，完成90%时只可获得900元提成工资。

### 6. 计件工资制

计件工资制一般用于给可单独计算工作量的工人付酬。它是指用劳动者生产的产品量来计量劳动量，把工人的收入与工人的产量直接挂钩的一种工资形式。

计件工资制是最古老的激励形式，也是适用最广泛的形式，它便于计算、易于为雇员所理解，计算原则公平，报酬直接同工作量挂钩，有利于提高产量。如果个人产品不易计量，也可以实行集体计件工资制。

实行计件工资制需要具备两个主要条件，一个是劳动定额，另一个是计件单价。劳动定额是指在一定生产技术条件下，工人应该完成的合格产品的数量或完成某一些产品的必要劳动时间的消耗标准，比如需要规定钢筋工一天必须绑扎多少根钢筋，或装配工组装一台机器需要多少小时等。劳动定额是合理组织劳动和制定计件单价的基础。计件单价是以劳动定额为基础计算出来的单位产品的工资。

一般来说，实行计件工资制的工人工资主要包括两部分，一部分是基本工资，它是根据该工人从事的工作技术复杂程度和他的熟练程度（或技术等级）来综合确定的，另一部分就是按完成量提取的计件工资，一般定额内的计件工资相对较低，超定额的部分为了起到激励作用，单件工资相对较高。比如某公司的一个组装车间工人，基本工资600元/月，每组装一台机器给1元，超定额的每台给1.5元，每月定额500台，这样如果能够完成定额就可以有1100元的工资，超定额的可以算是奖金。由于公司的生产任务要求不同，对产品质量的要求也不同，有些公司未必鼓励员工大量超额生产，超定额的每单位产量计件或许更低。

总而言之，无论哪种工资形式，都要看企业的具体情况来定。

## 二、薪酬结构设计

高教授说："工资形式和工资结构只是对薪酬的基础部分进行了形式上的界定，但实际上薪酬的含义远大于此，在制订薪资制度前还需要精心设计一下企业的薪酬结构。"

汪宁问："教授，该如何定义和设计薪酬结构呢？"

高教授说："一般来讲，薪酬主要包括两部分，一部分是工资，另一部分是福利，货币化的工资结构和形式是薪酬的基础，但薪酬并不局限于货币化的工资，通常现代企业的员工可以享受到的待遇包括：

（1）工资：就是说员工按时上班，做岗位职责范围内的事情，就该给的劳动报酬，这是薪酬的基本主体；我想澄清一个概念，这里所说的"工资"，与我们常说的基本工资是有区别的，像销售人员的绩效工资、工人的定额内的计件工资，都是员工按岗位要求完成工作后需给付的报酬，因此都可以归入工资一类；

（2）各种奖励性的工资：包括很多公司给的月奖、年终奖、超额奖金、分红等；

（3）各种津贴、补贴：有国家明文规定的，如有毒有害工种人员享受的补贴，也有企业自行制定的补贴，如交通补贴、通信补贴、住房补贴等；

上面这几部分为货币化的工资，除此之外的货币化福利还应该包括：

（1）社会保险：这是一种给予员工的社会强制性的福利；

（2）商业保险和养老金计划等：这是企业额外给予员工的保险性福利；

（3）带薪年假、休假、病假等各种有薪假期；

（4）额外福利，如为员工租赁的员工公寓、办理的会员卡/健身卡、供员工本人和家属使用的公司汽车、笔记本电脑、电话等。

每个规范的现代企业的薪酬基本结构我认为都大同小异，但由于各个企业之间存在很大差异，所以每个企业在设计薪酬结构和比例时都会按照自身的特点来制定，这就需要考虑很多问题：比如企业文化是偏向高工资低福利还是低工资高福利？一般来讲，工资是比较刚性的，在薪酬体系中如何把握刚性和灵活性？基本工资又可以拆分成哪几部分，不同类别的岗位该如何设定？不同类别的岗位工资和福利，基本工资和奖金之间的比例该多少为宜？诸如此类的问题，在设计薪酬结构前都应予以仔细考虑。

一般在成文的薪酬制度里，往往界定的是货币化的工资这部分，毕竟这是薪酬的基础和主干，而福利方案比较复杂，甚至因人而异，因此不列入，所以很多公司的薪酬制度索性就叫工资管理制度，道理就在这儿。这个薪酬结构比工资含义大，又比真正意义上的薪酬含义小，我们必须加以区分。

我们来看一下各类薪酬结构有什么不同。"

1. 管理/技术类薪酬结构

管理类/技术类员工实行的是结构工资制。其工资构成中最基础的是岗位工资，岗位工资按照岗位评估结果最终设计的工资结构确定。年功工资的设计是为了照顾到老员工的利益，技术津贴是专门为技术人员设计的具有激励效果的补贴项目，技术级别越高，技术津贴越高。

2. 销售类薪酬结构

销售类员工薪酬结构需要很高的激励性，因此奥运公司销售类员工采取的是"底薪＋提成"的基本薪资模式，其中底薪按岗位计取，并考虑员工在公司的工作年限。提成工资则和业绩挂钩。另外，考虑到销售人员经常出差在外，到各处拜访客户。因此特别为销售人员增加了一项交通意外险的福利。

3. 工人类薪酬结构

一线的工人采取计件工资制，基本工资按岗位计取，按业绩表现提取计件工资。另外，考虑到工人是流水线作业，请假过多将有可能影响正常的生产，因此设小额的全勤奖金。

从大体上看，此三类员工的薪酬结构相仿，都分为工资和福利两大部分。

工资部分可分为固定工资和浮动工资两大部分，固定工资包括岗位、年功工资、技术津贴。固定工资是根据职员的职务、资历、学历、技能等因素确定的、相对固定的工作报酬。浮动工资的种类则较多，不同类别的还有所不同，包括根据业绩表现获得的提成工资、季度奖、计件工资，也包括带有奖励性质的年终奖、提成工资等。浮动工资是根据员工考勤表现、工作绩效及公司经营业绩确定的、不固定的工资报酬。

福利部分分为基本福利和特殊福利两大部分。基本福利是国家规定的企业必须为员工缴纳的社会保险、住房公积金，企业应为员工发放的劳动保护费和国家拨款企业代发的独生子女费。而特殊福利则是企业为全体员工筹划的货币化福利方案，包括为全体员工在社会医疗保险的基础上再缴纳补充医疗保险，使医疗保险的待遇更完善，对于非工人类的大部分岗位而言，必要的通信和交通补贴是必不可少的，特别是销售类员工，除此之外还有差旅补助和为了有效规避旅途上意外发生引起的大量费用，另为他们在商业保险机构缴纳了交通意外险。另外，按照中国企业的常规做法，每次逢年过节，公司一般都会给员工发放过节费，因此过节费也是企业的普遍福利之一。

薪酬结构确定好了之后，还要确定每部分的工资在工资总额中所占的比例。

一般而言，对于管理类、技术类员工，与销售类比较，其工资中固定工资所占的比例要大些，浮动工资所占的比例相对较小。从垂直的岗位序列来看，职位越高，其固定工资所占的比例越低，这是因为越高职位对公司的经营业绩要承担的责任就越大，则公司经营业绩起伏的奖励工资所占的比例就越大。很多公司采取的基层员工固定工资与浮动工资的比值倾向于8：2，中层员工倾向于7：3，而高层则是6：4甚至更高。

而对于销售类员工而言，一般来说，他们的提成工资比例都会比较大，但这也需要跟岗位挂钩，做直销的销售类员工，可能固定工资（底薪）和提成工资的比值是2：8，也有些小公司采取无底薪的做法，对于面向渠道商的销售人员来说，这个比例就有可能变成了3：7或4：6。而对于大客户销售人员而言，由于大客户销售公司投入的资源很多，是否签单所受的环境因素、市场因素等各方面因素制约较多，因此销售人员往往按管理人员的比例来给付工资。总的来说对于销售类员工，越是需要靠个人能力和努力工作获得销售订单的，则其提成的比例就会高，越是需要组织能力、规范、环境因素等获得签单的，其提成工资所占的比例就会较低。

## 三、福利方案设计

高教授告诉汪宁："在总的薪酬包里，我们都无法忽略的一个重要的组成部分，也就是福利部分。从大的方面讲，除了对于员工在工作表现中的贡献提供公平适当的薪水之外，组织也应该承担社会责任，保障员工以及他们家人的幸福。尽管这些福利并不直接与产品或服务输出相联系，但企业希望良好的福利能够改善工作效率，提高员工的工作满意度。在西方国家，福利与服务是薪酬管理中非常重要的部分，而且福利政策和方案非常丰富，这可以从国外的福利方案里明显地看出。我们并不是说要拿中国的福利政策与美国进行比较，毕竟国情不同，很多福利政策的出发点不同。我们所应关注的是在我国可以执行哪些福利方案，这些福利方案该如何有效组合才对公司更有益。"

在我国，可以把福利分为强制性的和非强制性的。所谓强制性的福利是指国家有明文规定的，企业必须为员工支付的费用，比如社会保险和住房公积金。以我国实行的规定比例，社会保险企业必须支付的部分约占了员工工资总额的30%多。另外住房公积金也是在房改之后，员工应该享有的一项福利，目前在全国实行的政策并不相同。有些地区同意单位以住房补贴的形式代替住房公积金，但无论何种形式，这方面企业的开支约占员工工资总额的10%左右，两项加起来，政府强制性的福利就占去了员工工资总额的40%。因此很多企业以负担重为由，拒绝再为员工补充其他形式的福利方案。

其实追究起来，其他的福利方案所承担的成本却并不多，但在提高员工工作满意度，加深他们对组织的忠诚度和工作积极性方面，其效果却有可能事半功倍，一般来说，国内企业常用的非强制性的福利政策包括：①补充性工资：休假和带薪休息日、交通津贴、教育津贴、伙食津贴、文化津贴等。②额外的保险福利：遣散费、补充失业福利、工伤抚恤、补充人寿保险、补充医疗和伤残保险、信用互助金等。③退休福利：养老金计划、商业性补充养老保险。④服务性福利：病假或探亲假、精神健康福利、咨询服务、雇员援助方案、老人与儿童照顾、伙食服务、高级人才的特殊优惠福利等。

通常来说，越是规模较大，人员较多的公司，往往采取工资处于平均略先进的水平即可。但福利计划相对较为丰富，一来大公司有这样的实力，二来福利待遇好也是大公司招揽人才的手段之一；而对于小公司，由于员工规模较小，在市场竞争激烈的情况下员工的流动性也比较大，因此多选择提高工资水平，除了政府强制性福利之外，很少为员工额外增加一些福利计划。

有的企业也将福利与薪酬结合在一起，采用灵活的福利方案的思路：①模块化方案；②核心方案；③福利银行；④无选择方案；⑤最小灵活方案。

模块化方案包括福利"模块"或者组合。所有的模块具有同类的福利，但提供的保障程度不同。这一方案的优点是相对简单，容易操作。主要缺点是可能只有最需要的员工才会选择某个选项，而很多员工因为不需要它而享受不到这个选项所提供的福利内容。

核心方案向所有员工提供一定的核心福利，然后提供一定数量的福利金以购买额外的福利。这种方案需要测算福利金的给予比例，因此在操作上并不简单。

福利银行是核心方案的一个变种。它只提供一个核心的福利包，在核心组合和最初拟定的福利成本之间的差价被放在一个内部银行中。每位雇员都会得到一定的信托承诺，他们可以购买许多薪酬项目。这个计划对于降低成本而言无疑是很好的选择。

无限制选择方案给予每位员工一定金额的信用，所有可用的福利都被给出价格。员工然后根据可运用的资金匹配可选择的福利。这里没有核心福利。这个计划有可能给员工带来风险，比如员工没有选择适合他的福利项目，而在异常情况发生时也没有得到相应的待遇。比如他没有选择失业保险，可他不幸失业了，则就享受不到失业救济的待遇。

最小灵活性方案使用薪水扣除的模式来支付员工对福利方案的缴款。这种方案很像目前我国实行的对社会保险企业必须代扣代缴的制度。这种方案很易于执行，但基本不提供员工选择福利的机会。

## 四、拟订薪酬制度

汪宁通过高教授的讲解，已经对建立薪酬体系的轮廓有了新的认识，他知道，到这一步薪酬体系的建立已近尾声，只剩下一个非常关键的步骤——拟订薪酬制度了。对于薪酬制度的内容，薪酬制度拟定需要注意的问题，薪酬制度在落实实施中需要注意的问题，他还想再听听高教授的讲解。

看到汪宁的认真劲儿，高教授继续讲道。

### （一）薪酬制度的内容

一般来说，规模比较大的公司往往会出台一份内容非常完整的薪酬政策指导性文件，这份文件通常被称为薪资管理制度或工资管理办法。之所以不以薪酬命名，是由于该办法规范的是货币化的薪酬部分，甚至只规范到工资的部分，所以不能称之为薪酬管理制度。这份文件大体上应包括如下几个部分：

第一部分一般会以总则的形式出现，总则里应包括拟定该制度时对公司的背景性描述，公司的薪酬发展战略方向，薪酬体系建立的原则，这些都是形式上需要描述的内容，这部分关键的内容一个是该薪资管理制度适用的范围，也就是说哪些类型的员工的工资遵照这个制度来管理。有些公司会把某类别的员工，比如销售人员的薪资单独成文，或不含有公司高级管理人员的薪资政策，所以必须写清楚从纵向看，哪些级别的员工适用这个制度，从横向看哪些级别的员工适用该制度。另一个关键内容是与薪资管理相关的管理机构，人力资源部只是薪资管理的一个执行部门，公司的薪酬体系一般会有高级的薪酬管理委员会甚至是董事会来决策，不仅如此，在薪资管理过程中，一般财务部门、行政部门、经营计划部门都有可能参与进来。

第二部分是关于薪资结构的描述，这是所说的薪资结构包括两层含义，一层是工资分哪几个部分，每个部分的确切定义，另一层是工资的等级如何划分，划分的原则是什么，这一部分也就是我们前面提到的工资结构。虽然一个大型公司可能有不同的薪资结构，但其中还是有很多共性的内容，大部分的薪资组合是一样的，只有根据不同类别的员工在某些项目上稍有差异。在等级划分上，很多企业要求薪资保密，因此等级可以予以公布，但具体的数额则采取保密的措施，这也是我们在拟定制度时需要注意的。

薪资结构是薪资管理制度中最核心的部分，也是占据篇幅可能最大的部分。在写法上有很多种，只要能够清晰明了地描述出公司的整个薪资结构都是可以的。比较常用的方法是先解释相关概念，然后按员工类别或按薪资组成部分的不同类别进行详细描述，需要注意的是，虽然大多数时候薪资的具体数据可能不会在制度中体现出来，但如何确定这部分薪资的依据要写清楚，比如销售人员的业绩工资按完成率提取，年功工资按每年多少钱计算等。

第三部分通常是一些特殊的薪资待遇支付，也就是说在休假或其他异常考勤情况出现时如何计算工资。比如假期工资待遇、加班工资待遇、女职工产假工资待遇等。这部分写作相对简单，需要注意的是与国家的法律法规要同步，不能出现违法违规的现象，写作上不能含糊其辞，以免引起员工的误解。

第四部分是关于薪资异动情况的规定，这部分通常包括新员工的入职工资确定的原则、转正定级工资如何确定、岗位调动的工资如何确定、公司调薪的原则等。这部分大多是些原则性的规定，因此有一定的灵活性，在制订制度时需要考虑操作是否容易，如果不具有操作性是不可以在制度中出现的。

第五部分是薪资的支付，这部分要求要把支付的条件、支付的流程和每个环节的相关责任部门描述清楚。比如支付周期如何计算（与考勤制度如何衔接），通过什么样的方式进行支付，支付过程中出现问题的责任归属等。

第六部分是与绩效相关的工资发放问题，这个环节比较特殊，有些公司把这部分放在薪资结构中进行描述，有些公司只是在大的制度中总体带过，而对于绩效工资发放单独发文，或和绩效考核管理办法合并发文。无论哪种文件形式，最终这部分都必须让员工能够明晰，这也是体现薪酬激励性的最直接的部分。

上述六部分大致包括了一个薪酬管理制度的所有核心内容。根据各个公司自身的实际情况，在拟订管理制度时都会有一些特殊的要求，因此在拟订过程中作为薪酬主管，必须及时与上级沟通，在修订过程中听取多方领导的意见。薪酬制度务必做到：规定明确，操作性强，没有重大遗漏和疏忽。

我们以 K 公司为例，K 公司的薪酬管理办法也是以这六个模块为基础撰写的，这里我们将其中的一些针对特殊问题的处理方法列出，供参考。

第一个是对于试用期员工薪资的确定。试用期员工通常分为两大类，一类是招聘的有工作经历的社会人才，另一类是新入职的毕业生，确定这两种人的薪资待遇的原则往往是不一样的。K 公司的规定如下：

1. 新招聘员工初期工资待遇的确定

（1）新员工工作初期是指新员工入公司后三个月内（含）的工作期间，含试用期。

（2）新员工初期工资标准的确定采取谈判工资制，谈判需以拟招聘岗位级别及任职资格来申报的薪资区间为基础。

（3）新员工初期工资确定流程。在与拟招用的新员工进行工资谈判中，其所在部门负责人依据申报的薪资区间为基础，以不高于申报薪资区间的 90% 为谈判原则，根据面试结果提出试用期定薪建议，并填写在相应表格中。人力资源部参考该岗位的工作说明书和拟招人员情况与任职资格要求的符合程度最终确定工资标准。

（4）新员工入公司 3 个月后，经人力资源部与该员工所在部门负责人共同对其工作初期的工作绩效进行评估，根据考评结果进行最终定薪。最终定薪一般与初期工资水平相仿，工资总额的浮动幅度一般应在±15％之内。

（5）特殊人才的定薪。对公司急需或特别优秀的专业技术人员及管理人员，其工资待遇采用双方协议的方式加以确定。特殊人才的工资待遇实行特别的审批程序，必须由用人部门申报，经主管副总经理同意后，报公司人力资源部审批，必要时需经公司总经理审批。

对于毕业生而言，K公司最终决定按照学历直接给予一个固定的薪资标准，并规定在实习期内毕业生不承担具体的行政职务，由总部向其发放工资。

2. 新入职毕业生实习期间工资标准

新入职毕业生实习期是指自该员工入职之日起一年内。实习期间该员工原则上不承担任何行政职务，其工资及其他福利待遇由总部予以发放。

第二个是对于加班工资和假期待遇的规定。加班工资和假期待遇都要严格依据法律规定来制定，不仅如此，而且在计算方法上力求清晰明了，不产生歧义。

加班工资：公司员工法定节日加班，需按规定程序经审批后方可计发加班工资。加班工资按员工个人的基本工资、岗位工资标准之和为基数，依照法律规定的比例发放。

假期工资：公司员工按规定享受年休假、婚假、丧假、生育假的，休假期间按其基本工资加岗位工资的标准支付工资。公司员工在事假期间不支付工资。公司员工因病或非因工负伤期间，员工自病休之日即进入医疗期，具体待遇如下：

（1）在任意连续的 3 个月内累计不足 15 日的，按其本人基本工资、岗位工资之和为基数，乘以依据其本人在公司内连续工作年限确定的比例支付病假工资。

（2）在任意连续的 3 个月内累计超过 15 日，自第四个月起病假薪酬调整为员工工作地劳动保障机构公布的当地上一年度最低工资标准的 150％。

（3）员工连续病休 30 天以内者，医疗期薪酬按照公司关于病假工资的规定执行。

（4）员工连续病休 30 天以上，并连续住院治疗者，医疗期薪酬按照公司关于病假工资的规定执行；

（5）员工连续病休 30 天以上，未住院治疗者，医疗期薪酬自病休第二个月起调整为员工工作地劳动保障机构公布的当地上一年度最低工资标准的 150％。

（6）以上各种假期不支付绩效工资。

第三个是关于工资调整的原则性规定。工资调整涉及面很广，必须谨慎对待，一般来说，在薪资制度里会有一些原则性的规定。在进行调整时才会有具体的操作性规定。

1. 工资调整

工资调整包括年度总体调资、岗位变动调资、年终绩效评估调资、个别职位市场因素调资等情况。

2. 员工工资调整范围

员工工资调整的范围必须在本部门工资总量范围内调整。

### 3. 年度总体调资

年末公司将根据该年度经营情况确定年度总体调资水平及调整办法。原则上调资幅度不超过本公司劳动生产率增长幅度。

### 4. 岗位变动调资

（1）调岗加薪。员工从低级别岗位调整至高级别岗位，且经过试用合格后，基本工资如低于该岗位级别所对应的最低限，则调至该限，若高于则不变。岗位工资应调整到新岗位工资区间的低限。试用期间基本工资和岗位工资不变。浮动工资和住房补贴标准随岗位工资的变动而变动。

（2）调岗减薪。员工从高级别岗位调至低级别岗位，基本工资不变。原岗位工资应调整到新岗位工资区间的上 1/4 范围。试用期间按新岗位工资标准执行。浮动工资和住房补贴标准随岗位工资的变动而变动。

（3）岗位平级调动。原则上不调整原有工资水平。

调岗调资程序：员工工资调整的具体数额由所在部门负责人根据上述原则提出建议，填写岗位变动申请表，由行政人事部审核后，报公司总经理审批，并报公司人事部批准。

### 5. 年终绩效评估调资

年终绩效评估调资包括年终加薪和年终减薪，具体规定视当年度公司经营情况另文发布。

### 6. 个别职位市场因素调薪

当发现某一职位的工资标准已同市场价水平存在过大差距，用人部门可向行政人事部提出个别调整某一级别岗位工资标准范围的意见，也可由人事行政部直接提出个别调整某一职位岗位级别的意见，报请公司总经理审批，并报公司人事部批准后（必要时需公司总经理批准）执行。

### 7. 特殊工资调薪

（1）特殊奖励加薪。特殊奖励加薪包括公司总经理、董事长特别嘉奖，其他特别突出贡献情况。特殊奖励加薪由公司总经理提出，公司人事部、总经理批准后执行。并不占财务预算额度内。

（2）特殊情况降薪。对于员工违法、违纪、重大过失以停薪或减薪的情况，则按照处分决定文件执行。

最后一个是关于一些公司存在的特殊问题的处理规定。是否有这方面的内容要看公司的实际情况。在奥运公司只补充了关于学习工资、待岗人员工资、带薪假期折合工资的确定这三点内容。

### 1. 学习工资

公司员工经大区负责人或职能部门负责人批准全脱产学习的，其学习工资以基本工资和岗位工资之和作为标准计发。该笔工资记入部门费用。

2. 待岗人员工资

因机构调整或行政处分等原因造成员工在未与公司解除劳动合同前暂时无岗时，无岗人员工资标准按其个人的基本工资的60%～80%计发，具体按情况发生时的处理决定办。

3. 带薪假期折合工资

员工在本公司工作满一年由公司提出终止劳动合同的，其应休未休的年休假按标准折合工资与最后一个月工资一并发放。

## （二）薪酬制度的实施

对于已经有一定规模的老公司而言，制度公布后还有一项重要的任务需要完成，就是给原有的员工定岗定薪。因为原有的员工的薪资等级都是按照原有的办法套用的，因此在新制度发布后就需要进行一些调整，目的是将原有老员工的薪资套在新的工资结构中，针对这个步骤，一般公司要出具一个套用的具体操作办法和流程，由人力资源部组织，各部门进行具体操作。

在定岗定级的时候需要注意的问题是，在一个大的等级内，员工应该依据自身的一些条件最终确定处于具体的哪个小级别上，比如根据员工的工作经验（本岗位工作年限，技术等级等）、资历（学历、工作年限、入司年限）、以往的工作表现等来综合确定。在同一级别中，各方面条件好的工资标准要高于各方面条件较差的。需要注意的是，这些根据员工自身条件设立的确定最终工资数的指标务必力求客观和量化，具有可比性。比如以往的工作表现，可以用上一年度评估成绩作为依据，而不应用工作潜力这样的模糊概念，否则会给员工造成不公平感。

除此之外，人力资源部还应该出台一些与大的薪资制度配套的管理规范，比如流程性的规范、一些相关的图表，以及关于一些需要特殊处理的问题的单独规定等。

高教授告诉汪宁，一个公司的薪资制度是人力资源管理的核心制度之一，因此在撰写过程中务求准确严谨。对于一些概念和标准的阐释必须有明确的类似法条一样的定义和描述，以免使员工造成误解。但并非所有的环节都要如此，某些条款给予一个原则性的规定，往往更方便操作。毕竟公司是在不停运作的，公司的环境在运作中不断变化，而一套已经形成的制度不应该总是在调整和修订。所以为了使制度能够执行得持久一些，将某些可能会随着公司的变化而发生改变的内容只做原则性的定义也是必要的。

如果一套制度不能完全概括所有类别所有层级员工的薪资政策，那么把它化整为零也是个很可用的方法。特别是在薪酬体系建立之初，在一个较大型的公司里，往往很难一步到位地将所有岗位所有员工都纳入新的体系中来。在这个时候，可以先选择一种类型或一个部门开始，一步一步地走，连续出台一些政策和措施，逐步将薪酬体系完善起来，直到可以出台整体的薪资规定为止。

在大型企业里，总部出台的往往是一些框架性的和原则性的政策，而把具体的实际操作性规定下放在各个单位来拟定。作为薪酬主管要把握好其中的尺度，放得太宽可能造成薪酬体系失控，收得太紧则可能使薪酬体系面临无效的风险。

高教授讲到这里，看了一眼汪宁："薪酬体系的建立各环节讲完了，你有什么想法？"

汪宁说："我觉得在整个环节中，薪酬主管的作用很关键。但是，想做一名出色的薪酬主管绝非易事。"

高教授说："很对，薪酬管理是人力资源管理的重要组成部分，作为一名薪酬专职管理人员需要扎实的基础知识功底、熟练的操作技能和广阔的眼界。首先要具备的是对人力资源管理基础知识的掌握。不仅仅是了解薪酬管理的概念，知晓薪酬管理过程以及操作方法，还应该熟悉人力资源管理的各个模块之间的联系，并能够将薪酬管理与它们很好地结合起来，构成一个整体。

在实际的工作当中，薪酬主管最需要的是一个谦虚谨慎的态度。在工作中薪酬主管的言谈有可能被其他员工当成公司的政策，薪酬主管的行为有可能影响公司在员工中的声誉，也有可能为员工的生活带来重大影响，因此都来不得半点马虎，要本着对公司、对同事负责任的态度，做好自己的本职工作。"

"多谢教授，您说的这些我都记住了，我会珍惜我的新工作，您今天讲的这些，对我帮助太大了，对我今后工作有了非常大的指导性，您放心，我绝不辜负您的期望。"

从高教授家里出来，汪宁感觉轻松了许多，觉得美好的工作正在等待自己……

### 思考练习题

根据薪酬制度六大模块的内容，帮汪宁撰写 Y 公司的薪酬管理办法。

# 第六章　员工关系管理

## 第一节　劳动关系管理

　　小程来M公司实习有一段时间了，人力资源部领导安排他协助高主管做员工关系管理工作。小程大学学的是人力资源专业，今年毕业，大四的最后半年来到M公司实习，在实习的这段时间里，小程跟着高主管处理了不少事务，其中包括一些劳动纠纷，从中学到不少的东西。小程知道，在人力资源管理工作中，员工关系管理工作是比较有挑战性的，这项工作的内容比较多，包括劳动关系管理、员工纪律管理、员工沟通管理、员工人际关系管理等，尤其是劳动关系管理，用规范化、制度化的管理模式，规范劳动关系的双方，也就是企业和员工的行为保障双方的权益，构建和谐、稳定的劳动关系，促使企业正常而稳定的运营，它涵盖劳动合同管理、劳动纠纷处理，员工入职、离职的面谈及办理等多项内容，工作烦琐、责任重大。早上一上班，高主管就告诉小程，明天是新员工入职培训最后一天，培训结束前，专门留出一节课来签劳动合同并讲讲注意事项，让他提前把空白劳动合同及相关资料准备好，准备讲解的内容。

　　小程知道，这批新员工是公司今年新招聘的大学生村官，通过前期紧张地面试、复试，18人顺利地拿到了录用通知，之后他们参加了近半个月的入职培训班，在培训班上M公司向他们讲解了公司的发展史、公司文化等内容，还学习了相关的业务基础知识、岗位通用技能，以及员工的行为准则、工作礼仪等，通过这次培训，这些村官都感觉自身素养提升了不少。大学毕业后他们就一直担任村官，工作环境是民风朴实的农村，工作群体都是淳朴的农民，确实锻炼了各方面的能力。不过，这次入职培训，企业的工作模式又让他们有焕然一新的感觉，他们希望在M公司好好地发展自己，打拼出一片天地。

　　"我能讲好吗？讲什么内容呢？"小程问。

　　"没问题，你是学人力资源管理的，这点知识应该小菜一碟，正好你也锻炼锻炼，到时我也在场，给你助阵。这些新员工原来都是大学生村官，由于国家对大学生村官有些政策，所以他们对签劳动合同还心存疑惑。就讲讲什么是劳动合同，怎么签，以及合同的终止、续签等内容吧。"高主管说。

　　"好，那我好好准备。"为了把明天的课程讲好，小程又温习了关于劳动合同的一些内容。

## 一、劳动合同

1. 劳动合同的定义

劳动合同也叫劳动契约，是指劳动者与用人单位之间为了确立劳动关系、明确双方的权利与义务，依法协商达成的协议。

2. 劳动合同的种类

按照劳动合同约定期限的长短，劳动合同分为：

（1）有固定期限劳动合同，也叫定期劳动合同。是指用人单位与劳动者约定起始日期和终止日期的劳动合同。合同到期后，用人单位和劳动者的劳动法律关系即行终止。如果双方同意，还可以再续订合同。

（2）无固定期限劳动合同，也叫不定期劳动合同。是指用人单位与劳动者只约定起始日期，不约定终止日期的劳动合同。这类合同，只要不出现法律法规或合同约定的可以变更、解除、终止劳动合同的情况，用人单位或劳动者是不得擅自变更、解除、终止劳动关系的。我国劳动法规定的无固定期限劳动合同，主要目的在于保护劳动者的"黄金年龄"。劳动者在同一用人单位连续工作在 10 年以上且离退休年龄在 10 年以内的，复员、转业军人初次就业的一般都签订无固定期限劳动合同。

（3）以完成一定工作为期限的劳动合同。是指用人单位与劳动者以完成某项工作任务作为合同有效期限的劳动合同。比如以完成某项科研，建筑工程，以及临时性、季节性工作的劳动合同。

3. 劳动合同的内容

劳动合同的内容包括：法定条款的内容和约定条款的内容。

（1）法定条款的内容包括劳动合同期限、工作内容、劳动保护和劳动条件、劳动报酬、劳动纪律、社会保险、劳动合同终止的条件、违反劳动合同的责任。

（2）约定条款的内容包括试用期、培训、保守商业秘密、竞业限制条款、补充保险和福利待遇、其他事项。

4. 签订劳动合同的注意事项

（1）自用工之日起一个月内要签订书面的劳动合同。

（2）劳动合同如果有试用期的约定，试用期应该包含在劳动合同的期限内；如果劳动合同只约定了试用期，那这个试用期是不成立的。

（3）竞业限制条款是为了保护用工单位的利益而设的，要求劳动者在职或离职后的一定期限内，不能经营与原单位同类业务或在有竞争关系的其他单位任职。

看完这些内容后，小程又把准备好的空白劳动合同认真看了看。小程看完合同，觉得有几个问题还不太确定，又跟高主管交流了一下。第二天，小程准时来到培训班。

培训班上的新员工，也就是这些大学生村官，经过了半个月的培训，正是精神最饱满的时候，课堂气氛活跃，人人有种跃跃欲试的劲头。小程按照准备好的内容进行了劳动合同的简单讲解，讲解结束后，他把空白劳动合同发给大家，告诉大家怎么填，然后问："大家还有什么问题吗？"

有个新员工举手："老师，我们签了合同，是不是就不能离职了？要是想离职怎么办？"

"你还没入职就想离职呀？"小程笑着说。

"哈哈。"全班的人员都笑了。

"我只是随便问问，万一有特殊情况需要离职呢。"

小程镇静了一下，他没有想到新员工会提这样的问题，不过仔细想想这也难免，现在的年轻人思维活跃，跳槽现象严重，有好的机会或者稍微工作不如意就选择离职、跳槽也是属于正常现象，所以问这个问题就见怪不怪了。小程的专业知识虽然还算过硬，但是面对新员工提出的问题还是有点慌乱，不知道怎么回答。

小程求助地看看高主管。

高主管站起身，说："劳动合同是一种契约，约束了双方的权利和义务，既是对员工的约束也是对员工的保护。但是，并不是签了合同就不能离职，刚才这位新员工提到离职的问题，我这里就想告诉大家，公司对于离职是有一套成型的管理制度的，由于时间关系，今天就不在这里细讲了，谁想了解，可以等培训班结束后到人力资源部来了解。至于劳动合同的签署，如果谁没有考虑好，也可以暂时不签。"

高主管说完，新员工们没再继续这个话题，大家开始按照要求签署劳动合同。

第二天，小程一上班就跟高主管说："昨天多亏您解围，要不然，我不知道怎么回答了，谢谢您。"

"没关系，工作中什么样的情形都会出现，你多经历几次就好了。"高主管微笑着说。

"我昨晚回去认真看了看资料，关于离职管理的内容还真不少。对于公司离职管理方面的内容我很感兴趣，您能跟我说说吗？"

高主管说："行，咱就来说说员工的离职管理。"

## 二、员工的离职管理

1. 离职类型

离职一般分为以下几种情况。

（1）辞职，是指由员工提出终止劳动关系的行为。

（2）辞退，是指由于员工在工作上的表现、技能等不符合企业要求或严重违反了企业的规章制度，企业决定提前终止与员工的劳动关系。

（3）自动离职，是指在合同有效期内，员工未经企业批准而擅自离开工作岗位的行为。一般情况下，企业制定的员工劳动纪律中规定，年度累计旷工多少天及以上，可视为自动离职。

（4）合同期满，一般有两种情况，一是在合同到期后，企业提出不再续签劳动合同的行为；二是合同期满后，员工提出不再续签劳动合同的行为。

"在这里要注意了，辞职和辞退，仅一字之差，但意义完全相反。"高主管提醒道："辞职行为的主体是员工，辞退行为的主体是企业。在程序上，辞职首先是由员工个人提出书面申请，辞退是由企业提出但无须向任何人申请。在经济偿付上，企业要按照相关政策向被辞退的员工支付一定数额的辞退费。而对于辞职的员工，企业是没有偿付费用的。在培训费方面，辞职的员工要按规定向企业偿付个人曾使用过的培训费，而对于辞退的人员则没有这方面的规定。"

高主管继续说："对于员工离职，公司有一定的程序，包括离职申请、离职审批、离职面谈、离职交接、离职结算，以及劳动合同解除等环节。在员工离职管理的流程中，公司对离职面谈环节非常重视，并以此为核心，实施离职前后的相关操作。离职面谈内容，可以是了解员工离职的原因，进行离职挽留，还可以是通过同离职人面谈来了解公司内部管理存在的不足等，所以，离职面谈在整个离职管理流程中显得尤为重要。这个环节做好了，对于提升公司品牌影响力与竞争力有着深远的意义。"

"敢情这工作这么复杂呀。"小程吐了吐舌头。

"在具体实施过程中，员工的离职管理比想象中的还要复杂，所以，面对当前企业人员频繁跳槽的现象，我们应该思考的是如何将现有的优秀人才留住，如何培养并激励他们与公司共同成长。"高主管说。

"如果员工离职的时候与公司有争议怎么办？"小程问。

"不只是离职的时候，在平时的员工关系管理中，员工对薪酬福利待遇呀、工作时长、工作条件等也会产生争议，认真面对就行了。根据争议的类型，按照争议处理程序来处理。"高主管进一步解释。

## 三、劳动争议处理

一般情况下，劳动争议有以下几种类型。

1. 劳动争议的主要类型

（1）因确认劳动关系发生的争议；

（2）因订立、履行、变更、解除和终止劳动合同发生的争议；

（3）因除名、辞退和辞职、自动离职发生的争议；

（4）因工作时间、休假、社会保险、福利、培训以及劳动保护发生的争议；

（5）因劳动报酬、工伤医疗费、经济补偿或者赔偿金等发生的争议；

（6）法律法规规定的其他劳动争议。

2. 解决劳动争议的途径和方法

产生了劳动争议，一般解决的途径和方法包括调解、仲裁和诉讼。

（1）调解阶段。由用工单位设立的劳动争议调解委员会进行调解；

（2）仲裁阶段。由劳动争议仲裁委员会进行仲裁；

（3）诉讼阶段。调解无效，或不服仲裁结果的，可以到人民法院提起诉讼。

3. 劳动争议处理的基本原则

（1）及时处理原则。通过第三方介入调解，以及企业与员工协商来及时处理；

（2）合法原则。在查清事实的基础上，依法处理；

（3）公平公正原则。无论是企业还是员工个人，在适用法律上是一律平等的。

"当然啦，劳动争议还是要以预防为主，一旦发生争议，企业和员工个人都要耗费精力，是得不偿失的。"

听完高主管的话，小程觉得员工关系管理工作真是责任重大，所要学习的东西也是很多，但真要把这项工作做好，还应该靠实践经验积累，以人为本，把握好工作的精要，处理好各项工作细节。

## 思考练习题

1. 劳动合同的种类有哪些？

2. 解决劳动合同的途径及方法有哪些？

# 第二节　员工纪律管理

王军最近很忙，他是学法律出身的，原来在恒泰律师事务所任职，最近应聘到 E 公司做法律顾问。进入 E 公司后，王军就觉得，与律师事务所相比，在企业又是另一种忙碌。E 公司人员不少，但懂法律的人却不多，现在企业的内外监管很严格，一行一动都要求依法合规，所以，E 公司的大事小情都来问法律顾问，唯恐哪里做得不对违了规，签合同、定制度、劳务纠纷等，只要法律顾问说没问题，大家就放心了，从这些也看出，现在企业的依法经营意识在提高，既懂得企业自身保护，又懂得建立企业依法合规、诚信服务的形象。

这天一上班，集团公司李总就把王军叫到办公室。

"小王啊，到公司后还适应吗？"李总微笑着说。

"公司管理规范，工作环境也好，觉得挺不错的。"王军说。

"听大家反映，你来公司后工作开展的不错，继续努力啊。"

"谢谢李总的鼓励，有什么工作你就尽管吩咐。"王军说。

"小王啊，公司目前的发展速度很快，员工队伍越来越大，尤其是这几年集团公司经过改制、重组、并购以后，旧有的管理制度已经跟不上公司的发展变化，况且目前新的《中华人民共和国劳动合同法》（以下简称《劳动合同法》）出台了，员工们对法律的认知以及对自我利益的保护意识大大增强，所以总裁室决定对公司的管理规章制度进行重新梳理和修订，目的主要是针对集团目前多元化的市场用工状况，建立起一套统一、合法、可操作的用工管理和员工行为规范。你对这项工作有什么看法吗？"

"李总，虽然我来公司时间不长，但是公司领导班子务实的工作作风给我印象很深。最近，《劳动合同法》《中华人民共和国就业促进法》《中华人民共和国劳动争议调解仲裁法》相继实施，《中华人民共和国劳动合同法实施条例》和《年假实施办法》也已出台，有关员工关系方面的法律条文可谓越来越齐全。公司现行的制度和很多管理方法与法规政策上的变化不相符，如果继续沿用那些老办法，势必会产生很多问题，所以，我认为这项工作应该尽快开展。"

"好，你认为这项工作怎么开展呢？"李总问。

"首先应成立项目组，专门来研讨、编纂管理制度。其次是对公司现有的劳动规章制度以及各种相关的规定，做个梳理。之后，进行新制度的修订和编纂，让制度形成体系。新制度出台后，要对全员做个制度培训，以确保制度的贯彻和执行。"

"你说得很好。我准备来任这个项目组组长，你，还有人力资源部的人员作为项目组成员，共同协作，把这次工作完成好。"李总说，"不过，公司想先对各下属公司主管领导和人力资源负责人作一次培训，结合最新出台的《劳动合同法》，讲讲在制订企业规章制度方面应该注意的问题。对下一步制度的修订打基础，你看怎么样？"

"这样更好，让制度的修订更顺畅。"

"那好，这个培训任务就交给你了，你准备一下，由你来讲。"

"好的，李总。"

从李总办公室出来，王军就开始准备培训的相关内容。对于讲课，王军并不陌生，律师是靠嘴皮子吃饭的，在律师事务所的时候，他也给一些企业讲过法律知识方面的课程。这次李总让他给管理层讲，他稍有些紧张，这是他来到 E 公司第一次上台，一定要讲好。王军认真地开始准备讲课内容……

## 一、企业规章制度的制订

规章制度是企业的"内部法"，涵盖企业人事管理的各个方面，适应企业的独特个性，和国家的法律一样，它可以根据功能、性质、内容分为很多单独法，或者也可以称之为规范、规定、条例，例如，培训制度、薪酬福利制度、绩效考核制度、劳动合同管理规定、员工奖惩办法，等等。同时，不仅规范企业的人事制度，还承载着传播企业形象，树立企业文化的功能。因此它不是锁在员工抽屉中的一叠废纸，而是员工的行动指南，企业管理的有力"武器"。

从企业的角度讲，规章制度是由其单方制定的一种管理工具，它主要体现的是用人单位的意志，服务于用人单位的单方利益，当然必须要符合过程的民主性、内容的合法性和信息的公开性等条件。企业可以利用规章制度加强内部劳动管理，稳定、协调劳动关系，保证用人单位正常劳动生产秩序，帮助企业管理人员优化管理环境，提高管理效力。

而对员工来讲，它是准则也是指引，通过这些文字资料，让员工明白该做什么和不该做什么，可以得到什么，同时也需要付出什么。

## （一）规章制度的制订规则及要求

通常，企业是根据自身实际情况以及管理需求来制定规章制度，没有固定的范本，但是，在制定规章制度的过程中还是有一些通用性的规则。

（1）强调管理者对企业的期许，也表达了管理者对员工的职业化要求。

（2）规章制度必须成为辅助管理的工具、员工的工作指南，而不是一纸空文。

（3）员工可以在规章制度中得到其所必须领会与掌握的方法与要求。

（4）它还必须符合企业各类人员的需求。

## （二）规章制度的形式

企业制订规章制度主要包括劳动合同管理、工资管理、请销假制度、职工奖惩以及其他劳动管理规定。

员工手册。注重流程，让员工从招聘、入职、异动、日常管理到离职都明白该以什么程序完成每一个环节，范围设计所有模块，但内容多限于流程的程序法。

单项制度。招聘与规划、培训与发展、薪酬福利、绩效考核、劳动合同管理、奖惩、考勤与假期等，所有的内容都可以根据企业需求形成单独成文的"实体法"。这些制度需要从原则、宗旨、定义到具体实施办法都详细规定。

在具体管理中，这两种制度形式都需要具备，搭配使用，至于内容和种类未必全部都涉及，只是视企业的不同发展阶段和管理程度自由组合即可。

## （三）制度内容的编写要求

### 1. 合法性

合法性是企业规章制度生效的首要条件。只有不脱离法律规定的框框，我们才能有机会、有资格在制度中体现企业的单独意志。例如，曾有公司明令规定同事间不允许结婚，已经结婚的有一人要辞职。这样的条款不仅不符合《劳动法》，更是违背了《中华人民共和国宪法》《中华人民共和国婚姻法》赋予员工个体的基本人权。

企业规章制度应当对立法所列举的必备事项做出具体规定，内容应该尽量全面、具体、明确。其内容条款必须体现权利与义务的一致性、职工利益与生产效率并重、奖励与惩罚结合、劳动纪律面前人人平等的精神。其中，关于劳动条件和劳动待遇的规定，不得低于法定最低标准和集体合同约定的最低标准；关于惩罚违纪职工的规定，必须同法定的违纪罚则相符，必须贯彻教育为主、惩罚为辅的原则，不得侵犯职工合法权益。

《劳动法》第89条规定，用人单位制定的规章制度违反法律法规规定的，由劳动保障行政部门给予警告，责令改正；给劳动者造成损害的，应当承担赔偿责任。该条表明，企业的规章制度必须重视其合法性的问题。

企业的规章制度，特别是涉及劳动纪律以及相关惩罚的条款，应当根据国家相关法律法规的变化，不定期进行修改，主动完善。只有依法制定的规章制度才具有法律效力，这就要求企业人力资源管理工作者至少应对劳动法律法规要相当熟悉。

2. 明确性

通常会看到一些企业的制度多是道德规劝、粗略规范，甚至直接节选照搬国家、地方法规条款。这些大而化之的东西，不仅对员工的工作指导意义不大，管理执行层在使用起来也如杀鸡用牛刀一般无从下手。而很多世界 500 强公司的员工手册，其内容非常具体：

（1）明确告诉员工哪些行为是公司禁止的，哪些行为是公司提倡的，什么样的行为又会导致什么样的后果，员工和有关部门工作人员依照相关制度规定的内容去做就可以了。

（2）明确列出员工对企业应负的责任，例如，要保护企业的哪些有形资产和无形资产，要对公司的哪些信息进行保密，而且详细列出类别及名录。

（3）明确列出员工在工作期间创作出作品的知识产权归属，一般都会区分职务作品和非职务作品，职务作品知识产权归公司所有，员工享有署名权，非职务作品则看其是否使用了公司资源而区别对待。

（4）明确列出企业对员工隐私（与受雇有关的员工个人资料，包括医疗、福利资料）的保护责任及特殊情况（比如，司法调查）免责条款等。

这样，管理者使用起来方便对应，也使企业的管理具备明确的依据，防止争议发生。

3. 严谨性

就拿带有处分性质的条款来说，我们经常会看到对员工一些违纪行为用一些诸如"屡次批评教育""损失重大""情节严重恶劣""经常迟到早退"等词语来描述后果的严重。企业的出发点是为了涵盖一些制定时不能预见的情况，扩大管理范围，但其实是无效的。当企业真的发生上述问题时，就无法解释：多少次是屡次？什么程度是重大或恶劣？怎么做才是经常？当无法解释这些问题时，违纪处理就失去了法律依据。而针对这种情况，我们不妨就用具体的数字来体现，例如，我们规定造成 5000 元损失者就构成"严重"，也就是说可以解除劳动合同，或者，我们要求员工在一个自然月度内不得出现三次连续或累计的迟到早退，否则也可以解除劳动合同，等等。

4. 严密性

在设计有关处罚条款时一定要注意严密性，防止条款间的冲突和脱节。很多企业在自己的奖惩制度中明确：哪些行为属于轻度违纪，适用于口头警告处分；哪些行为属于重度违纪，适用于书面警告处分；哪些行为属于严重违纪，适用于解除劳动合同处理等。这些并不是固定的格式，不同的企业可根据自身不同的情况，制定不同的处罚办法。当某一个员工真的有越轨的行为时，企业的管理人员仅仅需要做一个对号入座的处理，问题便迎刃而解。

5. 规范性

企业的规章制度应尽量做到简洁流畅、易懂易记，以增强实效。毕竟受众是所有的员工，而不能期望他们同专业的法律工作者一样能够理解艰涩的专业语言。切忌语法有误。

制度中的主语应当同一、统一，也就是说一个制度体系至少应当在称谓上保持一致，形成制度链，也便于在固定企业文化时形成明确的地位和主体之分。

有些称谓不统一，一会儿用"公司要求……"，一会儿又用"我们认为……"。其实，这里的"我们"就代表着公司，不如一律用"公司"。当某件事情要求员工与公司一起努力，协同一致去完成时，再用"我们……"。

还有的称员工为"职工""职员""雇员"等，最好也是统一为一种叫法。当然为了突出员工的主人翁地位，像《员工手册》这样流程化的制度，可采用第二人称，对员工称"您"，更具技巧性。

每一部制度从框架到段落，由语句至标点，都要反复琢磨，不仅要简洁通顺，还要力求匀称优美。不同的制度使用不同的语言表达方式，口气生硬通常是某些公司"官方文件"之通病，如果表现在《劳动合同管理规定》《财务管理规范》等单项业务制度中还勉强可以接受，但是如果是人手一册的《员工手册》，这样的口吻则不太妥当。

员工手册不是一般意义上的规章汇编，最好少用"不准""严禁""绝对不许"等字样，更慎用"过时不候""后果自负"之类。将命令改为沟通，对员工发出心灵的呼唤，无疑是现代公司的文明之举。不仅要求员工承担义务，遵守制度，亦讲明员工可享有的权利。公司旨在营造文明、温馨的工作环境，以最大限度发挥广大员工的聪明才智，多用几个"请"，用协商口吻"让我们……"，拉近管理者与下属的距离，将公司与员工融为一体。

### （四）制订制度的程序要求

根据《最高人民法院关于审理劳动争议案件适用法律若干问题的解释》第 19 条的规定，企业规章制度成为处理劳动关系审理劳动争议案件的依据须具备三个条件：

（1）不能违反法律法规和政策的规定。

（2）必须经过职工大会或职工代表大会讨论通过。

（3）向职工公示。

1. 制订制度的程序

一般而言，制订规章制度必须经过职工代表大会或股东大会、董事会等机构或其他相应的民主程序通过，也就是说企业需要将拟订出的制度草案交由职工代表大会征求意见，没有职工代表大会的则改由全体职工"审查"。企业需要将员工提出的意见进行采集，并根据意见做进一步完善，同时还需要和工会或者职工代表进行协商后才能确定制度的最后版本。

或许有人会说，经由职工代表大会通过的决议不属于公司单方的决定，代表的是员工群体的意志。这恰恰是一种误解，这种误解的根源在于将职工代表大会机制混同于集体谈判机制。集体谈判机制是在劳动关系领域孕育并在发达的市场经济国家发展得比较成熟的一种劳动关系调整机制。它是由劳动者群体所结成的社团——工会，与雇主或雇主团体之间进行集体谈判并通过这种谈判达成协议的一种机制。它的本质仍然是追求双方的合意。而职工代表大会机制并不是集体谈判机制，而是对聘方与被聘方双方平等意见的表达，是一种员工参与管理的科学方式。企业制定的制度是为了规范管理、有效管理而不是出于"剥削"和极大程度的限制，是达到劳资双方和谐的一个工具。因此，通过大多数人的"审查"并不应该成为制定规章制度的桎梏。而且，也并不是说所有员工提出的意见都必须要采纳，企业具有法律赋予的管理自主权，可以根据企业特点和客观情况进行一番筛选并剔除后再加以使用。

2. 公示制度的程序

上述法律规定中还提到的"公示"和"告知"，因此经过协商之后确定的制度文本还需要最后正式地展现在每个员工面前，让单位的所有成员知晓才能生效。也就是说，只有企业履行了将规章制度告知员工的义务，规章制度才能对员工产生效力。那种把经过一定程序最终形成的规章制度"收藏"起来，不告知员工制度具体内容，等员工违反了相应规范再拿出制度进行惩处的行为是没有法律效力的。

在向员工公布规章制度内容时，可以召开全体员工大会宣读规章制度的内容，可以把规章制度张榜公布，也可以印刷成册发放给每个员工。现在，不少企业还采用发送电子邮件，在公司网站公示等方法。这些都可以将规章制度公之于众。但是，在具体方法的选择上，应该考虑到企业的不同情况尽量采用风险较小的方式，避免产生不必要的纠纷。

为了防范此类问题的发生，现在很多企业在员工入职接受培训或教育时，就要求新员工签收并学习公司的规章制度。或者把一些规章制度作为附件，在劳动合同中加以约定。这样就可以避免有的员工没有看到规章制度的情况发生。特别需要提醒用人单位的是，用公告、网络、电子邮件等形式发布规章制度，都存在容易灭失或修改的弊端，也就使用人单位面临一定的风险。所以最好是使用员工书面签收规章制度的形式，更易于保留原始的证据材料。但是，当遇到有争议的员工时，用人单位在公示规章制度时就一定要灵活运用公示的方法，避免简单而无效的公示。

《劳动合同法》实施以后，企业现有的规章制度的确有一部分将无法继续适用，而且由于民主程序过于严格，新的规章制度难以获得通过。因此，采用的策略是，在劳动合同中的约定应该明确、具体，以此代替企业规章制度的规定。还可以把企业规章制度的一些要求作为劳动合同的附件，并约定附件与劳动合同具有同等的效力。

总之，制订规章制度应紧密结合企业自身情况并严格依法进行，应做到"合法、合理、全面、具体"。如果员工违反了规定，自然会受到相关规定的处罚。但因此引发劳动争议时，只有合法的规章制度才能作为法律的依据，这里的"依法"包括内容要依法，也包括程序要依法。当然在制定完备的制度体系时，也可以考虑请教外援，由具有丰富经验的专业机构在了解企业政策背景和个性化需求之后，代企业操刀，或者由他们对企业自行制定出的规章制度进行合法性审查，使现行各项规定与《劳动合同法》及其他法律的规定相吻合。

几天后，培训如期进行。王军按照上面的思路，从企业规章制度的作用、制定规则和要求到制定流程、公布程序，做了一个详细的讲解。因为内容都是充分准备过的，所以他讲得很流畅，下属公司的领导和同事在会后都给了他很高的评价。

培训结束后不久，项目组就召集集团下属控股公司和参股公司的人力资源负责人一起召开第一次会议，项目组组长李总讲了这个项目对集团工作下一步发展的意义，并让大家认真对待，随后，项目组与各公司代表展开深入讨论，重点将目前各公司在用工方面遇到的问题作了调查。最后明确了此次集团劳动管理体系文件编撰、整合工作将以制定《E公司员工手册》、修改《E公司劳动管理规范》和《E公司劳动合同管理规定》等文件为核心，以统筹和修订各个机构和下属公司的劳动管理细则为辅助，形成E公司内部管理统一、上下适用的文件体系。

会上还确定了项目进度和相关负责人。在这个项目中，《E公司劳动管理规范》和《E公司劳动合同管理规定》是在公司原有的文件上做修改，主要是结合新颁布的劳动法规进行局部调整，难度并不大。而《E公司员工手册》则是全新的，需要从头制作。项目组把起草初稿的任务交给了人力资源部小柳，由王军协助。

散了会，小柳就夹着笔记本跟着王军来到王军办公室。

"王律师，编制《员工手册》我还是第一次，我得跟您请教请教，还不知道怎么入手。"

王军以前在律师事务所时曾经为企业审查过《员工手册》这样的制度，所以，对《员工手册》的编制并不陌生。他微笑着说："谈不上请教，项目组让我协助你一起来做这个手册，你有什么需要帮助的尽管说。"

"什么样的制度才能叫作《员工手册》，《员工手册》应包含哪些内容，和制订其他那些制度是否有区别，制订《员工手册》的程序又该是什么样。"小柳提了一大堆的问题。

"呵呵，别急，咱们慢慢说。"王军坐下，倒了杯水给小柳。然后顺着刚才小柳的问题讲起来……

员工手册是企业规章制度中的一种，属于倾向于程序性规章的综合性规定，为现在企业越来越多的使用和重视。它涵盖企业人事管理的各个方面，适应企业的独特个性。既包括一些法律和制度常见的原则性规定，更有企业自身的历史、成就介绍，以及企业创始人的致辞、企业文化特征等。它是企业管理的直接工具，也是员工的指南手册，是现代企业制度体系中必不可少的部分。

## 二、员工手册

制订一本适合企业特点和要求的员工手册需要各个方面的工作人员付出很多艰辛的劳动。它是一个企业制度不断完善，管理水平不断提高的表现。因此，企业首先需要确认自己的管理对象。对象不同，传播信息不同，规范不同。真正做到因人而异才能达到好的管理效果。其次，企业就已有的内部人事制度作系统化的分析，结合企业以往在管理过程中遇到的问题，明确员工手册要实现的目的，要达到的结果。再次，明确对员工的职业化要求，根据企业特点确定员工手册的框架和具体内容。当然，只有依法制定的规章制度才是受到法律保护的。因此，也就需要严格依据法律，至少也是在不违反法律的原则下确定手册的细节。最后，员工手册和其他制度一样必须在通过民主程序制定并向员工公示后，在本单位内颁布施行，否则将失去其法律效力。至于公示的方法，企业可根据自己的情况采用由员工签收、组织学习、提交读后感、考试等。

## (一) 员工手册的内容

员工手册既是公司人事制度的汇编，又是公司员工培训的教材，反映的是公司形象、公司文化，是公司所有员工的行为准则。不过，员工手册应该含有哪些内容，并无定规，编排亦无固定模式。但一般可由以下几个部分组成。

### 1. 欢迎词

可以是曾经公司创始人的一段话，也可以由现任公司的董事长或总经理致辞，对新员工表示诚挚欢迎，预祝事业成功。如果致辞的领导在最后亲笔签名，则更具亲切感。

### 2. 公司概况

概要介绍本公司历史、现状及隶属关系。让员工大致了解公司性质、经营范畴、主导产品（含劳务、服务）、市场分布、注册资本、现有资本及实现利税等基本情况，以对公司实力和竞争能力充满信心。

### 3. 公司历史

简要回顾公司创业历史，对公司战略目标和发展规划略加阐述，亦将公司美好前景展示给员工，以激励斗志，为实施目标管理打好基础。

### 4. 公司文化

企业文化是企业具有自身特色的意识形态和行为规范总和，大致包含企业哲学、企业规范、企业形象和企业精神。企业哲学是企业一切活动的行为指南，其核心是价值观念。在员工手册中介绍企业经营理念，即始终遵循的价值观念，以统一员工思想，为企业整体目标共同奋斗。企业精神是企业内部规范和外部形象的融合与升华，集中体现出企业经营哲学和独特风格，是公司迎着市场风浪前进的旗帜和号角。企业精神是一种无声无形的信念，但通常又可用简短、响亮的标语或口号予以表述。可将凝练出的企业精神印在员工手册的扉页，以求醒目，鼓舞斗志。

### 5. 组织结构

员工来到公司，自然应对公司结构框架有个粗略的了解。一般可绘制部门结构图。通过该图，员工不仅可一目了然地知晓公司包括哪些部门，且对公司的产权构成，组织管理模式以及各个系统（办公系统、生产系统、营销系统、财务系统等）形成印象。

### 6. 部门职责

通过阅读各部门工作职责，员工自会明白某个部门负责何种事务，协同其他部门，参与哪些工作。部门自身职、责、权分明，部门之间纵横关系清晰，有利于回答员工

"有事找谁"和"我所在的部门分管什么"两个基本问题，有助于员工搞准自身位置，尽快进入角色。

### 7. 行为规范

一个现代化的公司，其精神风貌必然体现于员工的仪表风度（包括着装、发型、化妆等）。员工的一言一行、一举一动，均代表着企业形象。公司在这些方面的要求，应明确且具体地写入员工手册之中，以利员工经常对照，不断提高自身道德修养和文明素质。待人接物的行为准则，虽为企业文化的有机组成部分，但单独列为一节，以期引起员工特殊重视，自觉强化日常训练，以达"习惯成自然"。

### 8. 人事政策

这部分内容较多，且涉及员工切身利益，可谓手册的"重头戏"。①人事政策，即选聘员工依据，员工考核标准、晋升条件，员工聘用（解聘）程序；②工资待遇，即工资结构及分级、工龄计算、工资发放的流程和时间。各种奖金和补贴发放办法，试用期待遇等；③劳动纪律、劳动合同的签订、工作时间，以及请假制度。④其他各项制度，如报销制度（指差旅费，医药费等）、车辆使用制度、安全制度、卫生制度、保密制度等，可视必要做出详略不同的介绍。现代公司为员工提供的各种社会保险（如养老保险、医疗保险、人身保险），以及其他福利，如提供工作服、免费午餐，提供可借阅的图书，提供单身公寓或发放租房补助金，提供年度休假等，亦应列入此部分，以体现公司的关怀，展示公司为员工创造的良好工作，生活条件以及必要的保障。

### 9. 附则

正文之后可增设附录。首先要说明一些未尽事宜的处理原则及可以作为手册附件的相关文件或规定，可作如下说明："本手册未尽事宜可参照国家和所在省市现行法律法规、规章、政策及公司的有关管理规定执行。"其次要强调公司对于员工手册中的所有条款具有修订权利："本手册是根据国家和所在省市现行的有关劳动法规及本公司有关规章制度而制定。今后如遇国家法规及公司的规章制度有变更时，本手册亦相应作适当修订。如有修订，公司将以通告形式通知员工。"最后还要说明本员工手册的生效时间及执行、管理及解释权的归属："本手册经公司职工代表大会或职工代表联席会讨论通过后实施，自某年某月某日生效。本手册执行、管理及解释权归公司人力资源部，如有不明事项，请向所在用人单位或公司人力资源部咨询。"

### 10. 员工接受书

企业规章制度是体现企业单方意志，由企业发放给员工遵守的规则，因此，很多企业认为只要完成"交付"制度的程序就算员工接受。但是试想，如果在出现问题引发争议时，员工称其并没有见过这样一份制度规定，并不知道自己的行为可以由企业做出这样的处理，企业该如何举证证明从而使争议向有利于自己的一方发展。恐怕只有证明员工确实收到过制度才可以。所以说，员工接受书这项内容非常重要。

作为日后处理争议时，公司证明员工获悉公司规章制度的一个依据，《员工接受书》可放在手册最后一页，最好一式两份。公司留存一份，员工留存一份。内容可以这样表述："本人确认已阅读了由某年某月某日起生效的公司《员工手册》，清楚了解了手册的全部内容，并同意接受此手册的全部内容。"最后一定让员工签上本人姓名和日期。

## （二）员工手册编写的要求

### 1. 勿贪多求全

员工手册在编写上与其他制度一样，应当严格遵守法律规定、内容明确、措辞严谨、条款严密、称谓统一、语言简洁规范等，但同时还应当注意，作为一部更注重程序性规定的制度，员工手册要精细而非多全。

员工手册不是"企业大全"，不可能也无必要包罗万象，面面俱到。手册所含内容，应是员工最为关心的，与员工日常工作和切身利益相关度最高的事项，通常亦是出现频率高，处理程序化强的各种事宜。手册内容不能过多过细，以免造成杂乱无章，查阅不便。至于涉及某个方面具体细节，员工可查询其他专项制度和文件，或者咨询相关职能部门。

### 2. 印刷精美

一些企业认为员工手册与其他制度相同，通过培训时的演示、上传至内部网站、从系统文件库下载等形式足以达到贯彻的效果。但是员工手册不仅仅是一部制度，还附有很多企业文化和形象的信息。

当员工手册成为新员工拿到的早期书面资料时，这无疑凝聚着公司精神，代表着公司形象。员工手册的质量不仅体现在科学取舍，精心编写，还首先体现于装帧精美的印刷质量上。唯此，方能给员工留下美好的第一印象。经常翻阅员工手册，不仅可迅速查到相关资料，获取有用信息，还将获得美学享受。让员工在手册引导下，满怀信心地迈入公司。

## （三）员工手册是否具有法律效力

法律本身赋予了企业规章制度应具有法律效力，但也只有依法制定的规章制度才具有充分的法律效力。员工手册符合上述条文所列举的范围，涉及劳动者切身利益，是从属于企业规章制度体系中的一分子，自然也应严格遵守这样的法律约束。员工手册遵循法律途径制定才可以为员工提供有效的指引，并作为制裁违纪者的依据，否则无论用了多少心血，形式多么精美也都是一叠无效的废纸。

员工手册的效力具体体现在以下几个方面：

第一，员工手册的制订权是法律赋予企业的用人权的重要组成部分。制定规章制度用以规范企业管理运作是企业行使用人权的重要方式之一。因此，员工手册这样的规章制度也称为"企业内部法"，经公示的员工手册劳动者应当遵守。

第二，用人单位可以依据依法制定的员工手册对劳动者进行管理，包括对劳动者违纪违法的行为予以依法处理。

但是，员工手册的法律效力不能溯及既往，只对其发布实施之后的人或事产生效力，对颁布实施之前的人或事无效，除非企业和劳动者另行特殊约定承认后来实施的企业规章对以往的事或人发生法律效力。

### （四）员工手册的有效执行

员工手册制定完成后，需要有人去实际操作和监督其贯彻执行。当企业认定某个员工的行为触犯了企业的规章制度和劳动纪律时。如何去执行制度呢？

#### 1. 收集证据，对号入座

从法理上就是要求企业将违纪处理员工的事实依据和法律依据找出来，然后通过对号入座的方式将它们结合在一起，形成初步的处理意见。任何企业的行为都是有风险的，处理违纪职工也不例外，为了预防今后可能出现的仲裁或诉讼，要求具体操作人员必须出色地完成这一任务，最后换来的是仲裁裁决和法院判决中"事实依据充分，法律依据确凿"的判定。

#### 2. 履行规定报批手续

任何未经批准的，未经过授权的处理，都是无效的，既然有严格的纪律处分程序，就要严格遵照执行。这也是完全履行规章制度的一个关键，任何擅自主张的行为都是愚蠢的。

#### 3. 送达

无论什么内容的通知，企业都应当争取书面送达本人，并得到本人签字。如果无法通知本人且通过邮寄、快递等其他手段都无法正常送达时，可以登报公告处理，但需要保留无法正常送达的证据。

王军告诉小柳，员工手册之所以在众多制度中单独拿出来分析的原因，它综合于它的内容，广泛而不庞杂，但也专项于它的形式，即以更多程序性的内容指导企业行为和员工行为。在提交公司制定一部完备的《员工手册》的计划报告时，应明确地表述员工手册的作用、大致内容以及他所想要实现的目标。例如，以员工手册来明确和完善以下几个基本方面：宣传企业文化；明确考勤、招聘、员工入职、离职、劳动纪律；确定员工的岗位职责；明确员工的福利待遇；明确员工的行为准则、奖惩原则和方式方法等。

听了王军的讲解，小柳对编写员工手册有了初步的思路，但是对于员工奖惩方面的内容，还不知道怎么去掌握，怎么写进手册里。他让王军再讲得细一点。

王军说：奖惩管理是纪律管理中不可缺少的管理方法。奖勤罚懒是企业激励的手段，其目的是促使员工遵纪守法，尽责尽职。

## 三、员工奖惩管理

### （一）可以奖励处罚的行为

#### 1. 可以奖励的员工行为

首先，可以根据绩效考核结果予以奖励的，例如，全年度出勤最好的员工，业绩最好，全年考评达到某一级别及以上的，年度优秀团队成员的，等等，这一类别的认定依据比较简单，根据公司内部考核机制中的期限、标准和结果自行设置即可。

其次，根据员工的个别、机动性的表现和成绩来认定是否具备可以奖励的资格，以及奖励的种类，例如按照公司相关制度，在发明创造与申请专利方面获得成绩的员工或团队；参与跨部门协作的公司级重大项目并且成绩突出；或者积极参与、协助事故、事件救援工作或危机处理且表现出色的员工或团队；积极参与公司举办的各项业余活动或比赛并获得名次的员工或团队，举办公司内部活动且表现优异的组织者，以及代表公司参与公司外部业余活动或比赛而取得优异成绩的员工或团队；在公司、社会见义勇为，与各种违法违纪、不良现象的斗争取得显著成绩的员工或团队；自觉和有效减少或防止他人对公司的损害，使公司获得实际利益的；对维护公司荣誉、塑造公司形象方面有较大贡献；为公司带来良好社会声誉的员工或团队；业务改进，技术改造方面取得显著成绩的；在专业技术比赛上获奖的……这类行为通常是由员工自发形成，与本职工作联系不大，但如果对这些行为予以奖励，不仅在企业团队中间树立榜样，激发员工为企业争光、创造价值的积极性，也增强员工对企业的认同感和忠诚度，更为企业形象和文化创建了一个宣传与提升的机会和平台。

最后，还有一部分行为需要依靠结果的程度来判断奖励资格与方式。如对公司提出合理化建议并收到明显成效，使公司的流程效率提高多少个百分点，或使公司节约成本多少元以上的员工或团队；保护公司财物，使公司利益免受重大损失为一定金额以下的员工或团队等。这类行为不是只要发生就能收到奖励，而是需要看他的贡献程度，达到程度标准者才可以享受奖励。

2. 可以处罚的行为

处罚在使用的时候可以和企业中的员工行为准则、工作礼仪、劳动合同管理办法、考勤等关联使用，也就是说，当员工出现违反以上规则的时候，公司可以根据行为的程度给予不同类型、不同级别的处分，从警告到解除劳动合同不等。例如，可以根据企业性质和违纪行为对企业的影响加以划分和选择：

(1) 不遵守公司的考勤纪律，包括并不限于上下班、会议、培训及公司的值班安排。①迟到或早退达到一定时间、一定次数的；②旷工达一定时间、一定次数的；③违反规定休假的；④无视公司的考勤纪律，代替他人打卡、代替他人进行大型会议或培训的签到，或接受上述代办行为；⑤其他情节类似行为。

(2) 违反工作礼仪和行为准则的。①在禁烟区内吸烟者；②浪费或损毁公司财物；③未经主管以上领导（含主管）的许可，擅自带外人进入公司参观或进入办公区进行工作交流；④在工作时间聊天、嬉戏，或做与工作无关的事情而影响自己或他人工作，或造成不良影响；⑤不按照规定使用办公电脑的，如未经许可使用他人电脑；⑥在办公电脑上使用与工作无关的光盘或打游戏；⑦未经许可，在办公电脑上安装或使用非标准软件等；⑧未经批准，移动作为公司财产的任何文章或保存在公司的任何个人财产；⑨滥用或误用公司电脑软件、因特网或公司内部局域网；⑩使用公司资源作为私用或做与工作无关的事情；⑪工作态度差、无服务意识，与内部同事、外部联系人或客户争吵，影响办公秩序，损害公司声誉；⑫因酒精或其他药物而影响公司的工作；⑬其他情节类似行为。

（3）玩忽职守、严重失职、营私舞弊等未构成触犯法律的行为。①对公司的重大工作项目不负责任，或对重大项目的某个环节处理不当而对项目的进程有所阻碍或造成一定程度的损失，或发现重大工作项目中存在安全或服务隐患而知情不报等；②因玩忽职守或督导不力而给公司带来物质损失，或使公司声望受损；③利用工作或职务之便投机取巧、谋取非法或不正当的利益，收取或索要可看作为贿赂的礼物和赠品；④对公司同事进行恶意诽谤、攻击、诬告、提供伪证而制造事端；⑤造谣生事，散播谣言致公司蒙受重大不利或影响公司工作氛围者；⑥盗窃财物，挪用公款；⑦遗失或非故意损毁经管的重要文件，破坏公司财产、环境、服务或其他员工的财物；⑧故意泄露技术、商业秘密，致使公司声誉或利益受损；⑨违反信息安全等规定措施导致公司蒙受重大不利，或其他情节类似的行为；⑩挑动是非，破坏团结，损害他人名誉或领导威信，扰乱公司秩序，影响恶劣；⑪利用职权对员工打击报复或包庇员工违法乱纪行为；⑫欺骗行为，如伪造账目和伪造费用或伪造、篡改公文，伪造或隐瞒公司要求提供的员工个人信息等；⑬违反公司的保密制度，出卖或泄露公司的知识产权、商业秘密；⑭参与公司竞争对手的商业活动；⑮未经公司许可，参与与公司有竞争关系单位的各种业务活动；⑯行凶、殴打他人；⑰对其他员工进行性骚扰，或其他情节类似行为。

（4）违反国家法律法规，被追究刑事责任或被劳动教养的。这类触犯刑律的，除了可以提交司法部门依法处理以外，根据《劳动法》《劳动合同法》的规定，可以直接解除劳动合同，因此，也属于可以处分的行为之一。

## （二）奖励方式

### 1. 物质奖励

公司可根据企业现状、人员需要即客观情况选择程度不同的奖励方式，例如，现金奖励、境内外旅游、培训、代金购物券、图书卡、健身卡等。

### 2. 精神奖励

（1）授予某种称号；

（2）以公司定期发文的方式进行正式的全员推广；

（3）通过公司宣传载体的定期宣传进行集中表扬；

（4）组织专门的表彰仪式，并颁发奖杯和证书。

因奖励产生风险的潜在可能性很小，如果做到公平、公正、公开，员工一般不会为此同企业发生争议。因此，对奖励的设置和评判企业拥有更大的自主权和创造性，企业可以根据员工行为的价值和影响，结合企业的发展给予不同类别、不同程度的奖励，如根据价值大小分别给予一星级奖励、二星级奖励以及特等奖励不等，在此不对内容做出更多的限制。

### （三）处罚方式

给予处分自然是员工出现违反规章制度、行为规范的行为或事实，但即使是触犯刑律也会因主观意愿、社会危害性、危害结果的程度给予刑事处罚，企业中的处分也一样道理，违纪程度不同，将量事而为，按照级别、类型和范围给予处分。

**1. 口头警告**

对一些危害不大、主观意识不强的行为可以采取这种处分方式，例如，迟到或早退在 30 分钟以内，当月累计两次以上（含两次）的；在工作时间聊天、嬉戏，或做与工作无关的事情而影响自己或他人工作，或造成不良影响；在禁烟区内吸烟者；浪费或损毁公司财物；不按照规定使用办公电脑，滥用或误用公司电脑软件、因特网或公司内部局域网等其他情节类似行为。

**2. 书面警告**

对一些程度较重，以口头警告处理轻，以解聘处理又畸重的行为，可以在二者之间设立这样的处理方式。例如，一次迟到、早退或离岗在 4～8 小时的；旷工一天的；无视公司的考勤纪律，代替他人打卡、代替他人进行大型会议或培训的签到，或接受上述代办行为；在 3 个月内受到 3 次或 3 次以上口头警告者；丢失公司文件，但未造成重大损失等其他情节类似的行为。

**3. 解除劳动合同**

《劳动合同法》第三十九条规定，劳动者有下列情形之一的，用人单位可以解除劳动合同：①在试用期间被证明不符合录用条件的；②严重违反用人单位的规章制度的；③严重失职，营私舞弊，给用人单位造成重大损害的。

但在条文中并没有对什么情况能够达到以上程度做详细说明，因此，这就需要公司在制度中明确解释和列举可以解除劳动合同的行为有哪类、哪些。例如以下行为：

（1）盗窃财物，挪用公款；触犯公司规章制度、侵犯公司权益，玩忽职守，严重违反公司操作规范，造成严重事故或经济损失；

（2）挑动是非，破坏团结，损害他人名誉或领导威信，扰乱公司秩序，影响恶劣；捏造、歪曲事实，诽谤他人，诋毁他人个人名誉和公司信誉的；

（3）故意破坏经管的重要文件或物品，破坏公司财产、环境、服务或其他员工的财物。或故意泄露技术、商业秘密，致使公司声誉或利益受损；

（4）利用职权对员工打击报复或包庇员工违法乱纪行为；

（5）违反公司规定，情节严重，或经几次批评教育仍拒绝改正者；

（6）欺骗行为，如伪造账目和伪造费用或伪造、篡改公文，伪造或隐瞒公司要求提供的员工个人信息等；

（7）违反公司的保密制度，出卖或泄露公司的知识产权、商业秘密；参与公司竞争对手的商业活动；未经公司许可，参与与公司有竞争关系单位的各种业务活动；

（8）行凶、殴打他人；

（9）违反国家法律法规，被追究刑事责任或被劳动教养的；

（10）公司其他规章制度中同等规定。

其中需要注意的是所有规定有"造成损失"的行为，对于不同类型、不同规模的企业，损失程度是否能够达到"严重""重大"的也就不同，因此，最好是对损失的程度用具体金额加以量化。

对于现金处罚，鉴于劳动法律没有明确规定企业可以处以经济处罚，以及《中华人民共和国行政处罚法》等法律的规定，企业一般情况下是不具有这样的权限的，因此，尽量不要处以罚款、扣款的处分，防止造成克扣工资的风险。

降职、降薪的处分方式也需慎用。岗位和薪金属于劳动合同重大内容，如果变动，需要经过双方一致的才可以变更，因此单方面予以降职和降薪会有极大的争议风险，与末尾淘汰的道理相仿，都应当慎重使用。

奖惩是塑造、规范员工的手段，但不是我们管理的目的，如何把握奖惩的类和度，恰当地使用奖惩需要我们更多地了解法令、了解企业、了解企业的员工构成。例如，一个刚从大学毕业的学生来到一个新的岗位上，对他而言，在工作中学到东西可能是最重要的。所以对他最好的激励就是给予施展拳脚和接受培训发展的机会，而不是一旦发生违规事件就马上给以颜色；而对于一个工作近二十年的老员工而言，他可能更多地考虑他将来的生活保障，所以福利、保险计划等金钱激励恐怕是更合适他的方式，而处分上或许简单的书面警告就足以消除他的懈怠或疏忽。单一的奖惩方式恐怕只能使少数人受到激励或惩戒，而多种奖惩方式综合地、有针对性地运用则能使员工的正确行为获得最大限度的强化。

有了王军的鼎力协助，小柳很快完成了"员工手册"的初稿，拿到项目组会议上初审时，得到大家的认可。项目组在李总的领导下，加班加点，对各项制度的初稿进行讨论、拿出修改意见、再修改、再讨论，经过几次研究修改，最后各项制度出台。李总要求人力资源部尽快将制度培训开展起来，让全体管理者、全体员工都了解新制度的内容，并要求全员遵守执行。

通过制度的重新修改和完善，E 公司的管理通道更顺畅，管理层严格按制度办事，凡事有章可循，员工在这种公平、公开、公正的制度管理中，心情舒畅，工作热情不减反增，大大提高了 E 公司的战斗力和凝聚力，从而让 E 公司在市场竞争中站得更稳更扎实。

### 思考练习题

1. 员工手册的内容有哪些？
2. 编写制度的要求有哪些？

# 第三节　员工健康管理

　　最近，T公司集团下属有家合资工厂发生了两起员工英年早逝的事件，不知怎么让当地的媒体注意上了，于是近一段时间媒体就一直在探讨员工过劳死现象，这引起了集团公司领导的重视，员工健康问题也拿到了管理层会议上进行讨论。通过领导层认真研究，T公司决定实施"员工安康工程"，领导要求人力资源部尽快拿出具体实施计划。

　　这天一上班，人力资源部刘总就把冯佳叫去，交给她一个任务：公司要实施一系列健康管理计划，让冯佳搜集一些相关信息作参考资料。冯佳是去年刚被聘到T公司来的，小姑娘大学学的是人力资源专业，人勤快，嘴又甜，深得同事们的喜爱。这小姑娘还有一个特点，就是勤奋好学，善于沟通，交代给她的事情都能很好地完成。不过，今天刘总交代给冯佳的工作让她有点懵，因为她从来没接触过这方面的工作，不知怎么着手。刘总说："现在不是有很多搞健康体检的公司嘛，看看他们那边都提供什么服务。"

　　冯佳在网上搜了一圈，从中选了一家自称提供全套员工健康管理解决方案的公司，按照留的电话号码打过去，一个男士接了电话，听了冯佳的需求后，说会安排一个叫安妮的顾问和冯佳联系。

　　第二天，安妮主动打电话给冯佳，两人约好下午在公司见面。下午两点，安妮准时来访。在会议室里，她向冯佳介绍了健康管理计划及实施策略。

## 一、健康管理计划

　　健康是一个人的力量之源、生命之本。对于一个国家而言，健康就是生产力；对于个人而言，健康就是竞争力；对于企业而言，员工的健康就是财富的源泉。健康作为一种非可再生资源，不管是对员工个人还是对企业来说，都是一种非常宝贵的资源。健康的企业需要健康的员工。

　　关注员工的健康，人力资源部不能只停留在报销医药费、定期体检等传统项目上，而应该主动为员工设计更为丰富的健康管理计划。

### (一) 健康管理计划的内容

1. 员工生理健康计划

员工生理健康计划是企业通过建立员工健康档案并对每个员工的健康问题进行指导、跟踪，同时在企业层面改进工作流程、环境等，及时预防、解决员工的健康问题。具体做法有：

(1) 定期为员工进行健康检查，办理医疗保健卡。定期的健康检查，使员工能够及时地了解自己的身体状况，防患于未然；而且也能及早发现病情，有利于病情的控制及救治。为员工办理医疗保健卡，可以使员工定期接受专业的医疗保健，由医师提供专业的检查和建议，能够更全面地了解员工的身体健康状况。

（2）为员工举办健康知识讲座，普及健康保健知识。企业聘请专业的健康知识专家，为员工做健康知识专题讲座，主要是围绕企业员工的工作特点和工作性质来开设健康专题，提升员工的健康保护意识，使员工在平时的生活、工作中养成良好的习惯，防患于未然。

（3）为员工提供合理的营养工作套餐。大多数企业都会为员工提供工作餐，但是多为外卖，营养结构不合理，这也是造成员工身体健康状况差的一个原因。企业可以聘请专业的营养师，针对本企业员工工作的特点设计营养餐谱，充分调动员工的胃口，同时又能加强员工的饮食营养，以"食疗"方法增强员工的体质。

2. 员工心理辅导计划

目前盛行的 EAP（Employee Assistant Program）"员工帮助计划"，就是对员工提供的一项心理辅导计划，可以帮助员工克服压力和心理方面的困惑。聘请专业人士对员工及其家属进行指导、培训和咨询，帮助解决员工及其家属的心理和行为问题，以保护员工的心理健康。企业一定要聘请专业而且有职业操守的心理专家，进行这项员工心理辅导计划，既可以真正为员工提供帮助、解决员工的心理健康问题，又可以为员工的个人隐私保守秘密，使员工可以放心地接受帮助。

3. 职业安全健康计划

推进职业安全健康体系建设可以很好地预防各类职业病。SA8000 即企业社会道德责任标准也值得我们借鉴，自 1997 年在美国问世以来，受到了公众极大的关注，在美欧工商界引起了强烈反响，也是继 ISO 9000、ISO 14000 之后出现的又一个重要的国际性标准。欧美国家开始普遍采用该标准，同时也开始要求关联企业推行该标准，该体系要求企业行为公民化、道德化，其中重要内容就是要求企业关爱员工、善待员工。在企业中推行该体系可以强制企业给予员工一定的健康保障。

4. 健康保险计划

目前国内的保险业蓬勃发展，其中健康保险也发展迅速，除了各大保险公司原有的健康保险之外，开始成立了专门的健康保险公司。企业通过与保险企业合作，为员工提供一定的健康保险，可以解决企业员工健康管理的部分资金来源。

## （二）健康管理计划制订步骤

### 1. 调查员工需求

年龄、性别、家庭状况和职务会影响员工对该计划中不同组成项目的偏好。要想制订一个人人都喜欢的健康关怀计划，你首先应该详细地调查员工的不同偏好，并且将他们的意见在必要的时候给予反馈。如果企业跨地域、跨省、跨国分布，还要考虑到当地的风俗习惯、地域特点等因素。

**2. 提供可供选择的计划**

通过研究调查的结果，无论怎样制订计划都不可能兼顾到每一个员工的偏好。因此，要制订弹性的自助计划，即企业可以在成本相当的情况下提供给员工 3～4 套可供选择的计划。这几套计划是根据具有大体相同需求的员工划分的类别。

**3. 公布健康计划菜单和成本**

向员工公布健康计划中并且附之以详细的说明，如具体如何实施、大概花费的成本等。

**4. 详细解释健康计划的应用**

可以向员工解释健康计划中每一项关怀措施，及员工若享受这些措施，需注意哪些事项。

**5. 与员工签订计划达成书**

一旦员工选择了一种健康关怀计划，就要用正式的文书记载下来，以免造成管理混乱、成本超支，要详细记载员工的个人资料、计划的不同组成项目、费用总额。一式三份，存档一份，员工一份，主管部门一份。

## (三) 健康管理计划如何有效执行

企业建立了员工健康计划，但员工不善于利用这些资源怎么办？员工健康是私人问题，企业如何去激励员工参与到健康看护计划中并产生效果。

首先，是企业高层领导者对健康问题的重视，领导必须亲自参与，积极调动员工的参与积极性，并在组织内形成一种重视身体健康、勤于锻炼的文化。

其次，让员工了解全面的健康计划信息。可采取定期的员工健康风险评估措施，例如，通过调查了解员工个人的健康需求，如吸烟、减肥等，引导他们关注自己的身体健康，然后将组织能做到哪些内容提供给他们，再量身定制适合他们自己需求、利益与希望的健康计划。

最后，制订财务激励措施。美国 Guardian 寿险公司 2007 年曾对约 500 名企业雇员进行调查，结果发现 70％年龄在 18 岁以上的雇员认为现金、礼物和额外假期等奖励能有效促使他们积极参与企业的健康计划，生活方式也因此变得更加健康。企业需要让员工知道，自己的健康与经济利益是息息相关的。比如，将员工参与健身活动的频率纳入到绩效考核管理中。每年年底，在绩效沟通中，确立下一年度员工的健康目标、责任及期望值。将这些考核得分与员工的奖金挂钩。

安妮的介绍，让冯佳对于健康管理有了很多具体的认识。她结合公司的实际情况，做了一个方案，交给刘总。刘总修改审核后上报集团领导，不久就批下来。随后，集团正式下发了《关于开展员工健康管理工作的通知》。

# 关于开展员工健康管理工作的通知

公司所属各单位、子公司：

为进一步完善集团补充医疗保障制度，构建有特色的福利体系，根据 2008 年集团公司"职工安康工程"的统一部署和要求，决定在集团公司所属各单位、子公司在岗职工中稳步推进健康管理工作。现将有关事项通知如下：

一、健康管理的背景

现代社会竞争激烈，使员工身体经常处于透支状态，加上员工普遍缺乏健康知识，平时缺少好的健康习惯，不知不觉身体从健康到亚健康，以致生病。

集团公司补充医疗保险是职工基本医疗保障以外的第二道防线，补充医疗保险减轻了员工医疗负担，一定程度上解决了员工的后顾之忧。但补充医疗保险，重点是对患病职工的补偿，是一种生病事后的补偿，且大多数在岗职工享受不到补充医疗保险带来的福利。健康管理的理念却与之相反，它强调预先投资于员工健康以及疾病预防，将企业传统的"回应式"医疗计划转变成通过建立员工健康档案，分析员工健康趋势，进行有效的健康干预，促使员工养成良好的生活习惯和运动习惯，大大降低患病的风险，从而改善员工健康状况，提高工作效率和生活质量。

二、健康管理工作的目标

1. 为在岗职工建立健康档案，进行健康评估和健康促进；
2. 为在岗职工提供专家咨询平台；
3. 为在岗职工提供专家预约挂号平台；
4. 为在岗职工提供个性化体检平台；
5. 为理赔职工提供理赔进度查询的平台；
6. 为集团提供理赔分析、健康状况查询平台。

三、健康管理工作计划

健康管理是一项新兴的行业，在没有相关经验的基础上，集团公司拟统筹规划，分步实施，逐步在在岗员工中推进健康管理工作：

第一期（2009 年）

2009 年进行 1000 人健康管理工作的试点，在试点工作的基础上，总结经验，逐步扩大健康管理的范围。

为 1000 名在岗职工建立健康档案，提供健康评估、健康促进平台，提供专家咨询、预约挂号平台。

为理赔职工提供理赔进度查询平台。

为集团提供理赔分析、健康状况分析平台。

按照各单位 10 月末在岗人数的一定比例确定 2009 年参加健康管理的人数。2009 年健康管理费用由集团公司统一承担。

各单位可以将高管人员、主任师、高技能人才等作为今年健康管理的对象，请将参加健康管理的人员填入附表《2009 年健康管理人员名单》。

第二期（2010年）

如果第一期工作试点成功，2010年将把健康管理的范围扩大到参加体检的在岗职工（男40周岁、女35周岁以上）。为参加体检的职工建立健康档案，进行健康评估和健康促进；提供专家预约挂号平台。

第三期（2010年及以后）

根据前两年实施情况，确定纳入健康管理的人员范围。

四、相关要求

1. 健康管理是一项专业性很强的工作，集团公司聘请专业的健康管理公司负责集团的健康管理工作。健康管理也是一项新兴的行业，员工普遍了解不多，所以各单位需加强宣传，让员工全面了解、支持健康管理，并充分利用集团公司为员工提供的健康管理平台。各单位还需做好健康管理相关的组织服务工作，配合健康管理公司，积极开展在岗员工的健康管理。

2. 健康管理是集团公司为在岗员工提供的一项福利，只对本公司在岗员工本人提供健康管理服务。员工退休或终止合同后，健康管理服务自行终止。

3. 健康管理为本人自愿参加，为便于进行健康管理，参加健康管理的人员需提供详细的联系方式。员工参加健康管理以后，需严格按健康管理的相关流程和要求享受相应的服务。健康管理过程中如发现有明显违反操作规定的，将取消其参加健康管理的资格。

4. 集团公司与健康管理公司签订保密协议，员工个人信息以及健康状况由健康管理公司严格保密，任何人（包括单位）均不能查询不属于本人的信息以及健康状况。

5. 健康管理作为人力资源薪酬福利体系的重要组成部分，相关工作由各单位人力资源部门牵头，各单位需指定专人负责，配合健康管理公司做好组织服务工作。

6. 请各单位于11月30日前将《2009年健康管理人员名单》报集团公司人力资源部。

## 二、员工压力管理

这天下班时在公司的班车上，冯佳听到客服部门的几个同事在议论前两天发生的一件事。

前天下午，一位上门服务的工程师突然给他的经理打了一个电话说："我现在在客户这边。我有一个请求。让我去打那个女客户，就在3楼，她太恶劣了。"经理回答："你打吧，打完回来我开除你。谅你也不敢。"结果，这名工程师放下电话就冲上三楼将女客户打了一顿。这次事件给公司造成了很坏的影响。

事后了解到，这名员工受到客户的极大侮辱，产品确实存在问题，可是客户扣留了一个鼠标，并在门口对他破口大骂。这名工程师心里难受极了，打电话给管理者只是想表达自己的情绪，可惜管理者没有给他机会。

大家都替那位工程师惋惜，有人猜那位工程师平时受客户气太多，压抑得太久，那天终于爆发了。然后大家纷纷开始抱怨工作压力大。

晚上和安娜吃饭的时候，冯佳提起这件事，并和安娜探讨如何进行员工压力管理。安妮给了一些具体的建议。

员工的压力问题一直被认为是个人的问题而没有得到组织足够的重视。实际上因为压力所导致的员工的缺勤、人际关系不良、情绪困扰、猜疑抱怨、易怒攻击、酗酒、各类疾病、工作中的差错增加、设备的损坏、工作效率下降、缺乏创造性和主动性等早已经困扰着组织的管理者。英国压力研究中心研究表明，由于工作压力造成的代价，达到他们国民生产总值的1%。据官方统计数字，压力导致的疾病每年会使英国损失8000万个工作日，每年的经济损失高达70亿英镑；在我国据不完全估算，由于压力导致的直接或间接经济损失更加严重；员工的职业压力与心理亚健康对企业造成的影响越来越多地受到各国政府地关注。

## （一）员工压力管理的几个策略

企业领导者和人力资源管理者应充分关心、关注、调查、分析员工体会到的压力源及其类型，从组织层面上拟定并实施各种压力减轻计划，有效管理、减轻员工压力。

1. 改善组织的工作环境和条件，减轻或消除工作条件恶劣给员工带来的压力。企业应力求创造高效率的工作环境并严格控制打扰。如关注噪声、光线、舒适、整洁、装饰等方面，给员工提供一个爽心悦目的工作空间，有利于达到员工与工作环境相适应，提高员工的安全感和舒适感，减轻压力。

并确保员工拥有做好工作的良好的工具、设备。如及时更新陈旧的电脑、复印机、传真机等。

2. 从企业文化氛围上鼓励并帮助员工提高心理保健能力，学会缓解压力、自我放松。企业向员工提供压力管理的信息、知识。企业可为员工订有关保持心理健康与卫生的期刊、杂志，让员工免费阅读。这也能体现企业对员工成长与健康的真正关心，使员工感受到关怀与尊重，从而也会成为一种有效的激励手段、激发员工提高绩效进而提高整个组织的绩效。

企业可开设宣传专栏，普及员工的心理健康知识，有条件的企业还可开设有关压力管理的课程或定期邀请专家作讲座、报告。可告知员工诸如压力的严重后果、代价（如疾病、工作中死亡、事故受伤、医疗花费、生产率下降而造成潜在收入损失等）；压力的早期预警信号（生理症状、情绪症状、行为症状、精神症状）；压力的自我调适方法（如健康食谱、有规律锻炼身体、学着放松和睡个好觉、发展个人兴趣爱好等），让员工筑起"心理免疫"的堤坝，增强心理"抗震"能力。

3. 从组织制度、程序上帮助减轻员工压力，加强过程管理。从招聘开始就注意识别人力资源的特点，选拔与工作要求（个性要求、能力要求等各方面）相符合的人力资源，力求避免上岗后因无法胜任工作而产生巨大心理压力现象。

在员工培训中，可培训员工提高处理工作的技能（如撰写公文或报告、工作陈述、新技能等），使之工作起来更得心应手，减少压力；对员工进行时间管理培训（按各项任务的紧急性、重要性区分优先次序、计划好时间），消除时间压力源；还可培训员工的沟通技巧等，消除人际关系压力源，等等。

在职业生涯规划方面，帮助员工改善思维，抛弃不切实际的期望值太高的目标，而建立现实客观的发展目标。

同时，各级主管应与下属积极沟通，真正关心下属的生活，全方位了解下属在生活中遇到的困难并给予尽可能的安慰、帮助，减轻各种生活压力源给员工带来的种种不利影响和压力，并缩短与下属的心理距离。

当然解决员工压力和心理问题的最有效、最全面的方法还是 EAP（Employee Assistance Program，直译为员工帮助计划）。EAP 是一个企业压力和心理问题的一揽子解决方案，围绕着职业心理健康，由专业的心理服务公司设计提供包括企业心理问题的调查研究、组织管理改进建议、宣传教育、心理培训、心理咨询等各个方面服务。

### （二）EAP 员工帮助计划

EAP，名词听着很新鲜，引起了冯佳的好奇，于是她上网去查，结果发现，EAP 在国外非常流行，500 强公司基本上都购买了这个服务。在国内，也开始有企业引入了这个项目。

冯佳想起安妮在介绍他们的服务项目时，曾多次提到 EAP。就给安妮打电话说，希望更多地了解 EAP，安妮听了很高兴，给冯佳发来很多资料……

EAP 是由企业为员工设置的一套系统的、长期的福利与支持项目。通过专业人员对组织的诊断、建议和对员工及其直属亲人提供的专业指导、培训和咨询，旨在帮助解决员工及其家庭成员的各种心理和行为问题，提高员工在企业中的工作绩效。

财富 500 强中，有 80％以上的企业建立了 EAP 项目。日本企业在应用 EAP 时创造了一种被称为"爱抚管理"的模式。一些企业设置了放松室、发泄室、茶室等，来缓解员工的紧张情绪；或者制订员工健康修改计划和增进健康的方案，帮助员工克服身心疾病，提高健康程度；还有的是设置一系列课程进行例行健康检查，进行心理卫生的自律训练、性格分析和心理检查等。

### （三）EAP 的作用

通过改善员工的职业心理健康状况，EAP 能给企业带来巨大的经济效益，美国的一项研究表明，企业为 EAP 投入 1 美元，可为企业节省运营成本 5～16 美元。

企业员工若不具备良好的心理状态，便会失去工作热情、工作情绪低下，进而工作效率、工作满意度、客户服务质量降低。EAP 通过帮助员工缓解工作压力、改善工作情绪、提高工作积极性、增强员工自信心、有效处理同事/客户关系、迅速适应新的环境、克服不良嗜好等，使企业在如下方面获得很大收益。

（1）节省招聘费用。

（2）节省培训开支。

（3）减少错误解聘。

（4）减少赔偿费用。

（5）降低缺勤（病假）率。

（6）降低管理人员的负担。

（7）提高组织的公众形象。

（8）改善组织气氛。

（9）提高员工士气。

（10）增加留职率。

（11）改进生产管理。

（12）提高生产效率。

## （四）EAP 适用的行业

EAP 对所有公司都有借鉴意义，正如诺基亚中国有限公司为这个项目取的一个特殊名字——"LiveLife Assist"一样，它是员工生活的助手，这种助手的作用不仅反映在对员工提供的帮助，同时也体现在对公司带来的益处。而对某些特殊行业和企业特殊的部门，EAP 尤其能显现其价值。

1. 服务行业或企业客服部门

对那些直接面对客户的工作来说，一个最重要的原则是怎样让客户满意。但现实中时常会有做客服的员工抱怨："工作要求我们时刻把微笑带给客人，客人永远是正确的。可有时候客人的要求很无礼，甚至就是来找碴儿的，这种事情偶尔一次、二次也就算了，要是一天碰到两三次那要我不发火也难。"

这样的工作需要员工对自己的工作有一个非常好的理解或认识，有豁达的心胸，具有非常的耐心和控制力等，但同时也需要向他们提供一个很好的释放压力的途径和方法。正是基于这些考虑，联想客户服务中心在几年前曾尝试用 EAP 项目来帮助客服部门的员工处理各种来自工作中的压力和困惑，帮助他们排解心中的怨气，同时通过培训来加速他们的自我成长和发展。

2. 航空业、远洋业等行业

由于行业的特殊性，要求飞行员、船员有过硬的心理素质。同样，同在高空飞行、远洋跋涉且直接为乘客服务的空姐、海嫂的心理素质也一样重要。他们不仅要感受作为一个普通人在不着陆的密封空间中产生的不安全感，而且要承担作为服务人员在面对客人时可能遇到的各种怨气，更要处理在危急情况下的各种突发情景。

所以，这种类型的工作对个人的心理素质有着很高的要求。一方面，他们必须对自身的工作有清晰的认识，有方法排解不安全感。另一方面，他们在处理与客人关系的时候，也必须有着良好的心态，有着正确释放压力的方法。最重要的是，在面对危机的时候，这些人的心理素质和能否处理好突发事件，更是关系到了成千上万人的生命。

### 3. 对安全有特殊要求的行业

对与安全有特殊要求的行业（比如核电站、化工行业等），其人力资源部成员，在工作中会有如履薄冰的感觉。员工的任何动态都需要密切关注，甚至会随着每个员工的感情变化而变化，因为他们工作中的任何差错将导致整个公司乃至带来周围环境的灾难。对这些人员的心理健康的关注，包括帮助他们解决来自家庭的后顾之忧等，成了这类公司人力资源部头等大事。他们对 EAP 会有更大的兴趣。

### (五) EAP 适用的情境

当企业处于某种特殊情况，EAP 也能显现其作用和意义。

#### 1. 机构合并、裁员时

企业的全球化和多元化使得机构的合并或裁员也变得普遍起来。在这种危机与机会并存的时候，员工对企业现状的判断，对自己情况的分析，以及与同事关系的评价在相当大的程度上影响着变革的成败。在这个时候，如果有力量能够帮助员工更好地认识自己、调整心态，处理和周围人的关系、判断企业的真实现状，那么无疑能使员工更快地、更积极地成长；减小影响变革的负面因素。

#### 2. 经历危机事件时

"9.11" 事件、SARS、雪灾、地震、金融危机，这些同样会对企业及员工造成创伤。

面对这类创伤型的事件，员工的心理状态会对公司产生巨大的影响。这些影响不仅表现在产出上，整个公司的氛围也会变得不尽如人意。这时，他们就需要有一种外在支持，能够让他们更清楚、客观地面对这种突发事件，了解自己应该采取怎样的态度。

### (六) EAP 的实施步骤

完整的 EAP 流程包括：压力评估、组织改编、宣传推广、教育培训、心理咨询等几个步骤。

（1）在企业内部为员工建立一个身心健康评估系统，对与评定任务有关的信息进行观察、收集、组织、储存、提取和实际的评定，尽早发现问题，并在问题严重前就帮助其解决，实现人力资源管理从事后的处理功能转向事前的预防功能，达到防患于未然的目的。

（2）在企业中对 EAP 进行宣传推广，提高员工的心理保健意识。一旦出现个人或工作问题并影响到工作绩效和满意度，员工就可提出申请，接受 EAP 服务；同时，企业管理者要加强对员工的关注，及时发现员工存在的问题，帮助更好地解决问题。

（3）进行教育培训。一是要进行管理者培训，使管理者学会一定的心理咨询理论和技巧，在工作中预防、辨识员工心理问题的发生；二是对员工开展保持积极情绪、工作与生活协调、自我成长等专题的培训或团体辅导，提高员工自我管理、自我调节的技能。

（4）对员工进行专业的心理咨询与治疗，如开通热线电话、开辟咨询室等，使员工能够顺利、及时地获得咨询及治疗的帮助和服务。企业可以利用自身资源或外部专业机构的力量来提供此项服务。如果利用自身资源，服务者必须接受专业培训，达到职业化标准。更重要的是，服务者必须对员工的所有信息保密，尊重员工的隐私，建立的 EAP 档案除非本人许可，否则不能随便供他人翻阅。

除上述步骤外，EAP 项目还应当有良好的监控和反馈机制，保证其正常、正确运行，并及时报告项目中发现的企业管理问题，提出相应的建议。

冯佳从安妮的资料中对 EAP 有了基本的了解，她估计按照公司目前的状况，暂时不会引入购买 EAP 服务，但是她可以把 EAP 中一些好的理念和做法运用到工作中去。她准备下次和下属公司的那些人力资源管理部门的同事交流的时候，要好好探讨探讨这方面的话题。

### 思考练习题

1. 员工健康管理计划有哪些？
2. EAP 的实施步骤有哪些？

# 参考文献

［1］戴维·尤里奇，等．高绩效的 HR：未来 HR 的六项修炼［M］．钱峰，译．北京：中国电力出版社，2014.

［2］刘磊，庞芳．人才发展创新最佳实践［M］．上海：上海交通大学出版社，2013.

［3］刘磊，张淑芳．人力资源管理创新最佳实践［M］．上海：上海交通大学出版社，2012.

［4］张颖昆．招聘管理实务［M］．北京：中国财富出版社，2010.

［5］王燕．培训管理实务［M］．北京：中国财富出版社，2010.

［6］刘伟，谢万弟．绩效管理实务［M］．北京：中国财富出版社，2010.

［7］居茜．薪酬管理实务［M］．北京：中国财富出版社，2010.

［8］刘磊，韩佳．员工关系管理实务［M］．北京：中国财富出版社，2010.

［9］韩智力．员工关系管理［M］．广州：广东经济出版社，2007.

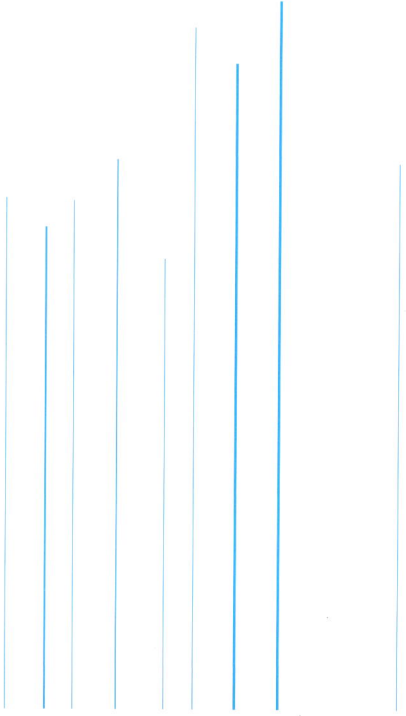

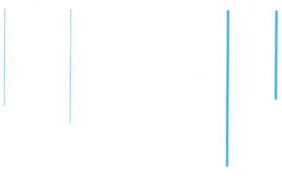

ISBN 978-7-5047-5909-2

定价：34.00元

宝蕾元
010-84498866
bly6688@vip.sina.com

中国财富出版社官方微信